Al Lector

Este libro se presenta en su forma original y es parte de la literatura y las obras religiosas del fundador de Scientology®, L. Ronald Hubbard. Es un registro de las observaciones e investigaciones del Sr. Hubbard sobre la naturaleza del Hombre y las capacidades de cada individuo como ser espiritual, y no es una declaración de pretensiones hechas por el autor, la editorial ni cualquier iglesia de Scientology.

Scientology se define como el estudio y manejo del espíritu en relación consigo mismo, los universos y otros seres vivos. Así, la misión de la iglesia de Scientology es sencilla: ayudar al individuo a recuperar su verdadera naturaleza, como ser espiritual, y así conseguir una consciencia de su relación con sus semejantes y el universo. Ahí está el camino a la integridad personal, la confianza, la ilustración y la libertad espiritual en sí.

Scientology y su precursora y subestudio, Dianética, tal y como las practica la Iglesia, sólo se dirigen al "thetán" (espíritu), que es superior al cuerpo, y su relación y efectos sobre el cuerpo. Si bien la Iglesia, como todas las iglesias, es libre de dedicarse a la curación espiritual, su meta principal es aumentar la consciencia espiritual para todos. Por esta razón, ni Scientology ni Dianética se ofrecen ni se presentan como una curación física ni hacen ninguna afirmación a tal efecto. La Iglesia no acepta individuos que deseen tratamiento de enfermedades físicas o mentales, sino que, en su lugar, exige un examen médico competente en cuanto a condiciones físicas, realizado por especialistas cualificados, antes de abordar su causa espiritual.

El Electrómetro Hubbard®, o E-Metro, es un aparato religioso utilizado en la Iglesia. El E-Metro, por sí mismo, no hace nada y sólo lo utilizan ministros y personas que se están preparando como ministros, capacitados en su uso, para ayudar a los feligreses a localizar la fuente de sus tribulaciones espirituales.

El logro de los beneficios y metas de la religión de Scientology exige la participación dedicada de cada individuo, ya que sólo puede lograrlos a través de sus propios esfuerzos.

Esperamos que la lectura de este libro sea sólo el primer paso de un viaje personal de descubrimiento en esta religión mundial nueva y vital.

Este Libro Pertenece A

____

SCIENTOLOGY 0-8
El Libro de los Fundamentos

SCIENTOLOGY 0-8

El Libro de los Fundamentos

L. RONALD HUBBARD

Bridge

Publications, Inc.

UNA PUBLICACIÓN HUBBARD®

BRIDGE PUBLICATIONS, INC.
4751 Fountain Avenue
Los Angeles, California 90029

ISBN 978-1-4031-4717-2

LATIN AMERICAN SPANISH – *SCIENTOLOGY 0-8*

Impreso en Estados Unidos

Nota Importante

Al leer este libro, asegúrate muy bien de no pasar nunca una palabra que no comprendas por completo. La única razón por la que una persona abandona un estudio, se siente confusa o se vuelve incapaz de aprender, es porque ha pasado una palabra que no comprendió.

La confusión o la incapacidad para captar o aprender viene DESPUÉS de una palabra que la persona no definió ni comprendió. Tal vez no sean sólo las palabras nuevas e inusuales las que tengas que consultar. Algunas palabras que se usan comúnmente, a menudo pueden estar definidas incorrectamente y por lo tanto causar confusión.

Este dato acerca de no pasar una palabra sin definir es el hecho más importante en todo el tema del estudio. Cada tema que has comenzado y abandonado contenía palabras que no definiste.

Por lo tanto, al estudiar este libro asegúrate muy, muy bien de no pasar nunca una palabra que no hayas comprendido totalmente. Si el material se vuelve confuso o parece que no puedes captarlo por completo, justo antes habrá una palabra que no has comprendido. No sigas adelante, sino regresa a ANTES de que tuvieras dificultades, encuentra la palabra malentendida y defínela.

INTRODUCCIÓN

Condensadas en este único libro están las leyes superiores de la mente, el espíritu y la vida tal como LRH las descubrió y codificó a lo largo de medio siglo de indagación, investigación y desarrollo.

Scientology 0-8 significa "Scientology desde Cero hasta el Infinito", siendo el "8" el símbolo del infinito colocado en posición vertical. Como se expresa en el título, este libro comprende los elementos básicos de Scientology desde el "Cero" (el mismísimo principio o base) hasta el "Infinito" (verdades fundamentales como las que contienen las Lógicas, los Factores y los Axiomas).

Este libro, pues, sirve para proporcionar una referencia indispensable de los fundamentos del tema completo. Pues contiene los cimientos sobre los que L. Ronald Hubbard construyó El Puente hacia la Libertad Total.

Gran parte del material incluido en este libro no está disponible de forma impresa en ningún otro lugar. Esta compilación es el resultado de una indagación exhaustiva a lo largo de todos los libros, políticas, boletines y las miles de conferencias que comprenden la biblioteca completa de Dianética y Scientology.

A lo largo de los años, Ronald trabajó continuamente para refinar la tecnología. Donde ha sido necesario, hemos incluido cada revisión sucesiva, ya sean las Escalas, los Códigos, los Axiomas, con la fecha exacta en que apareció por vez primera. Por lo tanto, mientras estudies otros materiales escritos o conferencias, puedes fácilmente encontrar la Escala básica, el Código o Axioma en la forma en que existió *en aquel momento.* De manera similar, mientras estudies *Scientology 0-8* también encontrarás la referencia de Fuente exacta que te permitirá entonces estudiar esa publicación, libro o conferencia de donde se sacó.

Para localizar con facilidad la referencia que deseas, el Contenido contiene una clasificación de cada tipo de elemento básico, mientras que el apéndice incluye además tres índices completos: *Temático, Alfabético* y *Cronológico.*

En resumen, *Scientology 0-8* es para que lo *uses* en *tu* viaje a la Libertad Total.

Esperamos que te ayude *a ti* a progresar… ¡desde el Cero hasta el Infinito!

– Los Editores

Scientology 0-8
El Libro de los Fundamentos

SÍNTESIS

SCIENTOLOGY 0-8
El Libro de los Fundamentos

CONTENIDO

Capítulo Cuatro

LAS QS, PRELÓGICAS Y AXIOMAS DE SCIENTOLOGY

Capítulo Cinco

LOS FACTORES

Capítulo Seis

LAS DINÁMICAS

Capítulo Siete

ESCALAS Y TABLAS

Capítulo Ocho

CÓDIGOS Y PRINCIPIOS DE CONDUCTA

Capítulo Nueve

EL CREDO DE LA IGLESIA DE SCIENTOLOGY

Capítulo Diez

SCIENTOLOGY Y EL PUENTE

Apéndice

Capítulo Uno

LAS METAS DE SCIENTOLOGY

LAS METAS DE SCIENTOLOGY

SEPTIEMBRE DE 1965

Una civilización sin demencia, sin criminales y sin guerra, donde el capaz pueda prosperar y los seres honestos puedan tener derechos, y en donde el Hombre sea libre para elevarse a mayores alturas, son las metas de Scientology.

Anunciadas por primera vez a un mundo enturbulado en 1950, estas metas están perfectamente dentro del alcance de nuestra tecnología.

De naturaleza apolítica, Scientology da la bienvenida a cualquier individuo de cualquier credo, raza o nación. No buscamos ninguna revolución.

Sólo buscamos una evolución hacia estados de ser más elevados para el individuo y para la sociedad.

Estamos logrando nuestras metas.

Después de interminables milenios de ignorancia sobre sí mismo, su mente y el universo, se ha hecho un avance notablemente importante para el Hombre.

Otros esfuerzos que el Hombre ha hecho han sido superados.

Las verdades combinadas de cincuenta mil años de pensadores, destiladas y ampliadas por nuevos descubrimientos sobre el Hombre, han hecho posible este éxito.

Te damos la bienvenida a Scientology. Lo único que esperamos de ti es tu ayuda para lograr nuestras metas y para ayudar a los demás.

Esperamos que se te ayude. Scientology es el movimiento más vital sobre la Tierra hoy en día.

En un mundo turbulento, el trabajo no es fácil. Pero por otra parte, si lo fuera, no tendríamos que estar haciéndolo.

Respetamos al Hombre y creemos que es digno de ayuda. Te respetamos a ti y creemos que también tú puedes ayudar.

Scientology no adeuda su ayuda. No hemos hecho nada por lo que debamos propiciar. Si lo hubiéramos hecho, no seríamos ahora lo suficientemente inteligentes para hacer lo que estamos haciendo.

El Hombre desconfía de todos los ofrecimientos de ayuda. A menudo se le ha traicionado, se ha destrozado su buena fe. Con demasiada frecuencia ha dado su confianza y se le ha traicionado. Nosotros podríamos errar, pues construimos un mundo con astillas rotas. Pero nunca traicionaremos tu fe en nosotros en tanto seas uno de nosotros.

El sol nunca se pone en Scientology.

Y que un nuevo día amanezca para ti, para aquellos a los que amas y para el Hombre.

Nuestras metas son simples, aunque grandes.

Y triunfaremos, y estamos triunfando con cada nueva revolución de la Tierra.

Tu ayuda es aceptable para nosotros.

Nuestra ayuda es tuya.

Capítulo Dos

DEFINICIONES Y SÍMBOLOS

DEFINICIONES DE DIANÉTICA Y SCIENTOLOGY

SEPTIEMBRE DE 1981

DIANÉTICA fue la precursora de Scientology.

Con el uso de Dianética, ya en 1950, se hizo patente que estábamos tratando, no con células ni memoria celular, sino con un beingness que desafiaba al tiempo. Cualquiera que usara Dianética adecuadamente haría el mismo descubrimiento. Pues Dianética llegó a mayor profundidad de la que el Hombre jamás había alcanzado nunca en cuanto a sondear el misterio de la vida.

Los fenómenos de las vidas pasadas fueron seguidos por la exteriorización. Muchas de las cosas sobre las que el Hombre siempre se había cuestionado de pronto quedaron muy claras incluso para el observador más escéptico.

La conclusión era ineludible: estábamos tratando con el espíritu humano.

Cuando esto se puso de manifiesto, los que formaban el amplio conjunto de afiliados de las organizaciones en aquella época insistieron en que la organización era en realidad, entonces, una organización que estaba tratando con cuestiones espirituales y que por lo tanto tendría que ser una organización religiosa para atenerse a los hechos.

SCIENTOLOGY marcó el punto de cambio de un punto de vista materialista a uno espiritual.

No obstante, no ha habido publicación alguna que clarificara esto verdaderamente y se necesita una.

DIANÉTICA se define como, *DIA* (griego) a través, *NOUS* (griego) alma.

DIANÉTICA se redefine además como LO QUE EL ALMA LE ESTÁ HACIENDO AL CUERPO.

SCIENTOLOGY, según se define, se dirige al thetán (el espíritu). Scientology se usa para aumentar la libertad espiritual, la inteligencia, la capacidad y producir inmortalidad.

SCIENTOLOGY se redefine además como EL ESTUDIO Y MANEJO DEL ESPÍRITU EN RELACIÓN CONSIGO MISMO, LOS UNIVERSOS Y OTRA VIDA.

Dianética, aunque pudiera no haberlo sospechado en su primera publicación, estaba tratando con el espíritu humano, y es interesante que la etimología de su nombre signifique eso.

SÍMBOLOS DE DIANÉTICA Y SCIENTOLOGY

EL SÍMBOLO DE SCIENTOLOGY

La explicación del Símbolo de Scientology, la S y el Doble Triángulo, debería conocerse más ampliamente.

Hay *dos* triángulos, sobre los que se superpone la S.

La S simplemente significa Scientology. El término Scientology se tomó de la palabra latina *scio* (saber, en el sentido más pleno de la palabra) y la palabra griega *logos* (estudio de).

El triángulo inferior es el Triángulo de A-R-C: AFINIDAD, REALIDAD y COMUNICACIÓN.

El triángulo superior es el Triángulo de K-R-C: CONOCIMIENTO (del inglés *Knowledge*), RESPONSABILIDAD y CONTROL.

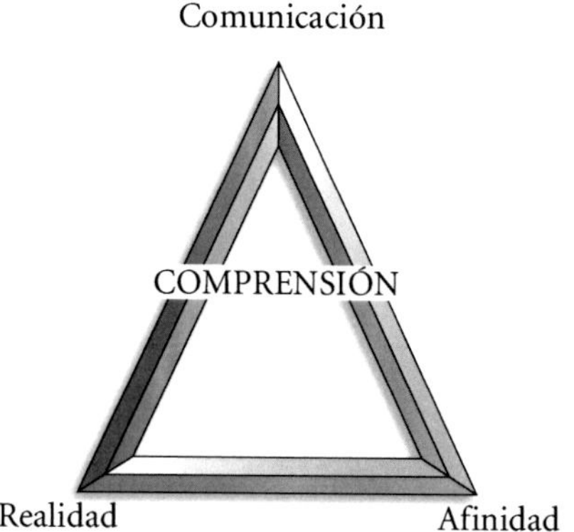

TRIÁNGULO DE A-R-C

El TRIÁNGULO DE A-R-C es la piedra angular de las asociaciones en la vida. Este triángulo es el denominador común de todas las actividades de la vida.

El primer vértice del triángulo se llama AFINIDAD.

La definición básica de afinidad es "la consideración de distancia, ya sea buena o mala". La función más elemental de la afinidad absoluta sería la capacidad de ocupar el mismo espacio que alguna otra cosa.

La palabra afinidad se emplea aquí para indicar "amor, agrado o cualquier otra actitud emocional". En Scientology, se concibe que la Afinidad es algo con muchas facetas. La Afinidad es una cualidad variable. La palabra Afinidad se usa aquí en el sentido general de "nivel de agrado".

El segundo vértice del triángulo es la REALIDAD.

La realidad podría definirse como "lo que parece ser". La realidad es, básicamente, acuerdo. Lo que estamos de acuerdo en que es real, es real.

El tercer vértice del triángulo es la COMUNICACIÓN.

Para comprender la composición de las relaciones humanas en este universo, la comunicación es más importante que los otros dos vértices del triángulo. La comunicación es el solvente de todas las cosas (disuelve todas las cosas).

La interrelación en el triángulo resulta evidente de inmediato al preguntar: "¿Alguna vez has intentado hablar con un hombre enojado?". Sin un alto nivel de agrado y sin cierta base de acuerdo, no hay *comunicación.* Sin comunicación y cierta base de respuesta emocional, no puede haber *realidad.* Sin cierta base para el acuerdo y sin comunicación, no puede haber *afinidad.* Por lo tanto, a estas tres cosas las llamamos *triángulo.* A menos que tengamos dos vértices de un triángulo, no puede existir un tercer vértice. Si uno desea cualquier vértice del triángulo, se deben incluir los otros dos.

El triángulo no es equilátero (todos los lados iguales). La afinidad y la realidad son mucho menos importantes que la comunicación. Podría decirse que el triángulo comienza con la comunicación, la cual da origen a la afinidad y la realidad.

A-R-C *son* COMPRENSIÓN.

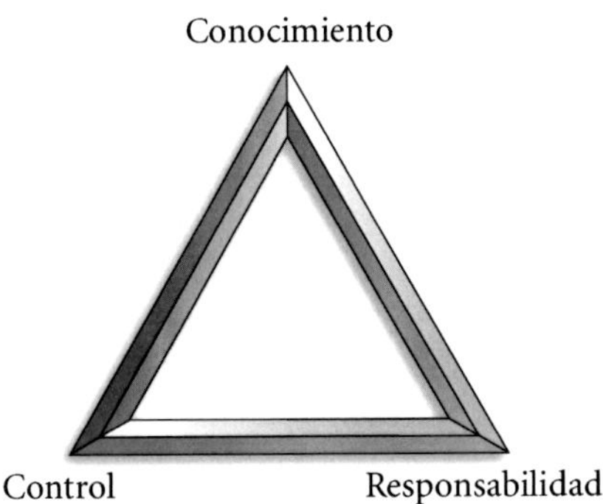

EL TRIÁNGULO DE K-R-C

El triángulo superior tiene aplicación práctica para un ejecutivo especialmente, aunque se aplica a todos los scientologists. No ha sido conocido ampliamente.

Las esquinas del TRIÁNGULO de K-R-C son la K para CONOCIMIENTO, R para RESPONSABILIDAD y C para CONTROL.

Es difícil ser responsable de algo o controlar algo a menos que tengas CONOCIMIENTO de ello.

Es una insensatez tratar de controlar algo o incluso saber algo sin RESPONSABILIDAD.

Es difícil conocer completamente algo o ser responsable de algo sobre lo que no tienes CONTROL, de lo contrario, el resultado puede ser una abrumación.

Un ser puede, por supuesto, huir de la vida (volar) e ir a sentarse en la cara oculta de la Luna y no hacer nada ni pensar en nada. En cuyo caso, no necesitaría saber nada, ser responsable de nada ni controlar nada. También sería desdichado y sin duda estaría muerto en lo que respecta a él mismo y a todo lo demás. Pero como no se puede matar a un thetán, el estado es imposible de mantener y el camino de vuelta puede ser horrible.

La ruta de subida desde la muerte o apatía o inacción es *saber* algo al respecto, asumir algo de *responsabilidad* por el estado en que uno está y por el escenario, y *controlarse* hasta un punto en que se ponga algo de control en el escenario para hacer que vaya bien. Luego, *saber* por qué fue mal, asumir *responsabilidad* por ello y *controlarlo* lo suficiente para hacer que vaya más hacia un escenario ideal.

Poco a poco, se puede hacer que cualquier cosa salga bien, por medio de:

AUMENTAR EL CONOCIMIENTO en todas las dinámicas,

AUMENTAR LA RESPONSABILIDAD en todas las dinámicas,

AUMENTAR EL CONTROL en todas las dinámicas.

Si uno resuelve cualquier situación en la que se encuentre de esta manera, generalmente tendrá éxito.

El Triángulo de K-R-C actúa como el Triángulo de A-R-C. Cuando se aumenta uno de los vértices, los otros dos también se elevan.

La mayoría de los thetanes tienen una opinión terrible de sus aptitudes, en comparación con lo que estas son realmente. Prácticamente ningún thetán se cree capaz de lo que realmente es capaz de lograr.

Aumentando progresivamente cada vértice del Triángulo de K-R-C poco a poco, ignorando las pérdidas y afianzando los triunfos, un ser, al final, descubre su poder y dominio de la vida.

Conocer el segundo triángulo del símbolo de Scientology realmente merece la pena.

Interactúa mejor cuando se usa con un A-R-C elevado. Así pues, los triángulos se entrelazan.

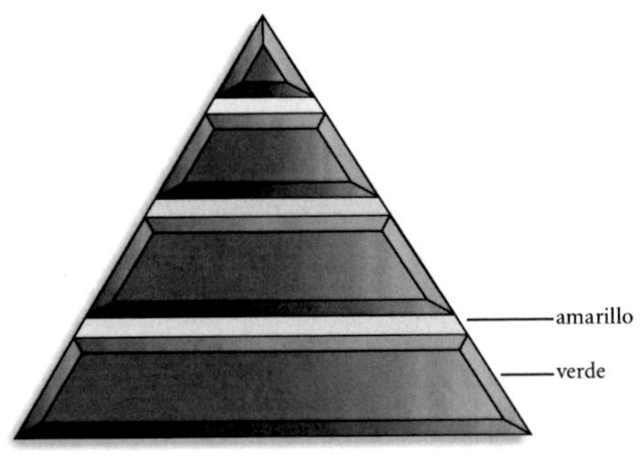

EL SÍMBOLO DE DIANÉTICA

El Símbolo de Dianética usa la letra griega *delta* como su forma básica. Las franjas obscuras son verdes, símbolo del crecimiento; las franjas claras son amarillas, símbolo de la vida.

Las cuatro franjas verdes representan las cuatro dinámicas de Dianética.

LA CRUZ DE SCIENTOLOGY

Es una cruz de ocho puntas que representa las ocho dinámicas de la vida a través de las cuales cada individuo está luchando por sobrevivir.

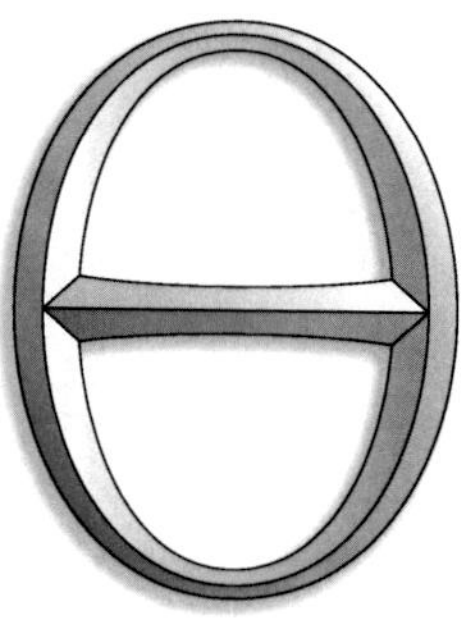

EL SÍMBOLO PARA THETA

Theta es la octava letra del alfabeto griego. Los antiguos griegos la usaron para representar el espíritu o el pensamiento.

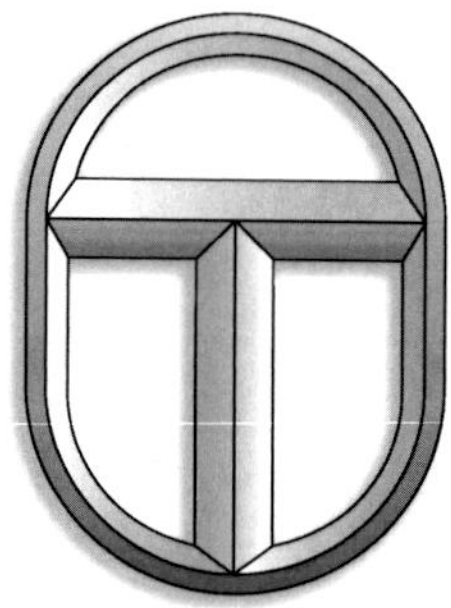

EL SÍMBOLO PARA THETÁN OPERANTE (OT)

El símbolo que se usa para OT es una O ovalada con una barra horizontal dos tercios por encima del inferior de la O y dentro de la O, y una barra vertical desde el centro de esta hasta el inferior de la O.

La definición del estado de Thetán Operante es "causa a sabiendas y a voluntad sobre la Vida, el Pensamiento, la Materia, la Energía, el Espacio y el Tiempo".

Capítulo Tres

LAS ECUACIONES, LAS LÓGICAS Y LOS AXIOMAS DE DIANÉTICA

LOS AXIOMAS PRIMARIOS DE DIANÉTICA

1948

(Dianética: La Tesis Original)

Dianética es una ciencia heurística que se basa en *axiomas.* Se consideró más la Funcionalidad que la Verdad. Lo único que se afirma de estos axiomas es que mediante su uso se pueden obtener ciertos resultados precisos y predecibles.

AXIOMA 1
¡SOBREVIVE!

AXIOMA 2
El propósito de la mente es resolver problemas relacionados con la supervivencia.

AXIOMA 3
La mente dirige al organismo, a la especie, a sus simbiontes o a la vida en el esfuerzo de la supervivencia.

AXIOMA 4
La mente, como sistema central de dirección del cuerpo, plantea, percibe y resuelve problemas de supervivencia, y dirige o no logra dirigir su ejecución.

AXIOMA 5
La persistencia del individuo en la vida está gobernada directamente por la fuerza de su dinámica básica.

AXIOMA 6
La inteligencia es la capacidad de un individuo, un grupo o una raza para resolver problemas relacionados con la supervivencia.

LAS TRES ECUACIONES DE AUDITACIÓN

1948

(Dianética: La Tesis Original)

Hay tres ecuaciones que demuestran cómo y por qué el auditor y el preclear pueden alcanzar los engramas y extinguirlos:

I. LAS DINÁMICAS DEL AUDITOR SON IGUALES O MENORES QUE LA SOBRECARGA ENGRÁMICA DEL PRECLEAR.

II. LAS DINÁMICAS DEL PRECLEAR SON MENORES QUE LA SOBRECARGA ENGRÁMICA.

III. LAS DINÁMICAS DEL AUDITOR MÁS LAS DINÁMICAS DEL PRECLEAR SON MAYORES QUE LA SOBRECARGA ENGRÁMICA.

LOS AXIOMAS FUNDAMENTALES DE DIANÉTICA

MAYO DE 1950

(Dianética: La Ciencia Moderna de la Salud Mental)

El Principio Dinámico de la Existencia: ¡SOBREVIVE!

La *supervivencia,* considerada como el Propósito único y exclusivo, se subdivide en cuatro *dinámicas.* Con *simbionte* se quiere decir todas las entidades y energías que ayudan a la supervivencia.

La DINÁMICA UNO es el impulso del individuo hacia la supervivencia del individuo y sus simbiontes.

La DINÁMICA DOS es el impulso del individuo hacia la supervivencia mediante la procreación; incluye tanto el acto sexual como la crianza de la progenie, el cuidado de los hijos y el de sus simbiontes.

La DINÁMICA TRES es el impulso del individuo hacia la supervivencia para el grupo, o del grupo para el grupo, e incluye a los simbiontes de ese grupo.

La DINÁMICA CUATRO es el impulso del individuo hacia la supervivencia para la Humanidad, o el impulso hacia la supervivencia de la Humanidad para la Humanidad, así como también del grupo para la Humanidad, etc., e incluye a los simbiontes de la Humanidad.

La meta absoluta de la supervivencia es la inmortalidad o supervivencia infinita. El individuo busca esto por sí mismo como organismo, como espíritu o como nombre, o como sus hijos, como un grupo del cual es miembro, o como la Humanidad y la progenie y los simbiontes de otros, así como los suyos propios.

La recompensa de la actividad de supervivencia es *el placer.*

El máximo castigo de la actividad destructiva es la muerte o la total contra-supervivencia, y es *dolor.*

Los éxitos elevan el potencial de supervivencia hacia la supervivencia infinita.

Los fracasos disminuyen el potencial de supervivencia hacia la muerte.

La mente humana se dedica a percibir y retener datos, a formar o computar conclusiones, así como a plantear y resolver problemas relacionados con organismos a lo largo de las cuatro dinámicas; y el propósito de la percepción, retención, conclusión y resolución de problemas es el de dirigir su propio organismo y simbiontes y otros organismos y simbiontes a lo largo de las cuatro dinámicas hacia la supervivencia.

La *inteligencia* es la capacidad de percibir, plantear y resolver problemas.

La *dinámica* es la tenacidad hacia la vida, y el vigor y la persistencia en la supervivencia.

Tanto la *dinámica* como la inteligencia son necesarias para la persistencia y el logro, y ninguna es una cantidad constante de individuo a individuo, de grupo a grupo.

Las *dinámicas* se ven inhibidas por engramas que las obstaculizan y dispersan la fuerza vital.

La *inteligencia* se ve inhibida por engramas, que alimentan al analizador con datos falsos o incorrectamente calificados.

La *felicidad* es la superación de obstáculos no desconocidos hacia una meta conocida y, pasajeramente, la contemplación del placer o rendirse a este.

La *mente analítica* es aquella parte de la mente que percibe y retiene datos de experiencias para plantear y resolver problemas, y dirigir al organismo a lo largo de las cuatro dinámicas. *Piensa basándose en diferencias y semejanzas.*

La *mente reactiva* es aquella parte de la mente que archiva y retiene el dolor físico y la emoción dolorosa, y trata de dirigir al organismo únicamente a base de estímulo-respuesta. *Sólo piensa basándose en identidades.*

La *mente somática* es aquella mente que, dirigida por la mente analítica o la reactiva, pone en práctica las soluciones en el nivel físico.

Una *pauta de entrenamiento* es aquel mecanismo de estímulo-respuesta dispuesto por la mente analítica para ocuparse de la actividad habitual o de la actividad de emergencia. Permanece en la mente somática, y la mente analítica puede cambiarla a voluntad.

Hábito es aquella reacción de estímulo-respuesta dictada por la mente reactiva a partir del contenido de los engramas y ejecutada por la mente somática. Puede ser cambiado sólo por aquellas cosas que cambian los engramas.

Las *aberraciones,* entre las que se incluye todo comportamiento perturbado o irracional, están causadas por engramas. Son estímulo-respuesta pro- y contra-supervivencia.

Los *males psicosomáticos* están causados por engramas.

El *engrama* es la única fuente de aberraciones y males psicosomáticos.

Los momentos de "inconsciencia", en los que la mente analítica está atenuada en mayor o menor grado, son los únicos momentos en los que pueden recibirse engramas.

El *engrama* es un momento de "inconsciencia" que contiene dolor físico o emoción dolorosa y todas las percepciones, y no está disponible para la mente analítica como experiencia.

La *emoción* se compone de tres cosas: respuesta engrámica a situaciones, dosificación endocrina del cuerpo ante situaciones en un nivel analítico, y la inhibición o el fomento de la fuerza vital.

El *valor potencial* de un individuo o de un grupo se puede expresar mediante la ecuación:

$$VP = ID^{x}$$

donde I es Inteligencia y D es Dinámica.

La *valía* de un individuo se computa en términos del alineamiento, en cualquier dinámica, de su valor potencial con la supervivencia en esa dinámica. Un alto VP puede, debido a un vector invertido, resultar en un valor negativo, como sucede en algunas personas fuertemente aberradas. Un alto VP en cualquier dinámica *asegura* una valía elevada sólo en la persona no aberrada.

LAS ECUACIONES DE DIANÉTICA DE AUDITACIÓN

MAYO DE 1950

(Dianética: La Ciencia Moderna de la Salud Mental)

LAS DINÁMICAS DEL PRECLEAR SON MENORES QUE LA FUERZA DE SU BANCO REACTIVO.

LAS DINÁMICAS DEL PRECLEAR MÁS LAS DINÁMICAS DEL AUDITOR SON MAYORES QUE LA FUERZA DEL BANCO REACTIVO DEL PRECLEAR.

LA MENTE ANALÍTICA DEL PRECLEAR SE DESCONECTA CUANDO ALCANZA UN ENGRAMA, Y ENTONCES ES INCAPAZ DE PERSEGUIRLO Y RELATARLO LAS SUFICIENTES VECES COMO PARA DESCARGARLO SIN AYUDA DEL AUDITOR.

LA MENTE ANALÍTICA DEL PRECLEAR MÁS LA MENTE ANALÍTICA DEL AUDITOR PUEDEN DESCUBRIR ENGRAMAS Y RELATARLOS.

LA FUERZA DEL BANCO DE ENGRAMAS DEL PRECLEAR MÁS LA FUERZA DE LA MENTE ANALÍTICA DEL AUDITOR ES MAYOR QUE LA MENTE ANALÍTICA Y LAS DINÁMICAS DEL PRECLEAR.

LOS AXIOMAS EDUCACIONALES DE DIANÉTICA

AGOSTO DE 1950

(Conferencia del 29 de agosto de 1950, Dianética Educativa)

Todos los datos deben tener una meta en torno a la cual alinearse. El niño, para ser educado en los modales y destrezas, debe tener un deseo de tenerlos y ese deseo es principalmente el deseo de crecer. Además, él tiene metas menores, como son las recompensas por ser un "buen chico" y la admiración de sus compañeros o adultos, o en una buena ruta, analítica y concienzuda, cualquier meta que él suponga que es valiosa.

Ya sea que uno le esté enseñando a un niño a comer con un tenedor o entrenándolo en cálculo, los principios son los mismos. Tiene que haber una buena razón, primero, antes de que el niño use el tenedor, y él tiene que comprender esa razón. Tiene que haber una razón y utilidad igualmente buenas para el cálculo, *como cálculo*, no una nota o un título, antes de que se pueda esperar que él obtenga mucho de eso.

Además de esta meta, hay otros axiomas diversos acerca de la educación:

En Dianética Educativa, un dato es tan importante como contribuya a la solución de problemas.

Un problema es tan importante como se relacione con la supervivencia.

Una solución es tan importante como apoye al impulso a lo largo de cualquiera de las dinámicas o de todas ellas.

Un dato es válido sólo cuando puede ser percibido, medido o experimentado.

Una parte principal de toda la educación es la evaluación de la importancia de los datos.

Un dato es importante sólo en relación con otros datos.

Un dato es tan valioso como haya sido evaluado.

Una ley arbitraria es cualquier cosa que se formule y se promulgue debido a la voluntad del Hombre, para hacerse cumplir mediante la amenaza o el castigo o simplemente mediante la desaprobación.

La ley natural es impuesta por la naturaleza. La Lógica adapta la decisión y la conducta a la naturaleza o adapta la naturaleza.

La cantidad de ley arbitraria que existe en una sociedad es un índice directo de la incapacidad de esa sociedad para ser racional y de la irracionalidad de los miembros de esa sociedad.

Sólo ante la irracionalidad es necesaria la fuerza.

Todas las cosas o entidades que son irracionales se manejan por la fuerza en proporción a su irracionalidad. La materia inanimada y la energía libre se manejan sólo por la fuerza. Las formas de vida se usan cada vez con menos fuerza a medida que ascienden por la escala desde la irracionalidad a la racionalidad. A una entidad totalmente lógica no sólo no se le debería manejar mediante la fuerza, sino que a excepción únicamente de los cataclismos, no se le puede manejar mediante la fuerza.

Cualquier tema debería llamarse y tratarse como un arte hasta que se conozcan sus leyes naturales, o algunas de ellas. La formulación de reglas antes de que se conozcan las leyes naturales introduce factores arbitrarios que inhiben la acción y destruyen la razón. En cualquier tema educativo debe emplearse tanta flexibilidad y variabilidad como contenga el tema; lo que equivale a decir que mientras se desconozcan las leyes naturales, el tema tiene que enseñarse con la mayor consciencia posible de que se desconocen, y el hecho de que se desconocen debe ser parte de la enseñanza.

El autoritarismo es la introducción de la ley arbitraria cuando no se conoce la ley natural, pero manteniendo que la ley arbitraria es la ley natural.

La educación tiene que elevar el nivel de racionalidad y aumentar y reforzar el propósito básico y las dinámicas del individuo si se quiere que resulte en una mejora del individuo o de la sociedad.

Es un propósito primordial de la educación el aumentar el auto-determinismo del individuo.

Es una meta de la educación separar lo arbitrario de lo natural.

Es un principio de la educación el marcar apropiadamente aquello que es arbitrario y aquello que es natural.

Dar fuerza a cualquier opinión de cualquier clase e imponer esa opinión sobre cualquier estudiante o individuo se opone directamente a los mejores intereses de la educación y de una sociedad.

El mantenimiento de un alto nivel de auto-determinismo es más importante al educar que el mantenimiento del orden.

Así como la aberración del individuo se impone contra otros, así se tiene que aplicar la fuerza contra el individuo, pero de tal forma que disminuya la manifestación de la aberración y con la debida atención a la salud y al auto-determinismo del individuo.

La historia del crecimiento del conocimiento es la historia de los individuos, no la historia de las sociedades. Los individuos crean las sociedades, las sociedades sólo modifican y moderan o tuercen a los individuos.

Toda educación es la educación de individuos, no la educación de las masas.

LAS LÓGICAS

NOVIEMBRE DE 1951

(Procedimiento Avanzado y Axiomas)

LÓGICA 1

El conocimiento es un grupo completo o la subdivisión de un grupo de datos, especulaciones o conclusiones sobre datos o métodos de obtener datos.

LÓGICA 2

Un cuerpo de conocimiento es un cuerpo de datos, alineados o no alineados, o métodos de obtención de datos.

LÓGICA 3

Cualquier conocimiento que cualquier entidad pueda percibir, medir o experimentar es capaz de influir en esa entidad.

Corolario: *aquel conocimiento que cualquier entidad o tipo de entidad no puede percibir, medir o experimentar no puede influir en esa entidad o tipo de entidad.*

LÓGICA 4

Un dato es un facsímil de estados de ser, estados de no ser, acciones o inacciones, conclusiones o suposiciones en el universo físico o en cualquier otro universo.

LÓGICA 5

Es necesaria una definición de términos para la alineación, afirmación y resolución de suposiciones, observaciones, problemas y soluciones y su comunicación.

Definición, Definición Descriptiva: la que clasifica por características, describiendo estados de ser existentes.

Definición, Definición Diferenciativa: la que compara desemejanzas con estados existentes de ser o de no ser.

DEFINICIÓN, DEFINICIÓN ASOCIATIVA: la que declara semejanzas con estados existentes de ser o de no ser.

DEFINICIÓN, DEFINICIÓN DE ACCIÓN: la que describe causa y cambio potencial de estado de ser mediante la causa de la existencia, la inexistencia, la acción, la inacción, el propósito o la falta de propósito.

LÓGICA 6

Los absolutos son inobtenibles.

LÓGICA 7

Las escalas de gradiente son necesarias para la evaluación de los problemas y sus datos.

Esta es la herramienta de la lógica de valores infinitos: los absolutos son inobtenibles. Términos como bueno y malo, vivo y muerto, correcto e incorrecto, sólo se usan en conjunción con escalas de gradiente. En la escala de correcto e incorrecto, todo lo que estuviera por encima del cero o del centro sería más y más correcto, acercándose a una corrección infinita, y todo lo que estuviera por debajo del centro sería más y más incorrecto, acercándose a una incorrección infinita. Todas las cosas que ayudan a la supervivencia del superviviente, se consideran *correctas* para el superviviente. Todas las cosas que inhiben la supervivencia desde el punto de vista del superviviente, pueden considerarse *incorrectas* para el superviviente. Cuanto más ayude una cosa a la supervivencia, más puede considerarse correcta para el superviviente, cuanto más inhiba una cosa o acción la supervivencia, más incorrecta es desde el punto de vista del que intenta sobrevivir.

COROLARIO: *cualquier dato sólo tiene verdad relativa.*

COROLARIO: *la verdad es relativa a los entornos, la experiencia y la verdad.*

LÓGICA 8

Un dato sólo puede evaluarse con un dato de magnitud comparable.

LÓGICA 9

Un dato es valioso en la medida en que se haya evaluado.

LÓGICA 10

El valor de un dato se determina por la cantidad de alineación (relación) *que imparte a otros datos.*

LÓGICA 11

El valor de un dato o campo de datos puede establecerse por su grado de ayuda a la supervivencia o su inhibición de la supervivencia.

LÓGICA 12

El valor de un dato o campo de datos es modificado por el punto de vista del observador.

LÓGICA 13

Los problemas se resuelven subdividiéndolos en zonas de magnitud y datos similares, comparándolos con datos ya conocidos o parcialmente conocidos, y resolviendo cada zona. Los datos que no pueden conocerse inmediatamente, se pueden resolver guiándose por lo que se sabe y usando su solución para resolver el resto.

LÓGICA 14

Los factores que se introducen en un problema o solución que no provienen de la ley natural, sino sólo de una orden autoritaria, aberran ese problema o solución.

LÓGICA 15

La introducción de un factor arbitrario en un problema o solución invita a la introducción adicional de factores arbitrarios en los problemas y soluciones.

LÓGICA 16

Un postulado abstracto debe compararse con el universo al que se aplica y ponerse en la categoría de aquello que puede percibirse, medirse o experimentarse en ese universo antes de que tal postulado pueda considerarse funcional.

LÓGICA 17

Aquellos campos que más dependen de la opinión autoritaria para sus datos, son los que menos contienen la ley natural conocida.

LÓGICA 18

Un postulado es valioso en la medida en que sea funcional.

LÓGICA 19

La funcionalidad de un postulado se establece por el grado en que explica fenómenos existentes ya conocidos, por el grado en que predice nuevos fenómenos que cuando se buscan se encontrará que existen, y por el grado en que no requiere para su explicación que se afirme la existencia de fenómenos que de hecho no existen.

LÓGICA 20

Puede considerarse que una ciencia es un gran cuerpo de datos alineados que son similares en su aplicación y que se han deducido o inducido a partir de postulados básicos.

LÓGICA 21

Las matemáticas son métodos para postular o resolver datos reales o abstractos en cualquier universo, e integrar postulados y resoluciones mediante simbolización de datos.

LÓGICA 22

*La mente humana** *es un observador, postulador, creador y lugar de almacenaje de conocimiento.*

LÓGICA 23

La mente humana es un servomecanismo para cualquier matemática desarrollada o empleada por la mente humana.

POSTULADO: *la mente humana y las invenciones de la mente humana son capaces de resolver todos y cada uno de los problemas que pueden percibirse, medirse o experimentarse directa o indirectamente.*

COROLARIO: *la mente humana es capaz de resolver el problema de la mente humana.*

La línea divisoria de solución de esta ciencia está entre *por qué* está sobreviviendo la vida y *cómo* está sobreviviendo la vida. Es posible resolver *cómo* está sobreviviendo la vida sin resolver *por qué* está sobreviviendo la vida.

LÓGICA 24

La resolución de los estudios filosóficos, científicos y humanos (como la economía, la política, la sociología, la medicina, la criminología, etc.) *depende principalmente de la resolución de los problemas de la mente humana.*

**Por definición, la mente humana incluye la unidad de consciencia del organismo vivo, el observador, el computador de datos, el espíritu, el almacenaje de memoria, la fuerza de la vida y el motivador individual del organismo vivo. Se usa como algo distinto del cerebro, el que puede considerarse que está motivado por la mente.* – LRH

LOS AXIOMAS DE DIANÉTICA

NOVIEMBRE DE 1951

(Estos axiomas aparecen en su totalidad en Procedimiento Avanzado y Axiomas. *El Axioma 121 fue retocado por Ronald en la conferencia del 25 de junio de 1952, Invalidación. Ese retoque se incorpora aquí).*

AXIOMA 1

La fuente de la Vida es un estático de propiedades peculiares y particulares.

AXIOMA 2

Al menos una porción del estático llamado Vida se impacta en el universo físico.

AXIOMA 3

La porción del estático de Vida que está impactada en el universo físico, tiene como meta dinámica la supervivencia y sólo la supervivencia.

AXIOMA 4

El universo físico es reducible a movimiento de energía actuando en el espacio a través del tiempo.

AXIOMA 5

La porción del Estático de Vida que se relaciona con los organismos vivientes del universo físico está exclusivamente relacionada con el movimiento.

AXIOMA 6

El Estático de Vida tiene como una de sus propiedades la capacidad de movilizar y animar la materia convirtiéndola en organismos vivientes.

AXIOMA 7

El Estático de Vida está dedicado a una conquista del universo físico.

AXIOMA 8

El Estático de Vida conquista el universo material aprendiendo y aplicando las leyes físicas del universo físico.

Símbolo: el símbolo para el *Estático de Vida,* que se usa de ahora en adelante, es la letra griega *theta* (θ).

AXIOMA 9

Una operación fundamental de theta *para sobrevivir es poner orden en el caos del universo físico.*

AXIOMA 10

Theta *pone orden en el caos conquistando todo lo que pueda ser pro-supervivencia en* MEST *y destruyendo todo lo que pueda ser contra-supervivencia en* MEST, *al menos por medio de organismos vivientes.*

SÍMBOLO: el símbolo para el *universo físico* que se usa de ahora en adelante es *MEST,* de las primeras letras de las palabras Materia, Energía, Espacio y Tiempo (en inglés *Matter, Energy, Space* y *Time*), o la letra griega *phi* (ϕ).

AXIOMA 11

Un organismo viviente está compuesto de materia y energía en el espacio y en el tiempo, animadas por theta.

SÍMBOLO: el organismo u organismos vivos se representarán de ahora en adelante con la letra griega *lambda* (λ).

AXIOMA 12

La parte MEST *del organismo sigue las leyes de las ciencias físicas. Toda* lambda *está involucrada con el movimiento.*

AXIOMA 13

Theta, *actuando a través de* lambda *convierte las fuerzas del universo físico en fuerzas para conquistar el universo físico.*

AXIOMA 14

Al actuar theta *sobre el movimiento del universo físico, debe mantener un ritmo armonioso de movimiento.*

Los límites de *lambda* son estrechos, tanto en lo relativo a movimiento térmico como a movimiento mecánico.

AXIOMA 15

Lambda *es el paso intermedio en la conquista del universo físico.*

AXIOMA 16

El alimento básico de todo organismo consiste en luz y sustancias químicas.

Los organismos con niveles superiores de complejidad sólo pueden existir porque existen niveles inferiores de transformadores.

Theta desarrolla organismos de formas inferiores hacia formas superiores y los mantiene mediante la existencia de formas transformadoras inferiores.

AXIOMA 17

Theta, *a través de* lambda, *efectúa una evolución de* MEST.

Aquí tenemos, por una parte, los productos de deshecho de los organismos, como las sustancias químicas muy complejas que producen las bacterias, y por otra parte tenemos a los animales y los hombres cambiando el aspecto físico de la Tierra, cambios como la hierba que detiene la erosión de las montañas, o raíces que hacen que se rompan los peñascos, edificios que se construyen y ríos contenidos por presas. Obviamente, hay en marcha una evolución de *MEST* bajo la incursión de *theta*.

AXIOMA 18

Lambda, *aun dentro de una especie, varía en cuanto a su dotación de theta.*

AXIOMA 19

El esfuerzo de lambda *es hacia la supervivencia.*

La meta de lambda *es la supervivencia.*

El castigo por no lograr avanzar hacia esa meta, es sucumbir.

DEFINICIÓN: la persistencia es la capacidad de ejercer una continuidad de esfuerzo hacia metas de supervivencia.

AXIOMA 20

Lambda *crea, conserva, mantiene, adquiere, destruye, cambia, ocupa, agrupa y dispersa* MEST. Lambda *sobrevive animando y movilizando o destruyendo materia y energía en el espacio y en el tiempo.*

AXIOMA 21

Lambda *depende del movimiento óptimo. Tanto el movimiento que es demasiado rápido como el movimiento que es demasiado lento, son contra-supervivencia.*

AXIOMA 22

Theta *y pensamiento son tipos similares de estático.*

AXIOMA 23

Todo pensamiento está relacionado con movimiento.

AXIOMA 24

El establecimiento de un movimiento óptimo es una meta básica de la razón.

DEFINICIÓN: *lambda* es una máquina de calor químico que existe en el espacio y en el tiempo motivada por el Estático de Vida y dirigida por el pensamiento.

AXIOMA 25

El propósito básico de la razón es el cálculo o estimación del esfuerzo.

AXIOMA 26

El pensamiento se lleva a cabo mediante facsímiles theta *de entidades o acciones del universo físico.*

AXIOMA 27

Theta *sólo está satisfecha con la acción armoniosa o el movimiento óptimo, y rechaza o destruye la acción o el movimiento que estén por encima o por debajo de su banda de tolerancia.*

AXIOMA 28

La mente está interesada exclusivamente en la estimación del esfuerzo.

Definición: la mente es el puesto de mando *theta* de cualquier organismo u organismos.

AXIOMA 29

Los errores básicos de la razón son fallas en la diferenciación entre materia, energía, espacio y tiempo.

AXIOMA 30

La corrección es el cálculo apropiado del esfuerzo.

AXIOMA 31

La incorrección es siempre el cálculo errado del esfuerzo.

AXIOMA 32

Theta *puede actuar directamente o por extensión.*

Theta puede dirigir la aplicación física del organismo al entorno o, mediante la mente, puede calcular primero la acción o, como en el lenguaje, extender ideas.

AXIOMA 33

Las conclusiones se dirigen hacia la inhibición, el mantenimiento o las aceleraciones de los esfuerzos.

AXIOMA 34

El denominador común de todos los organismos vivientes es el movimiento.

AXIOMA 35

El esfuerzo de un organismo para sobrevivir o sucumbir es movimiento físico de un organismo viviente en un momento determinado del tiempo, a través del espacio.

Definición: el movimiento es cualquier cambio de orientación en el espacio.

Definición: la fuerza es esfuerzo al azar.

Definición: el esfuerzo es fuerza dirigida.

AXIOMA 36

El esfuerzo de un organismo puede ser para permanecer en reposo o persistir en un movimiento dado.

El estado de estático tiene una posición en el tiempo, pero un organismo que, por su posición, permanece en un estado de estático, si está vivo, todavía continua con una pauta de movimiento sumamente compleja, como el latir del corazón, la digestión, etc.

A los esfuerzos de los organismos para sobrevivir o sucumbir les ayudan, compelen o se oponen los esfuerzos de otros organismos, materia, energía, espacio y tiempo.

Definición: la atención es un movimiento que debe permanecer con un esfuerzo óptimo.

La atención se aberra soltándose y oscilando al azar, o fijándose demasiado sin oscilar.

Cuando se perciben amenazas desconocidas para la supervivencia, estas hacen que la atención oscile sin fijarse.

Cuando se perciben amenazas conocidas para la supervivencia estas causan que la atención se fije.

AXIOMA 37

La meta máxima de lambda *es la supervivencia infinita.*

AXIOMA 38

La muerte es el abandono por parte de theta *de un organismo viviente, raza o especie, cuando estos ya no pueden servir a* theta *en sus metas de supervivencia infinita.*

AXIOMA 39

El premio de un organismo que se dedica a actividades de supervivencia es el placer.

AXIOMA 40

El castigo de un organismo que no se dedica a actividades de supervivencia, o que se dedica a actividades de contra-supervivencia, es el dolor.

AXIOMA 41

La célula y/o el virus son los componentes primarios de los organismos vivientes.

AXIOMA 42

El virus y la célula son materia y energía animadas y motivadas en el espacio y en el tiempo por theta.

AXIOMA 43

Theta *moviliza al virus y a la célula en agregados coloniales para incrementar el movimiento potencial y llevar a cabo esfuerzo.*

AXIOMA 44

La meta de los virus y las células es la supervivencia en el espacio a través del tiempo.

AXIOMA 45

La totalidad de la misión de los organismos superiores, los virus y las células es la misma que la del virus y la célula.

AXIOMA 46

A los agregados coloniales de virus y células se les puede infundir más theta *que la que tenían inherentemente.*

La energía de Vida se une a cualquier grupo, ya sea un grupo de organismos o un grupo de células que componen un organismo. Aquí tenemos la entidad personal, la individualización, etc.

AXIOMA 47

Lambda *sólo puede lograr esfuerzo mediante la coordinación de sus partes hacia metas.*

AXIOMA 48

Un organismo está equipado para ser gobernado y controlado por una mente.

AXIOMA 49

El propósito de la mente es plantear y resolver problemas relacionados con la supervivencia, y dirigir el esfuerzo del organismo de acuerdo a estas soluciones.

AXIOMA 50

Todos los problemas se plantean y resuelven mediante estimaciones de esfuerzo.

AXIOMA 51

La mente puede confundir la posición en el espacio con la posición en el tiempo. (Contra-esfuerzos que producen frases de acción).

AXIOMA 52

Un organismo que avanza hacia la supervivencia, está dirigido por la mente de ese organismo hacia el logro del esfuerzo de supervivencia.

AXIOMA 53

Un organismo que avanza hacia sucumbir, está dirigido por la mente de ese organismo hacia el logro de la muerte.

AXIOMA 54

La supervivencia de un organismo se logra superando esfuerzos que se oponen a su supervivencia. (Nota: corolario para las otras dinámicas).

DEFINICIÓN: la dinámica es la capacidad de traducir soluciones en acción.

AXIOMA 55

Para un organismo, el esfuerzo de supervivencia incluye el empuje dinámico de ese organismo hacia la supervivencia de sí mismo, su progenie, su grupo, su subespecie, su especie, todos los organismos vivientes, el universo material, el Estático de Vida y, posiblemente, un Ser Supremo. (Nota: lista de las dinámicas).

AXIOMA 56

El ciclo de un organismo, un grupo de organismos o una especie es: principio, crecimiento, re-creación, decadencia y muerte.

AXIOMA 57

El esfuerzo de un organismo se dirige hacia el control del entorno para todas las dinámicas.

AXIOMA 58

El control de un entorno se logra mediante el apoyo de factores pro-supervivencia en cualquier dinámica.

AXIOMA 59

Cualquier tipo de organismo superior se logra mediante la evolución de los virus y las células a formas capaces de mejores esfuerzos para controlar un entorno o vivir en él.

AXIOMA 60

La utilidad de un organismo está determinada por su capacidad de controlar el entorno o de apoyar a organismos que controlan el entorno.

AXIOMA 61

Un organismo es rechazado por theta *en la medida en que fracasa en sus metas.*

AXIOMA 62

Los organismos superiores sólo pueden existir en la medida en que están apoyados por los organismos inferiores.

AXIOMA 63

La utilidad de un organismo está determinada por la alineación de sus esfuerzos hacia la supervivencia.

AXIOMA 64

La mente percibe y almacena todos los datos del entorno, y los alinea o fracasa en alinearlos de acuerdo al momento en que fueron percibidos.

DEFINICIÓN: una conclusión consiste en los *facsímiles theta* de un grupo de datos combinados.

DEFINICIÓN: un dato es un *facsímil theta* de acción física.

AXIOMA 65

El proceso del pensamiento es la percepción del presente y la comparación de este con las percepciones y conclusiones del pasado, para dirigir la acción en el futuro inmediato o lejano.

COROLARIO: *lo que intenta el pensamiento es percibir realidades del pasado y del presente para predecir o postular realidades del futuro.*

AXIOMA 66

El proceso por el que la Vida efectúa su conquista del universo material consiste en la conversión del esfuerzo potencial de la materia y la energía, en el espacio y a lo largo del tiempo para efectuar con ello la conversión de más materia y energía en el espacio y a lo largo del tiempo.

AXIOMA 67

Theta *contiene su propio esfuerzo de* universo theta *que se traduce en esfuerzo* MEST.

AXIOMA 68

El único factor arbitrario en cualquier organismo es el tiempo.

AXIOMA 69

Un organismo recibe las percepciones y esfuerzos del universo físico como ondas de fuerza, las que a través de facsímiles se convierten en theta *y, de este modo se almacenan.*

DEFINICIÓN: randomity es la desalineación de los esfuerzos de un organismo mediante los esfuerzos internos o externos de otras formas de vida o del universo material, y se impone al organismo físico mediante contra-esfuerzos del entorno.

AXIOMA 70

Cualquier ciclo de cualquier organismo viviente va de estático a movimiento a estático.

AXIOMA 71

El ciclo de randomity va de estático, pasando por randomity óptima, por randomity suficientemente repetitiva o similar a constituir otro estático.

AXIOMA 72

Hay dos subdivisiones de randomity: randomity de datos y randomity de fuerza.

AXIOMA 73

Los tres grados de randomity consisten en randomity deficiente, randomity óptima y randomity excesiva.

DEFINICIÓN: la randomity es un factor componente y parte necesaria del movimiento, si se quiere que el movimiento continúe.

AXIOMA 74

La randomity óptima es necesaria para el aprendizaje.

AXIOMA 75

Los factores importantes en cualquier área de randomity son el esfuerzo y el contra-esfuerzo. (Nota: a diferencia de cuasi-percepciones de esfuerzo).

AXIOMA 76

La randomity entre organismos es vital para la supervivencia continua de todos los organismos.

AXIOMA 77

Theta *afecta al organismo, a otros organismos y al universo físico traduciendo* facsímiles theta *en esfuerzos físicos o randomity de esfuerzos.*

DEFINICIÓN: el grado de randomity se mide por la aleatoriedad de los vectores de esfuerzo dentro del organismo, entre organismos, entre razas o especies de organismos o entre organismos y el universo físico.

AXIOMA 78

La randomity se intensifica en proporción inversa al tiempo en que ocurre, modificada por el esfuerzo total en el área.

AXIOMA 79

A la randomity inicial la pueden reforzar randomities de mayor o menor magnitud.

AXIOMA 80

Existen áreas de randomity en cadenas de semejanza representadas en función del tiempo. Esto puede ser cierto para las palabras y acciones contenidas en las randomities. Cada una puede tener su propia cadena trazada en función del tiempo.

AXIOMA 81

La cordura consiste en randomity óptima.

AXIOMA 82

La aberración existe en la medida en que exista randomity excesiva o deficiente en el entorno o en los datos del pasado de un organismo, grupo o especie, modificada por el auto-determinismo de que esté dotado ese organismo, grupo o especie.

AXIOMA 83

El auto-determinismo de un organismo está determinado por su dotación de theta, *modificada por la randomity excesiva o deficiente en su entorno o su existencia.*

AXIOMA 84

La randomity óptima de los contra-esfuerzos aumenta el auto-determinismo de un organismo.

AXIOMA 85

La randomity excesiva o deficiente de los contra-esfuerzos en el entorno reduce el auto-determinismo de un organismo.

AXIOMA 86

La randomity contiene tanto el carácter aleatorio de los esfuerzos, como el volumen de los esfuerzos. (Nota: un área de randomity puede tener una gran cantidad de confusión, pero, sin volumen de energía, la confusión en sí es insignificante).

AXIOMA 87

El contra-esfuerzo más aceptable para un organismo es el que más parece ayudar al logro de su meta.

AXIOMA 88

Una área de intensa randomity, excesiva o deficiente, puede ocluir datos sobre cualquiera de los temas de esa randomity excesiva o deficiente que sucedieron en un tiempo anterior. (Nota: mecanismos de cierre de vidas anteriores, percépticos, incidentes específicos, etc.).

AXIOMA 89

La reestimulación de randomity excesiva, deficiente u óptima puede producir un incremento de randomity excesiva, deficiente u óptima en el organismo respectivamente.

AXIOMA 90

Una área de randomity puede alcanzar suficiente magnitud para que al organismo le parezca dolor, de acuerdo a sus metas.

AXIOMA 91

La randomity del pasado puede imponerse sobre el organismo actual como facsímiles theta.

AXIOMA 92

El engrama es un área intensa de randomity excesiva o deficiente con suficiente volumen para causar inconsciencia.

AXIOMA 93

La inconsciencia es un exceso de randomity impuesto por un contra-esfuerzo de suficiente fuerza para nublar la consciencia y dirigir la función del organismo mediante el centro de control de la mente.

AXIOMA 94

Cualquier contra-esfuerzo que desalinea el dominio que el organismo tiene sobre sí mismo o sobre su entorno, determina randomity excesiva o deficiente o, si es de suficiente magnitud, es un engrama.

AXIOMA 95

Los engramas del pasado se reestimulan cuando el centro de control percibe circunstancias similares a ese engrama en el entorno presente.

AXIOMA 96

Un engrama es un facsímil theta *de átomos y moléculas en desalineación.*

AXIOMA 97

Los engramas fijan la respuesta emocional como la respuesta emocional del organismo durante la recepción del contra-esfuerzo.

AXIOMA 98

La respuesta emocional libre depende de la randomity óptima. Depende de la ausencia o de la no-reestimulación de engramas.

AXIOMA 99

Los facsímiles theta *pueden combinarse de nuevo para formar nuevos símbolos.*

AXIOMA 100

El lenguaje es la simbolización del esfuerzo.

AXIOMA 101

La fuerza del lenguaje depende de la fuerza que acompañó su definición. (Nota: lo que causa aberración es el contra-esfuerzo, no el lenguaje).

AXIOMA 102

El entorno puede ocluir el control central de cualquier organismo y tomar el control de los controles motores de ese organismo. (Engrama, reestimulación, candados, hipnotismo).

AXIOMA 103

La inteligencia depende de la capacidad para seleccionar datos alineados o desalineados de un área de randomity y descubrir así una solución para reducir toda la randomity de esa área.

AXIOMA 104

La persistencia reside en la capacidad de la mente para poner soluciones en acción física hacia la consecución de metas.

AXIOMA 105

Un dato desconocido puede producir datos de randomity excesiva o deficiente.

AXIOMA 106

La introducción de fuerza o de un factor arbitrario sin recurrir a las leyes naturales del cuerpo o del área en que se introduce el factor arbitrario, produce randomity excesiva o deficiente.

AXIOMA 107

La confusión de los datos de randomity excesiva o deficiente depende de una randomity excesiva o deficiente anterior, o de datos ausentes.

AXIOMA 108

Los esfuerzos inhibidos u obligados por esfuerzos exteriores producen una randomity excesiva o deficiente de esfuerzos.

AXIOMA 109

El comportamiento está modificado por contra-esfuerzos que han hecho impacto en el organismo.

AXIOMA 110

Las partes componentes de theta *son Afinidad, Realidad y Comunicación.*

AXIOMA 111

El auto-determinismo consiste en Afinidad, Realidad y Comunicación máximas.

AXIOMA 112

La afinidad es la cohesión de theta.

La afinidad se manifiesta como el reconocimiento de semejanzas de esfuerzos y metas de los organismos entre ellos.

AXIOMA 113

La realidad es el acuerdo sobre percepciones y datos en el universo físico.

De lo único que podemos estar seguros que es real es en lo que hemos estado de acuerdo que es real. El acuerdo es la esencia de la realidad.

AXIOMA 114

La comunicación es el intercambio de percepción entre organismos a través del universo material, o la percepción del universo material mediante los conductos sensoriales.

AXIOMA 115

El auto-determinismo es el control theta *del organismo.*

AXIOMA 116

Un esfuerzo auto-determinado es aquel contra-esfuerzo que se ha recibido en el organismo en el pasado y se ha integrado al organismo para su uso consciente.

AXIOMA 117

Los componentes del auto-determinismo son Afinidad, Comunicación y Realidad.

El auto-determinismo se manifiesta en cada dinámica.

AXIOMA 118

Un organismo no puede llegar a aberrarse a menos que haya estado de acuerdo con esa aberración, haya estado en comunicación con una fuente de aberración y haya tenido afinidad por el aberrador.

AXIOMA 119

El acuerdo con cualquier fuente contra o pro-supervivencia postula una nueva realidad para el organismo.

AXIOMA 120

Los cursos, pensamientos y acciones de contra-supervivencia requieren un esfuerzo no-óptimo.

AXIOMA 121

Cada pensamiento ha estado precedido por acción física.

AXIOMA 122

La mente actúa con el pensamiento como ha actuado con entidades en el universo físico.

AXIOMA 123

Todo esfuerzo relacionado con el dolor está relacionado con pérdida.

Los organismos retienen dolor y engramas para sí como esfuerzo latente por impedir la pérdida de alguna parte del organismo.

Toda pérdida es una pérdida de movimiento.

AXIOMA 124

La cantidad de contra-esfuerzo que el organismo puede superar es proporcional a la dotación de theta *del organismo, modificada por la estructura física de ese organismo.*

AXIOMA 125

El contra-esfuerzo en exceso para el esfuerzo de un organismo viviente produce inconsciencia.

COROLARIO: *la inconsciencia, por medio de contra-esfuerzo, produce la supresión del centro de control de un organismo.*

DEFINICIÓN: el centro de control del organismo puede definirse como el punto de contacto entre *theta* y el universo físico y es el centro que es consciente de ser consciente y que está encargado del organismo y es responsable de él por todas sus dinámicas.

AXIOMA 126

Las percepciones siempre se reciben en el centro de control de un organismo, tanto si el centro de control tiene el control del organismo en ese momento como si no.

Esta es una explicación para la adopción de valencias.

AXIOMA 127

Todas las percepciones que llegan a los conductos sensoriales del organismo se graban y almacenan mediante facsímiles theta.

DEFINICIÓN: la percepción es el proceso de grabar datos del universo físico y almacenarlos como un *facsímil theta.*

DEFINICIÓN: recordar es el proceso de recuperar percepciones.

AXIOMA 128

Cualquier organismo puede recordar todo lo que ha percibido.

AXIOMA 129

Un organismo desplazado por una randomity excesiva o deficiente está desde ese momento alejado del centro de grabación de percepciones.

El aumento del alejamiento produce oclusiones de percepciones. Uno puede percibir cosas en tiempo presente y luego, debido a que se están grabando después de pasar por la percepción *theta* de la unidad de consciencia, se graban, pero no pueden recordarse.

AXIOMA 130

Lo único que se interpone entre el centro de control y sus recuerdos son facsímiles theta *de contra-esfuerzo.*

AXIOMA 131

Cualquier contra-esfuerzo que se reciba en un centro de control va siempre acompañado de todos los percépticos.

AXIOMA 132

Los contra-esfuerzos al azar hacia un organismo y las percepciones entremezcladas en la randomity pueden volver a ejercer esa fuerza sobre el organismo cuando se reestimulan.

Definición: la reestimulación es la reactivación de un contra-esfuerzo del pasado, debido a la aparición en el entorno del organismo de una semejanza con el contenido del área de randomity del pasado.

AXIOMA 133

El auto-determinismo por sí solo produce el mecanismo de la reestimulación.

AXIOMA 134

Un área reactivada de randomity del pasado hace que el esfuerzo y las percepciones causen un impacto al organismo.

AXIOMA 135

La activación de un área de randomity se logra primero mediante las percepciones, luego mediante el dolor, finalmente mediante el esfuerzo.

AXIOMA 136

La mente es plásticamente capaz de grabar todos los esfuerzos y contra-esfuerzos.

AXIOMA 137

Un contra-esfuerzo acompañado de suficiente fuerza (al azar) imprime el facsímil de la personalidad del contra-esfuerzo en la mente de un organismo.

AXIOMA 138

La aberración es el grado de randomity excesiva o deficiente residual, acumulada por imposición, inhibición o ayuda injustificada a esfuerzos de parte de otros organismos o el universo físico (material).

Lo que causa la aberración es lo que se le hace al individuo, no por lo que el individuo hace, más su auto-determinismo sobre lo que se le ha hecho a él.

AXIOMA 139

El comportamiento aberrado consiste en un esfuerzo destructivo hacia datos o entidades pro-supervivencia en cualquier dinámica, o en un esfuerzo hacia la supervivencia de datos o entidades contra-supervivencia para cualquier dinámica.

AXIOMA 140

Una valencia es una personalidad facsímil a la que el contra-esfuerzo del momento en que se recibió, en la randomity excesiva o deficiente de la inconsciencia, la hizo capaz de tener fuerza.

Las valencias son de ayuda para el organismo, son compulsivas para este o lo inhiben.

Un centro de control no es una valencia.

AXIOMA 141

El esfuerzo de un centro de control se alinea hacia una meta a través de un espacio definido, en forma de un incidente reconocido en el tiempo.

AXIOMA 142

Un organismo es sano y cuerdo en la medida en que sea auto-determinado.

El control del entorno sobre los controles motores del organismo inhibe la capacidad del organismo para cambiar cuando cambia el entorno, ya que el organismo intentará seguir adelante con un conjunto de respuestas cuando por auto-determinismo necesite crear otro para sobrevivir en otro entorno.

AXIOMA 143

Todo aprendizaje se logra mediante esfuerzo al azar.

AXIOMA 144

Un contra-esfuerzo que produzca suficiente randomity excesiva o deficiente para grabarse, se graba con un índice de espacio y tiempo tan oculto como el resto de su contenido.

AXIOMA 145

Un contra-esfuerzo que produce suficiente randomity excesiva o deficiente cuando se activa por reestimulación, actúa contra el entorno o el organismo sin tener en cuenta ni el espacio ni el tiempo, a excepción de las percepciones reactivadas.

AXIOMA 146

Los contra-esfuerzos se envían fuera del organismo hasta que el entorno los vuelve más aleatorios, momento en que se activan de nuevo contra el centro de control.

AXIOMA 147

La mente de un organismo emplea los contra-esfuerzos con eficacia únicamente mientras exista insuficiente randomity excesiva o deficiente para ocultar la diferenciación de los facsímiles creados.

AXIOMA 148

La energía de la Vida sólo aprende las leyes físicas mediante el impacto del universo físico que produce randomity, y una retirada de ese impacto.

AXIOMA 149

Para sobrevivir, la Vida depende de la alineación de vectores de fuerza en la dirección de la supervivencia y la anulación de vectores de fuerza en dirección a sucumbir.

> COROLARIO: *para sucumbir, la Vida depende de la alineación de vectores de fuerza en dirección a sucumbir y la anulación de vectores de fuerza en dirección a sobrevivir.*

AXIOMA 150

Cualquier área de randomity acumula situaciones similares a ella que no contienen esfuerzos reales, sino sólo percepciones.

AXIOMA 151

El que un organismo tenga la meta de sobrevivir o sucumbir depende de la cantidad de randomity excesivo o deficiente que haya reactivado. (No residual).

AXIOMA 152

La supervivencia se logra únicamente mediante movimiento.

AXIOMA 153

En el universo físico, la ausencia de movimiento es desvanecimiento.

AXIOMA 154

La muerte es el equivalente a la vida, con ausencia total de movimiento motivado por la vida.

AXIOMA 155

La adquisición de materia y energía u organismos pro-supervivencia en el espacio y en el tiempo significa, aumento de movimiento.

AXIOMA 156

La pérdida de materia, energía u organismos pro-supervivencia en el espacio y en el tiempo significa, disminución de movimiento.

AXIOMA 157

La adquisición o proximidad de materia, energía u organismos que ayudan a la supervivencia de un organismo aumentan los potenciales de supervivencia de un organismo.

AXIOMA 158

La adquisición o proximidad de materia, energía u organismos que inhiben la supervivencia de un organismo, disminuyen su potencial de supervivencia.

AXIOMA 159

La ganancia de energía, materia u organismos de supervivencia aumenta la libertad de un organismo.

AXIOMA 160

La recepción o proximidad de energía, materia o tiempo de contra-supervivencia, disminuye la libertad de movimiento de un organismo.

AXIOMA 161

El centro de control intenta la detención o prolongación del tiempo, la expansión o contracción del espacio, y la disminución o el aumento de la energía y la materia.

Esta es una fuente primaria de invalidación, y también es una fuente primaria de aberración.

AXIOMA 162

El dolor es la obstrucción del esfuerzo por un contra-esfuerzo de gran intensidad, ya sea un esfuerzo para permanecer en reposo o en movimiento.

AXIOMA 163

La percepción, incluido el dolor, se puede consumir de un área de randomity excesiva o deficiente, dejando aun el esfuerzo y el contra-esfuerzo de esa randomity excesiva o deficiente.

AXIOMA 164

La racionalidad de la mente depende de una reacción óptima hacia el tiempo.

Definición: cordura, la computación de futuros.

Definición: neurótico, la computación de tiempo presente únicamente.

Definición: psicótico, la computación de situaciones pasadas únicamente.

AXIOMA 165

La supervivencia sólo tiene que ver con el futuro.

Corolario: *sucumbir sólo tiene que ver con el presente y el pasado.*

AXIOMA 166

Un individuo es feliz en la medida en que pueda percibir potenciales de supervivencia en el futuro.

AXIOMA 167

A medida que se satisfacen las necesidades de cualquier organismo, este se eleva más y más en sus esfuerzos en las dinámicas.

Un organismo que logra ARC consigo mismo, puede lograr el mejor ARC con el sexo en el futuro; tras haber logrado esto, puede lograr ARC con grupos; tras haber logrado esto, puede lograr ARC con la Humanidad, etc.

AXIOMA 168

La Afinidad, Realidad y Comunicación co-existen en una relación inseparable.

La relación co-existente entre Afinidad, Realidad y Comunicación es tal que ninguna puede aumentarse sin aumentar las otras dos y ninguna puede disminuirse sin disminuir las otras dos.

AXIOMA 169

Cualquier producto estético es un facsímil simbólico o una combinación de facsímiles de theta o de universos físicos con diversas randomities y volúmenes de randomities con interacción de tonos.

AXIOMA 170

Un producto estético es una interpretación de los universos por una mente individual o de grupo.

AXIOMA 171

La delusión es postular por medio de la imaginación acontecimientos en áreas de randomity excesiva o deficiente.

AXIOMA 172

Los sueños son la reconstrucción imaginativa de áreas de randomity o la re-simbolización de los esfuerzos de theta.

AXIOMA 173

Un movimiento se crea por el grado de randomity óptima introducida por el contra-esfuerzo al esfuerzo de un organismo.

AXIOMA 174

El MEST *al que han movilizado formas de vida está en mayor afinidad con los organismos vivientes que el* MEST *que no ha sido movilizado.*

AXIOMA 175

Toda percepción, conclusión y momentos de existencia del pasado, incluyendo los de randomity excesiva o deficiente, son recuperables para el centro de control del organismo.

AXIOMA 176

Los grados de randomity que existen en el pasado de un organismo afectan a su capacidad para producir un esfuerzo de supervivencia. (Esto incluye el aprendizaje).

AXIOMA 177

El centro de control de un organismo puede volver a ocuparse de las áreas de randomity excesiva o deficiente del pasado, y se puede consumir la randomity excesiva o deficiente.

AXIOMA 178

La consumición de randomities excesivas o deficientes del pasado le permite al centro de control de un organismo efectuar sus propios esfuerzos hacia metas de supervivencia.

AXIOMA 179

La consumición del esfuerzo auto-determinado de un área de randomity excesiva o deficiente del pasado, anula la efectividad de esa área.

AXIOMA 180

El dolor es la randomity producida por contra-esfuerzos repentinos o fuertes.

AXIOMA 181

El dolor se almacena como randomity excesiva o deficiente.

AXIOMA 182

El dolor, como área de randomity excesiva o deficiente, puede por sí mismo volver a infligirse al organismo.

AXIOMA 183

El dolor del pasado deja de tener efecto sobre el organismo cuando se aborda y se alinea la randomity de su área.

AXIOMA 184

Cuanto más antigua sea el área de randomity excesiva o deficiente, mayor esfuerzo autoproducido existió para repelerla.

AXIOMA 185

Las áreas posteriores de randomity excesiva o deficiente no pueden volverse a alinear fácilmente hasta que no se hayan alineado de nuevo las áreas previas.

AXIOMA 186

Las áreas de randomity excesiva o deficiente aumentan su actividad cuando se introducen en ellas percepciones de semejanza.

AXIOMA 187

Las áreas antiguas de randomity excesiva o deficiente del pasado pueden reducirse y alinearse al abordarlas en tiempo presente.

AXIOMA 188

El bien absoluto y el mal absoluto no existen en el universo MEST.

AXIOMA 189

Lo que es bueno para un organismo puede definirse como lo que fomenta la supervivencia de ese organismo.

> COROLARIO: *el mal puede definirse como aquello que inhibe o aporta randomity excesiva o deficiente al organismo, lo cual es contrario a los motivos de supervivencia del organismo.*

AXIOMA 190

La felicidad consiste en el acto de alinear randomity excesiva o deficiente que hasta ese momento se resistía. Ni el acto ni la acción de lograr supervivencia, ni la realización de este acto en sí, producen felicidad.

AXIOMA 191

La construcción es alineación de datos.

Corolario: *la destrucción es randomity excesiva o deficiente de datos.*

El esfuerzo de construcción es la alineación hacia la supervivencia del organismo alineador.

La destrucción es el esfuerzo de aportar randomity a un área.

AXIOMA 192

El comportamiento óptimo de supervivencia consiste en un esfuerzo dirigido al interés de supervivencia máxima en todo lo referente a las dinámicas.

AXIOMA 193

La solución de supervivencia óptima para cualquier problema consistiría en la más alta supervivencia alcanzable para todas las dinámicas implicadas.

AXIOMA 194

El valor de cualquier organismo consiste en su valor para la supervivencia de su propia theta *en cualquier dinámica.*

Capítulo Cuatro

LAS Qs, PRELÓGICAS Y AXIOMAS DE SCIENTOLOGY

LAS Qs

NOVIEMBRE DE 1952

(Conferencia del 10 de noviembre de 1952, Introducción: La Lista Q y el Comienzo de las Lógicas)

No hay nada en las matemáticas que se aproxime ni siquiera vagamente a esto, pero Q significa el nivel superior desde el que ahora estamos trabajando; el escalón más elevado del que se derivan todas las demás cosas. El conocimiento es una pirámide, y el conocimiento como pirámide tiene en sí un factor común que evalúa todos los demás datos que están por debajo de él. En este punto superior de la pirámide, tenemos lo que podríamos denominar Q, y también se podría denominar factor común. Es común a cualquier otro dato en esta pirámide llena de datos.

En cualquier nivel de esta pirámide tenemos una mayor complejidad de conocimiento. A medida que descendemos por la línea desde ese factor común, encontramos que este factor común es cada vez menos susceptible de ser reconocido en los datos. Es cada vez menos obvio cuál es su factor común, pero eso no hace que ese factor común sea menos un factor común o que sea menos funcional. Y la Q desde la que estamos actuando ahora evalúa todos los datos en el universo material.

Q simplemente significa el dato más común que sintetiza todos los demás datos y el punto desde el que estamos actuando. No dice que no haya un punto más alto. No dice que ese punto no exista. La Q dice que ese punto aquí arriba, por encima de la pirámide, probablemente se pueda alcanzar, pero no estamos ahí. Estamos actuando desde aquí, y esto, dicho sea de paso, es bastante satisfactorio como punto de actuación, por el momento. Si no fuera satisfactorio como punto de actuación, no existiría ningún tema de Scientology o Dianética.

Q1 *El factor común de todos los impulsos de la vida es el auto-determinismo.*

Q2 *El auto-determinismo podría definirse como la situación de materia y energía en espacio y tiempo, así como una creación de tiempo y espacio en que situar materia y energía.*

Q3 *La identificación de la fuente de aquello que sitúa la materia y la energía y origina el espacio y el tiempo no es necesaria para la resolución de este problema en este momento.*

Q4 *Los universos son creados por la aplicación del auto-determinismo en ocho dinámicas.*

Q5 *El auto-determinismo, aplicado, creará, conservará, alterará y posiblemente destruirá universos.*

PRELÓGICAS Y AXIOMAS DE SOP 8-C

ENERO DE 1954

(El Diario de Scientology 24-G, 31 de enero de 1954, Fórmulas y Pasos de SOP 8-C)

PASO I: UBICACIÓN

PRELÓGICA: *theta orienta objetos en el espacio y en el tiempo.*

AXIOMA: *en la experiencia de la vida, el espacio se convierte en beingness.*

PASO II: CUERPOS

AXIOMA: *en la experiencia de la vida, la energía se convierte en doingness.*

AXIOMA: *la ubicación compulsiva precede al pensar compulsivo.*

AXIOMA: *lo que cambia al preclear en el espacio puede evaluar por él.*

PASO III: ESPACIO

PRELÓGICA: *theta crea espacio y tiempo, y objetos que localizar en ellos.*

DEFINICIÓN: *el espacio es un punto de vista de dimensión.*

AXIOMA: *la energía procede de la imposición de espacio entre terminales y una reducción y expansión de ese espacio.*

PASO IV: HAVINGNESS

AXIOMA: *en la experiencia de la vida, el tiempo se convierte en havingness.*

OBSERVACIÓN: *para un thetán, cualquier cosa es mejor que nada.*

OBSERVACIÓN: *cualquier preclear sufre problemas de demasiado poco havingness, y cualquier reducción de su energía existente, si no se repone, le hará bajar de tono.*

PASO V: TERMINALES

AXIOMA: *el espacio existe a causa de los puntos de anclaje.*

DEFINICIÓN: *un punto de anclaje es cualquier partícula o masa o terminal.*

AXIOMA: *la energía se obtiene de la masa al colocar cerca dos terminales en el espacio.*

AXIOMA: *el auto-determinismo está relacionado con la capacidad para imponer espacio entre terminales.*

AXIOMA: *causa es una fuente potencial de flujo.*

AXIOMA: *efecto es una recepción potencial de flujo.*

AXIOMA: *comunicación es la duplicación en el punto-receptor de lo que emanó en el punto-causa.*

AXIOMA: *wrongness (La Condición de Estar Equivocado), en cuanto a flujo, es flujo de entrada.*

PASO VI: SIMBOLIZACIÓN

DEFINICIÓN: *un símbolo es una idea fija en cuanto a energía y móvil en el espacio.*

PASO VII: BARRERAS

AXIOMA: *el universo MEST es un juego que consiste de barreras.*

DEFINICIÓN: *una barrera es espacio, energía, objetos, obstáculos o tiempo.*

PASO VIII: DUPLICACIÓN

FUNDAMENTO: *la acción básica de la existencia es la duplicación.*

LÓGICA: *todos los principios operativos de la vida se pueden derivar de la duplicación.*

AXIOMA: *la comunicación es tan exacta como se acerque a la duplicación.*

AXIOMA: *la renuencia a ser causa está regulada por la renuencia a ser duplicado.*

AXIOMA: *la renuencia a ser efecto está regulada por la renuencia a duplicar.*

AXIOMA: *la incapacidad para permanecer en una posición geográfica produce renuencia a duplicar.*

AXIOMA: *una fijación impuesta a una posición geográfica produce una renuencia a duplicar.*

AXIOMA: *la degeneración primaria del thetán es una incapacidad de duplicar en cualquier dinámica.*

AXIOMA: *la percepción depende de la duplicación.*

AXIOMA: *la comunicación depende de la duplicación.*

AXIOMA: *en el universo MEST, el único crimen es la duplicación.*

LOS AXIOMAS DE SCIENTOLOGY

JULIO DE 1954

(La Creación de la Habilidad Humana)

AXIOMA 1

La Vida es básicamente un Estático.

DEFINICIÓN: un Estático de Vida no tiene masa, ni movimiento, ni longitud de onda, ni localización en el espacio ni en el tiempo. Tiene la capacidad de hacer postulados y de percibir.

AXIOMA 2

El Estático es capaz de consideraciones, postulados y opiniones.

AXIOMA 3

El espacio, la energía, los objetos, la forma y el tiempo son el resultado de consideraciones hechas y/o acordadas o no por el Estático, y únicamente se perciben porque el Estático considera que puede percibirlos.

AXIOMA 4

El espacio es un punto de vista de dimensión.

AXIOMA 5

La energía consta de partículas postuladas en el espacio.

AXIOMA 6

Los objetos constan de partículas agrupadas.

AXIOMA 7

El tiempo es básicamente un postulado de que el espacio y las partículas persistirán.

AXIOMA 8

La apariencia de tiempo es el cambio de posición de partículas en el espacio.

AXIOMA 9

El cambio es la manifestación primaria del tiempo.

AXIOMA 10

El propósito más elevado en el Universo es la creación de un efecto.

AXIOMA 11

Las consideraciones que tienen como resultado las condiciones de la existencia son cuatro:

a. *As-isness es la condición de creación inmediata sin persistencia, y es la condición de existencia que hay en el momento de la creación y en el momento de la destrucción, y es diferente a otras consideraciones en el hecho de que no contiene supervivencia.*

b. *Alter-isness es la consideración que introduce cambio, y por lo tanto, tiempo y persistencia, en un As-isness, para lograr persistencia.*

c. *Isness es una apariencia de existencia producida por la alteración continua de un As-isness. A esto se llama Realidad cuando se ha acordado.*

d. *Not-isness es el esfuerzo para manejar Isness reduciendo su condición mediante el uso de la fuerza. Es una apariencia y no puede vencer totalmente a un Isness.*

AXIOMA 12

La condición primaria de cualquier universo es que dos espacios, energías u objetos no deben ocupar el mismo espacio. Cuando se viola esta condición (un duplicado perfecto) se anula la apariencia de cualquier universo o cualquier parte de él.

AXIOMA 13

El Ciclo-de-Acción del universo físico es: Creación, Supervivencia, Destrucción.

AXIOMA 14

La supervivencia se logra mediante Alter-isness y Not-isness, con lo que se logra la persistencia conocida como tiempo.

AXIOMA 15

La creación se logra mediante la postulación de un As-isness.

AXIOMA 16

La destrucción completa se logra mediante la postulación del As-isness de cualquier existencia y de las partes de esta.

AXIOMA 17

El Estático, habiendo postulado As-isness, practica entonces Alter-isness, y así logra la apariencia de Isness, y así obtiene Realidad.

AXIOMA 18

El Estático, al practicar Not-isness, provoca la persistencia de existencias indeseadas, y así provoca irrealidad, que incluye olvido, inconsciencia y otros estados indeseados.

AXIOMA 19

Inducir al Estático a ver As-is cualquier condición devalúa esa condición.

AXIOMA 20

Inducir al Estático a crear un duplicado perfecto causa el desvanecimiento de cualquier existencia o parte de ella.

Un duplicado perfecto es una creación adicional del objeto, su energía y espacio, en su propio espacio, en su propio tiempo, usando su propia energía. Esto viola la condición de que dos objetos no deben ocupar el mismo espacio, y causa el desvanecimiento del objeto.

AXIOMA 21

La Comprensión está compuesta de Afinidad, Realidad y Comunicación.

AXIOMA 22

La práctica de Not-isness reduce la Comprensión.

AXIOMA 23

El Estático tiene la capacidad de Knowingness total. Knowingness total consistiría en ARC total.

AXIOMA 24

ARC total produciría el desvanecimiento de todas las condiciones mecánicas de la existencia.

AXIOMA 25

La afinidad es una escala de actitudes que desciende desde la co-existencia del Estático, a través de interposiciones de distancia y energía, para crear identidad, hacia abajo hasta una estrecha proximidad que, sin embargo, es misterio.

Mediante la práctica de Isness (Beingness) y de Not-isness (negarse a Ser), la individualización avanza desde el Knowingness de la identificación completa, bajando a través de la introducción de más y más distancia y menos y menos duplicación, a través de Lookingness (Condición de Mirar), Emotingness (Condición de Expresar Emociones), Effortingness (Condición de Esforzarse), Thinkingness (Condición de Pensar), Symbolizingness (Condición de Simbolizar), Eatingness (Condición de Comer), Sexingness (Condición de Sexo), y así sucesivamente hasta Not-Knowingness (Misterio). Hasta que se alcanza el punto de Misterio, es posible alguna comunicación; pero aun en el Misterio continúa un intento de comunicar. Tenemos aquí, en el caso de un individuo, un declive gradual desde la creencia de que uno puede asumir una Afinidad completa hasta la convicción de que todo es un completo Misterio. Cualquier individuo está en alguna parte de esta Escala de Saber a Misterio. La Tabla de Evaluación Humana original era la sección de Emoción de esta escala.

AXIOMA 26

Realidad es la apariencia acordada de la existencia.

AXIOMA 27

Para alguien individualmente puede existir una Autenticidad, pero cuando los demás están de acuerdo con ella, puede decirse entonces que es una Realidad.

La anatomía de la Realidad está contenida en Isness, que está compuesto de As-isness y Alter-isness. Isness es una apariencia, no una Autenticidad. La Autenticidad es As-isness alterado para obtener una persistencia.

La irrealidad es la consecuencia y apariencia de la práctica de Not-isness.

AXIOMA 28

La comunicación es la consideración y acción de impeler un impulso o partícula desde el punto-fuente a través de una distancia hasta el punto-receptor, con la intención de traer a la existencia en el punto-receptor una duplicación de lo que emanó del punto-fuente.

La Fórmula de la Comunicación es: Causa, Distancia, Efecto, con Atención y Duplicación.

Las partes que componen la Comunicación son: Consideración, Intención, Atención, Causa, punto-Fuente, Distancia, Efecto, punto-Receptor, Duplicación, la Velocidad del impulso o partícula, Nothingness (Condición de Nada) o Somethingness (Condición de Algo). Una no-Comunicación consta de Barreras. Las Barreras constan de Espacio, Interposiciones (como paredes y pantallas de partículas en movimiento rápido) y Tiempo. Una comunicación, por definición, no necesita ser en-dos-direcciones. Cuando se devuelve una comunicación, se repite la Fórmula, con el punto-Receptor convirtiéndose ahora en el punto-Fuente, y el que antes era el punto-Fuente convirtiéndose ahora en punto-Receptor.

AXIOMA 29

Para hacer que un As-isness persista, se debe asignar a la creación una autoría diferente a la propia. De otra manera, el que uno la viera, causaría su desaparición.

Cualquier condición de espacio, energía, forma, objeto, individuo o condición del universo físico, sólo puede existir cuando ha ocurrido una alteración del As-isness original para impedir que una mirada casual la haga desvanecerse. En otras palabras, cualquier cosa que esté persistiendo debe contener una "mentira" para que la consideración original no se duplique por completo.

AXIOMA 30

La regla general de auditación es que cualquier cosa que sea indeseada y que todavía persista, debe verse en su totalidad, en cuyo momento se desvanecerá.

Si sólo se ve parcialmente, su intensidad al menos disminuirá.

AXIOMA 31

La Bondad y la Maldad, la Belleza y la Fealdad son consideraciones por igual y no tienen otra base que la opinión.

AXIOMA 32

Cualquier cosa que no se observe directamente tiende a persistir.

AXIOMA 33

Cualquier As-isness que se altere mediante Not-isness (mediante la fuerza) tiende a persistir.

AXIOMA 34

Cualquier Isness, cuando se altera mediante la fuerza, tiende a persistir.

AXIOMA 35

La Verdad Máxima es un Estático.

Un Estático no tiene masa, significado, movilidad, ni longitud de onda, ni tiempo, ni localización en el espacio, ni espacio.

Este tiene el nombre técnico de "Verdad Básica".

AXIOMA 36

Una mentira es un segundo postulado, afirmación o condición diseñadas para enmascarar a un postulado primario al que se le permite permanecer.

Ejemplos:

Ni una verdad ni una mentira son un movimiento o alteración de una partícula de una posición a otra.

Una mentira es una afirmación de que una partícula que se ha movido no se movió, o una afirmación de que una partícula que no se ha movido se movió.

La mentira básica es que una consideración que se hizo, no se hizo, o que era diferente.

AXIOMA 37

Cuando se altera una consideración primaria, pero todavía existe, se logra la persistencia de la consideración que altera.

Toda persistencia depende de la Verdad Básica, pero la persistencia es de la consideración que altera, pues la Verdad Básica no tiene persistencia ni falta de persistencia.

AXIOMA 38

1: *La estupidez es el desconocimiento de la consideración.*

2: DEFINICIÓN MECÁNICA: *la estupidez es el desconocimiento de tiempo, lugar, forma y evento.*

1: La Verdad es la consideración exacta.

2: La Verdad es el tiempo, lugar, forma y evento exactos.

Así, vemos que el fallar en descubrir la Verdad produce estupidez.

Así, por experimentación real, vemos que el descubrimiento de la Verdad produciría As-isness.

Así, vemos que una Verdad Máxima no tendría tiempo, lugar, forma ni evento.

Así, percibimos entonces que podemos lograr persistencia sólo cuando enmascaramos una verdad.

Mentir es una alteración de tiempo, lugar, evento o forma.

Mentir se convierte en Alter-isness, y se convierte en estupidez.

(La negrura de los casos es una acumulación de las mentiras del propio caso o de otros).

Cualquier cosa que persiste debe evitar As-isness. Por lo tanto, cualquier cosa, para persistir, debe contener una mentira.

AXIOMA 39

La vida plantea problemas para que ella misma los solucione.

AXIOMA 40

Cualquier problema, para que sea un problema, debe contener una mentira. Si fuera verdad, desaparecería.

Un "problema irresoluble" tendría la máxima persistencia. También contendría el mayor número de hechos alterados.

Para crear un problema, se debe introducir Alter-isness.

AXIOMA 41

Aquello en lo que se introduce Alter-isness se convierte en un problema.

AXIOMA 42

Mest (Materia, Energía, Espacio, Tiempo) persiste porque es un problema.

Es un problema porque contiene Alter-isness.

AXIOMA 43

El tiempo es la fuente primaria de falsedad.

El tiempo manifiesta la falsedad de consideraciones consecutivas.

AXIOMA 44

Theta (el Estático) no tiene ubicación en la Materia, la Energía, el Espacio o el Tiempo. Es capaz de consideración.

AXIOMA 45

Theta puede considerar que ella misma está en un lugar, en cuyo momento llega a estarlo, y en ese grado se vuelve un problema.

AXIOMA 46

Theta puede volverse un problema mediante sus consideraciones pero entonces se vuelve Mest.

Un problema es, en cierta medida, Mest. Mest *es* un problema.

AXIOMA 47

Theta puede resolver problemas.

AXIOMA 48

La vida es un juego en el que Theta como el Estático soluciona los problemas de Theta como Mest.

AXIOMA 49

Para solucionar cualquier problema sólo es necesario volverse theta el solucionador, más que theta el problema.

AXIOMA 50

Theta como Mest debe contener consideraciones que son mentiras.

AXIOMA 51

Los postulados y la comunicación viva al no ser Mest y ser superiores a Mest pueden lograr un cambio en Mest, sin crear una persistencia de Mest. En esa forma, la auditación puede ocurrir.

Lo anterior es un resumen de los estados de ser que pueden usarse para crear, hacer persistir o destruir.

HABIENDO ACORDADO CON LOS FACTORES MECÁNICOS Y RETENIENDO LOS ACUERDOS, EL THETÁN PUEDE, NO OBSTANTE, HACER INNUMERABLES POSTULADOS QUE, POR SU CONTRADICCIÓN Y COMPLEJIDAD, CREAN, HACEN QUE PERSISTA Y DESTRUYEN EL COMPORTAMIENTO HUMANO.

LAS PRELÓGICAS (LAS Qs)

SEPTIEMBRE DE 1955

(Ability Número 6, Publicación Mayor, septiembre de 1955, Las Prelógicas)

Q1 *El auto-determinismo es el factor común de todos los impulsos de la vida.*

Q2 *Definición de auto-determinismo: la capacidad para ubicar en el espacio y el tiempo, energía y materia; también la capacidad para crear espacio y tiempo en los que crear y ubicar energía y materia.*

Q3 *La identificación de la fuente de aquello que coloca materia y energía y origina espacio y tiempo no es necesaria para la resolución de este problema en este momento.*

Q4 *Theta crea espacio, energía y objetos mediante postulados.*

Q5 *Los universos se crean mediante la aplicación de auto-determinismo en las ocho dinámicas.*

Q6 *El auto-determinismo, aplicado, creará, alterará, conservará y posiblemente destruirá universos.*

Q7 *El ciclo de acción es una de las aptitudes de un thetán. Un ciclo de acción va desde 40.0 hasta 0.0 en la Escala Tonal. Un ciclo de acción es la creación, crecimiento, conservación, deterioro y muerte o destrucción de energía y materia en un espacio. Los ciclos de acción producen tiempo.*

LOS AXIOMAS DE SCIENTOLOGY

1972

(En 1954, LRH presentó por primera vez los Axiomas de Scientology en La Creación de la Habilidad Humana. *Con un total de 51 originalmente, investigación y descubrimiento posteriores resultaron en 7 axiomas adicionales. Los 58 se dan aquí en su forma completa y final).*

AXIOMA 1

La Vida es básicamente un Estático.

DEFINICIÓN: un Estático de Vida no tiene masa, ni movimiento, ni longitud de onda, ni localización en el espacio ni en el tiempo. Tiene la capacidad de hacer postulados y de percibir.

AXIOMA 2

El Estático es capaz de consideraciones, postulados y opiniones.

AXIOMA 3

El espacio, la energía, los objetos, la forma y el tiempo son el resultado de consideraciones hechas y/o acordadas o no por el Estático, y únicamente se perciben porque el Estático considera que puede percibirlos.

AXIOMA 4

El espacio es un punto de vista de dimensión.

AXIOMA 5

La energía consta de partículas postuladas en el espacio.

AXIOMA 6

Los objetos constan de partículas agrupadas y también de masas sólidas.

AXIOMA 7

El tiempo es básicamente un postulado de que el espacio y las partículas persistirán.

AXIOMA 8

La apariencia de tiempo es el cambio de posición de partículas en el espacio.

AXIOMA 9

El cambio es la manifestación primaria del tiempo.

AXIOMA 10

El propósito más elevado en el Universo es la creación de un efecto.

AXIOMA 11

Las consideraciones que tienen como resultado las condiciones de la existencia son cuatro:

a. *AS-ISNESS es la condición de creación inmediata sin persistencia, y es la condición de existencia que hay en el momento de la creación y en el momento de la destrucción, y es diferente a otras consideraciones en el hecho de que no contiene supervivencia.*

b. *ALTER-ISNESS es la consideración que introduce cambio, y por lo tanto, tiempo y persistencia, en un As-isness, para lograr persistencia.*

c. *ISNESS es una apariencia de existencia producida por la alteración continua de un As-isness. A esto se llama Realidad cuando se ha acordado.*

d. *NOT-ISNESS es el esfuerzo para manejar Isness reduciendo su condición mediante el uso de la fuerza. Es una apariencia y no puede vencer totalmente a un Isness.*

AXIOMA 12

La condición primaria de cualquier universo es que dos espacios, energías u objetos no deben ocupar el mismo espacio. Cuando se viola esta condición (un duplicado perfecto) se anula la apariencia de cualquier universo o cualquier parte de él.

AXIOMA 13

El Ciclo-de-Acción del universo físico es: Creación, Supervivencia, Destrucción.

AXIOMA 14

La Supervivencia se logra mediante Alter-isness y Not-isness, con lo que se logra la persistencia conocida como tiempo.

AXIOMA 15

La creación se logra mediante la postulación de un As-isness.

AXIOMA 16

La destrucción completa se logra mediante la postulación del As-isness de cualquier existencia y de las partes de esta.

AXIOMA 17

El Estático, habiendo postulado As-isness, practica entonces Alter-isness, y así logra la apariencia de Isness, y así obtiene Realidad.

AXIOMA 18

El Estático, al practicar Not-isness, provoca la persistencia de existencias indeseadas, y así provoca irrealidad, que incluye olvido, inconsciencia y otros estados indeseados.

AXIOMA 19

Inducir al Estático a ver As-is cualquier condición devalúa esa condición.

AXIOMA 20

Inducir al Estático a crear un duplicado perfecto causa el desvanecimiento de cualquier existencia o parte de ella.

Un duplicado perfecto es una creación adicional del objeto, su energía y espacio, en su propio espacio, en su propio tiempo, usando su propia energía. Esto viola la condición de que dos objetos no deben ocupar el mismo espacio, y causa el desvanecimiento del objeto.

AXIOMA 21

La Comprensión está compuesta de Afinidad, Realidad y Comunicación.

AXIOMA 22

La práctica de Not-isness reduce la Comprensión.

AXIOMA 23

El Estático tiene la capacidad de Knowingness total. Knowingness total consistiría en ARC total.

AXIOMA 24

ARC total produciría el desvanecimiento de todas las condiciones mecánicas de la existencia.

AXIOMA 25

La afinidad es una escala de actitudes que desciende desde la co-existencia del Estático, a través de interposiciones de distancia y energía, para crear identidad, hacia abajo hasta una estrecha proximidad que, sin embargo, es misterio.

Mediante la práctica de Isness (Beingness) y de Not-isness (negarse a Ser), la individualización avanza desde el Knowingness de la identificación completa, bajando a través de la introducción de más y más distancia y menos y menos duplicación, a través de Lookingness (Condición de Mirar), Emotingness (Condición de Expresar Emociones), Effortingness (Condición de Esforzarse), Thinkingness (Condición de Pensar), Symbolizingness (Condición de Simbolizar), Eatingness (Condición de Comer), Sexingness (Condición de Sexo), y así sucesivamente hasta Not-Knowingness (Misterio). Hasta que se alcanza el punto de Misterio, es posible alguna comunicación; pero aun en el Misterio continúa un intento de comunicar. Tenemos aquí, en el caso de un individuo, un declive gradual desde la creencia de que uno puede asumir una Afinidad completa hasta la convicción de que todo es un completo Misterio. Cualquier individuo está en alguna parte de esta Escala de Saber a Misterio. La Tabla de Evaluación Humana original era la sección de Emoción de esta escala.

AXIOMA 26

Realidad es la apariencia acordada de la existencia.

AXIOMA 27

Para alguien individualmente puede existir una Autenticidad, pero cuando los demás están de acuerdo con ella, puede decirse entonces que es una Realidad.

La anatomía de la Realidad está contenida en Isness, que está compuesto de As-isness y Alter-isness. Isness es una apariencia, no una Autenticidad. La Autenticidad es As-isness alterado para obtener una persistencia.

La irrealidad es la consecuencia y apariencia de la práctica de Not-isness.

AXIOMA 28

La comunicación es la consideración y acción de impeler un impulso o partícula desde el punto-fuente a través de una distancia hasta el punto-receptor, con la intención de traer a la existencia en el punto-receptor una duplicación de lo que emanó del punto-fuente.

La Fórmula de la Comunicación es: Causa, Distancia, Efecto, con Atención y Duplicación con Comprensión.

Las partes que componen la Comunicación son: Consideración, Intención, Atención, Causa, punto-Fuente, Distancia, Efecto, punto-Receptor, Duplicación, Comprensión, la Velocidad del impulso o partícula, Nothingness (Condición de Nada) o Somethingness (Condición de Algo). Una no-Comunicación consta de Barreras. Las Barreras constan de Espacio, Interposiciones (como paredes y pantallas de partículas en movimiento rápido) y Tiempo. Una comunicación, por definición, no necesita ser en-dos-direcciones. Cuando se devuelve una comunicación, se repite la Fórmula, con el punto-Receptor convirtiéndose ahora en el punto-Fuente, y el que antes era el punto-Fuente convirtiéndose ahora en punto-Receptor.

AXIOMA 29

Para hacer que un As-isness persista, se debe asignar a la creación una autoría diferente a la propia. De otra manera, el que uno la viera, causaría su desaparición.

Cualquier condición de espacio, energía, forma, objeto, individuo o condición del universo físico, sólo puede existir cuando ha ocurrido una alteración del As-isness original para impedir que una mirada casual la haga desvanecerse. En otras palabras, cualquier cosa que esté persistiendo debe contener una "mentira" para que la consideración original no se duplique por completo.

AXIOMA 30

La regla general de auditación es que cualquier cosa que sea indeseada y que todavía persista, debe verse en su totalidad, en cuyo momento se desvanecerá.

Si sólo se ve parcialmente, su intensidad al menos disminuirá.

AXIOMA 31

La Bondad y la Maldad, la Belleza y la Fealdad son consideraciones por igual y no tienen otra base que la opinión.

AXIOMA 32

Cualquier cosa que no se observe directamente tiende a persistir.

AXIOMA 33

Cualquier As-isness que se altere mediante Not-isness (mediante la fuerza) tiende a persistir.

AXIOMA 34

Cualquier Isness, cuando se altera mediante la fuerza, tiende a persistir.

AXIOMA 35

La Verdad Máxima es un Estático.

Un Estático no tiene masa, significado, movilidad, ni longitud de onda, ni tiempo, ni localización en el espacio, ni espacio.

Este tiene el nombre técnico de "Verdad Básica".

AXIOMA 36

Una mentira es un segundo postulado, afirmación o condición diseñadas para enmascarar a un postulado primario al que se le permite permanecer.

Ejemplos:

Ni una verdad ni una mentira son un movimiento o alteración de una partícula de una posición a otra.

Una mentira es una afirmación de que una partícula que se ha movido no se movió, o una afirmación de que una partícula que no se ha movido se movió.

La mentira básica es que una consideración que se hizo, no se hizo, o que era diferente.

AXIOMA 37

Cuando se altera una consideración primaria, pero todavía existe, se logra la persistencia de la consideración que altera.

Toda persistencia depende de la Verdad Básica, pero la persistencia es de la consideración que altera, pues la Verdad Básica no tiene persistencia ni falta de persistencia.

AXIOMA 38

1: *La estupidez es el desconocimiento de la consideración.*

2: Definición Mecánica: *la estupidez es el desconocimiento de tiempo, lugar, forma y evento.*

1: La Verdad es la consideración exacta.

2: La Verdad es el tiempo, lugar, forma y evento exactos.

Así, vemos que el fallar en descubrir la Verdad produce estupidez.

Así, por experimentación real, vemos que el descubrimiento de la Verdad produciría As-isness.

Así, vemos que una Verdad Máxima no tendría tiempo, lugar, forma ni evento.

Así, percibimos entonces que podemos lograr persistencia sólo cuando enmascaramos una verdad.

Mentir es una alteración de tiempo, lugar, evento o forma.

Mentir se convierte en Alter-isness, y se convierte en estupidez.

(La negrura de los casos es una acumulación de las mentiras del propio caso o de otros).

Cualquier cosa que persiste debe evitar As-isness. Por lo tanto, cualquier cosa, para persistir, debe contener una mentira.

AXIOMA 39

La vida plantea problemas para que ella misma los solucione.

AXIOMA 40

Cualquier problema, para que sea un problema, debe contener una mentira. Si fuera verdad, desaparecería.

Un "problema irresoluble" tendría la máxima persistencia. También contendría el mayor número de hechos alterados.

Para crear un problema, se debe introducir Alter-isness.

AXIOMA 41

Aquello en lo que se introduce Alter-isness se convierte en un problema.

AXIOMA 42

Mest (Materia, Energía, Espacio, Tiempo) persiste porque es un problema.

Es un problema porque contiene Alter-isness.

AXIOMA 43

El tiempo es la fuente primaria de falsedad.

El tiempo manifiesta la falsedad de consideraciones consecutivas.

AXIOMA 44

Theta (el Estático) no tiene ubicación en la Materia, la Energía, el Espacio o el Tiempo. Es capaz de consideración.

AXIOMA 45

Theta puede considerar que ella misma está en un lugar, en cuyo momento llega a estarlo, y en ese grado se vuelve un problema.

AXIOMA 46

Theta puede volverse un problema mediante sus consideraciones pero entonces se vuelve Mest.

Un problema es, en cierta medida, Mest. Mest *es* un problema.

AXIOMA 47

Theta puede resolver problemas.

AXIOMA 48

La vida es un juego en el que Theta como el Estático soluciona los problemas de Theta como Mest.

AXIOMA 49

Para solucionar cualquier problema sólo es necesario volverse theta el solucionador, más que theta el problema.

AXIOMA 50

Theta como Mest debe contener consideraciones que son mentiras.

AXIOMA 51

Los postulados y la comunicación viva al no ser Mest y ser superiores a Mest pueden lograr un cambio en Mest, sin crear una persistencia de Mest. En esa forma, la auditación puede ocurrir.

AXIOMA 52

El MEST persiste y se solidifica al grado en que no se le otorga vida.

AXIOMA 53

Un Dato Estable es necesario para la alineación de datos.

AXIOMA 54

Una tolerancia a la confusión y un Dato Estable acordado según el que alinear la información en una confusión son necesarios de inmediato para una reacción cuerda en las ocho dinámicas. Esto define la cordura.

AXIOMA 55

El Ciclo-de-Acción es una consideración. Crear, Sobrevivir, Destruir, el Ciclo-de-Acción, aceptado por la GE, es únicamente una consideración que el thetán puede cambiar haciendo una nueva consideración o diferentes ciclos de acción.

AXIOMA 56

Theta trae orden al caos.

Corolario: *el caos trae desorden a theta.*

AXIOMA 57

El orden se manifiesta cuando la Comunicación, el Control, y el Havingness están disponibles para theta.

Definiciones:

Comunicación: el intercambio de ideas a través del espacio.

Control: postular positivo, lo cual es intención y la ejecución de este.

Havingness: lo que permite la experiencia de masa y presión.

AXIOMA 58

La inteligencia y el juicio se miden por la capacidad de evaluar importancias relativas.

Corolario: *la capacidad para evaluar importancias y no-importancias es la facultad más elevada de la lógica.*

Corolario: *la identificación es una asignación monótona de importancia.*

Corolario: *la identificación es la incapacidad para evaluar diferencias en cuanto a tiempo, ubicación, forma, composición o importancia.*

Lo anterior es un resumen de los estados de ser que pueden usarse para crear, hacer persistir o destruir.

HABIENDO ACORDADO CON LOS FACTORES MECÁNICOS Y RETENIENDO LOS ACUERDOS, EL THETÁN PUEDE, NO OBSTANTE, HACER INNUMERABLES POSTULADOS QUE, POR SU CONTRADICCIÓN Y COMPLEJIDAD, CREAN, HACEN QUE PERSISTA Y DESTRUYEN EL COMPORTAMIENTO HUMANO.

Capítulo Cinco

LOS FACTORES

LOS FACTORES

ABRIL DE 1953

(Scientology 8-8008)

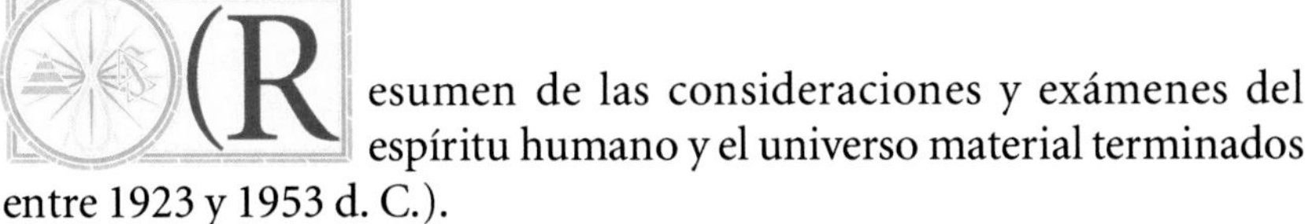

(Resumen de las consideraciones y exámenes del espíritu humano y el universo material terminados entre 1923 y 1953 d. C.).

1 *Antes del principio hubo una Causa y el propósito total de la Causa era la creación de un efecto.*

2 *En el principio y por siempre está la decisión y la decisión es SER.*

3 *La primera acción del beingness es adoptar un punto de vista.*

4 *La segunda acción del beingness es proyectar desde el punto de vista, puntos a los cuales ver, que son puntos de dimensión.*

5 *De este modo se crea el espacio, pues la definición de espacio es: punto de vista de dimensión. Y el propósito de un punto de dimensión es espacio y un punto al cual ver.*

6 *La acción de un punto de dimensión es alcanzar y retirarse.*

7 *Y del punto de vista a los puntos de dimensión hay conexión e intercambio: así se crean nuevos puntos de dimensión: entonces hay comunicación.*

8 *Y así hay LUZ.*

9 *Y así hay energía.*

10 *Y así hay vida.*

11 *Pero hay otros puntos de vista, y estos puntos de vista proyectan puntos a los cuales ver. Y se produce un intercambio entre puntos de vista; pero el intercambio nunca es de otro modo que en cuanto a intercambiar puntos de dimensión.*

12 *Al punto de dimensión lo puede mover el punto de vista, porque el punto de vista, además de capacidad creativa y consideración, posee volición e independencia potencial de acción: y el punto de vista, al ver puntos de dimensión, puede cambiar con relación a sus propios puntos o a otros puntos de dimensión o puntos de vista, y por lo tanto se producen todos los fundamentos que existen relativos al movimiento.*

13 *Todos y cada uno de los puntos de dimensión son* sólidos, *ya sean grandes o pequeños. Y son sólidos únicamente porque los puntos de vista dicen que son sólidos.*

14 *Muchos puntos de dimensión se combinan formando grandes gases, líquidos o sólidos: de este modo hay materia. Pero el punto más valorado es la admiración y la admiración es tan fuerte que su sola ausencia permite la persistencia.*

15 *El punto de dimensión puede ser diferente de otros puntos de dimensión y por lo tanto puede poseer una calidad individual. Y muchos puntos de dimensión pueden poseer una calidad similar, y otros pueden poseer una calidad similar en sí mismos. Así se produce la calidad de las clases de materia.*

16 *El punto de vista puede combinar puntos de dimensión y hacer formas y las formas pueden ser simples o complejas y pueden estar a diferentes distancias del punto de vista y así, puede haber combinaciones de forma. Y las formas son capaces de movimiento y los puntos de vista son capaces de movimiento y así puede haber movimiento de formas.*

17 *Y la opinión del punto de vista regula la consideración de las formas, su quietud o su movimiento, y estas consideraciones consisten en la asignación de belleza o fealdad a las formas, y estas consideraciones solas son arte.*

18 *Los puntos de vista opinan que algunas de estas formas deben perdurar. Así hay supervivencia.*

19 *Y el punto de vista nunca puede perecer; pero la forma puede perecer.*

20 *Y los muchos puntos de vista, en interacción, se vuelven mutuamente dependientes de las formas de cada uno, y no eligen distinguir completamente la propiedad de los puntos de dimensión y así se produce una dependencia de los puntos de dimensión y de los otros puntos de vista.*

21 *De esto resulta una constancia del punto de vista con respecto a la interacción de los puntos de dimensión y esto, regulado, es el TIEMPO.*

22 *Y hay universos.*

23 *Los universos, entonces, son tres en número: el universo creado por un punto de vista, el universo creado por cada uno de los otros puntos de vista, el universo creado por la acción mutua de puntos de vista que se ha acordado sostener: el universo físico.*

24 *Y los puntos de vista nunca se ven. Y los puntos de vista consideran más y más que los puntos de dimensión son valiosos. Y los puntos de vista intentan convertirse en los puntos de anclaje y olvidan que pueden crear más puntos, espacios y formas. Así se produce la escasez. Y los puntos de dimensión pueden perecer y de este modo los puntos de vista suponen que ellos también pueden perecer.*

25 *Así se produce la muerte.*

26 *Así se derivan las manifestaciones de placer y dolor, de pensamiento, de emoción y esfuerzo, de pensar, de sensación, de afinidad, realidad, comunicación, de comportamiento y de ser, y los enigmas de nuestro universo están aparentemente contenidos y resueltos en esto.*

27 *Hay beingness, pero el Hombre cree que sólo existe becomingness (condición de llegar a ser).*

28 *La solución de cualquier problema planteado aquí es el establecimiento de puntos de vista y puntos de dimensión, el mejoramiento de la condición y la confluencia entre los puntos de dimensión, y por tanto, los puntos de vista, y el remedio de la abundancia o escasez en todas las cosas, agradables o feas, mediante la rehabilitación de la capacidad del punto de vista para adoptar puntos de vista y crear y descrear, desatender, comenzar, cambiar y parar puntos de dimensión de cualquier clase según el determinismo del punto de vista. Se debe recuperar la certeza en los tres universos, porque la certeza, no los datos, es conocimiento.*

29 *En la opinión del punto de vista, cualquier beingness, cualquier cosa, es mejor que nada, cualquier efecto es mejor que ningún efecto, cualquier universo es mejor que ningún universo, cualquier partícula es mejor que ninguna partícula, pero la partícula de admiración es la mejor de todas.*

30 *Y por encima de estas cosas sólo podría haber especulación. Y por debajo de ellas está la participación en el juego. Pero el Hombre puede experimentar y conocer las cosas que están escritas aquí. Y algunos pueden querer enseñar estas cosas y algunos pueden querer usarlas para ayudar a los afligidos y algunos pueden desear emplearlas para hacer a los individuos y a las organizaciones más capaces y así podrían darle a la Tierra una cultura de la cual la Tierra pudiera estar orgullosa.*

Ofrecidos humildemente por L. Ronald Hubbard
como un regalo al Hombre
el 23 de abril de 1953

Capítulo Seis

LAS DINÁMICAS

LAS CUATRO DINÁMICAS

1948

(Dianética: La Tesis Original)

D*inámica* se define como el empuje dinámico a través del tiempo hacia el logro de la meta. Se considera que "¡Sobrevive!" es el mínimo común denominador de todos los esfuerzos de la energía y de todos los seres. Puede entonces subdividirse específicamente en diversas líneas dinámicas según sea aplicable a cada forma o especie. El individuo no aberrado contiene cuatro dinámicas principales que se tienen en común en lo que respecta al Hombre.

La DINÁMICA PERSONAL consiste en el empuje dinámico hacia sobrevivir como individuo, obtener placer como individuo y evitar el dolor. Abarca el campo general de la alimentación, el vestido y el alojamiento, la ambición personal y el propósito individual general.

La DINÁMICA SEXUAL abarca la procreación de la progenie, el cuidado de esa progenie y asegurar para esa progenie mejores condiciones y capacidades de supervivencia en el futuro.

La DINÁMICA DE GRUPO abarca las diversas unidades de la especie humana, como son la asociación, la compañía militar, la gente del campo en los alrededores, la nación y la raza. Se caracteriza por la actividad por parte del individuo dirigida a lograr y mantener la supervivencia del grupo del que forma parte.

La DINÁMICA DE LA HUMANIDAD abarca la supervivencia de la especie.

LAS CUATRO DINÁMICAS

MAYO DE 1950

(Dianética: La Ciencia Moderna de la Salud Mental)

A partir de la dinámica de supervivencia se desarrollaron las cuatro dinámicas. Con dinámica de *supervivencia* se quería decir la orden básica "¡SOBREVIVE!", que subyacía a toda actividad. Con *dinámica* se quería decir una de las cuatro divisiones de propósito de todo el principio dinámico. Las cuatro *dinámicas* no eran fuerzas nuevas, eran subdivisiones de la fuerza primaria.

La DINÁMICA UNO es el impulso hacia la máxima supervivencia por parte del individuo y para sí mismo. Incluye a sus simbiontes* directos, la extensión de la cultura para su propio beneficio y la inmortalidad del nombre.

La DINÁMICA DOS es el impulso del individuo hacia la máxima supervivencia mediante el acto sexual, la creación y la crianza de los hijos. Incluye a sus simbiontes, la extensión de la cultura para ellos, y su provisión futura.

La DINÁMICA TRES es el impulso del individuo hacia la máxima supervivencia del grupo. Incluye a los simbiontes del grupo y la extensión de su cultura.

La DINÁMICA CUATRO incluye el impulso del individuo hacia la máxima supervivencia para toda la Humanidad. Incluye a los simbiontes de la Humanidad y la extensión de su cultura.

* El significado en Dianética de *simbionte* se amplía más allá de la definición del diccionario para significar: "Todos y cada uno de los seres vivos o formas de energía que dependen mutuamente para la supervivencia". El átomo depende del Universo, el Universo depende del átomo.

LAS OCHO DINÁMICAS

ENERO DE 1951

(La Ciencia de la Supervivencia)

El sistema de dinámicas es un método de subdividir la theta de un individuo para mostrar cuánta theta tiene disponible en cualquier esfera de actividad. Estas divisiones se podrían hacer de la siguiente forma:

PRIMERA: la dinámica de uno mismo, el impulso hacia la supervivencia individual, razón hacia la supervivencia individual para uno mismo.

SEGUNDA: la dinámica de la supervivencia mediante el sexo y los hijos.

TERCERA: el impulso de sobrevivir mediante grupos, como miembro del grupo o para la supervivencia del grupo en sí.

CUARTA: el impulso del individuo de sobrevivir por la Humanidad o el impulso de toda la Humanidad por sobrevivir.

QUINTA: el impulso del individuo de sobrevivir por la vida, o de la vida de sobrevivir por sí misma.

SEXTA: el impulso del individuo de promover la supervivencia de MEST, ya sea para su propio beneficio o para el beneficio del MEST en sí (que se manifiesta en la preservación de la propiedad como tal, sin importar a quién pertenezca).

SÉPTIMA: el impulso de theta por sobrevivir, el impulso del individuo de favorecer la supervivencia de theta y de sobrevivir mediante la supervivencia de theta.

OCTAVA: el impulso hacia la supervivencia a través del Ser Supremo. El número ocho puesto de lado nos da el símbolo para el infinito.

Cualquiera de estas dinámicas se puede desglosar en las tres partes componentes de afinidad, comunicación y realidad.

En la Primera Dinámica, uno tiene la afinidad por sí mismo, el concepto de la realidad de sí mismo y la capacidad de comunicarse con la memoria de sí mismo.

La Segunda Dinámica tendría que ver con la afinidad por la pareja o los hijos para el futuro de la especie, la comunicación con la pareja o los hijos, y un concepto de la realidad de estos.

En la Tercera Dinámica se encuentra la afinidad del individuo por el grupo o la afinidad del grupo por sí mismo, la capacidad del individuo y del grupo para comunicarse, la realidad general o acuerdo existente en el grupo y entre el individuo y el grupo.

La Cuarta Dinámica, como ARC, significaría la afinidad del individuo por todo Hombre, y de la Humanidad por el individuo. Incluiría la comunicación del Hombre con el Hombre y los conceptos de realidad o acuerdos de los hombres con la Humanidad.

La Quinta Dinámica incluiría la afinidad del individuo por la vida o la afinidad de la vida por otra vida, la capacidad de la vida para comunicarse con la vida o con el individuo, y el concepto de acuerdo y realidad de la vida.

La Sexta Dinámica incluiría la afinidad, la comunicación y la realidad de MEST como tal (dentro de sus propias leyes como se expresan en las ciencias físicas), pero más importante para nuestros propósitos, incluiría la sensibilidad del individuo hacia MEST: para conocerlo, usarlo y preservarlo.

La Séptima Dinámica sería la de theta en sí, que está compuesta, según nuestros postulados, de afinidad, realidad y comunicación.

La Octava Dinámica sería la dinámica del Ser Supremo o el Creador. Ese sería Dios. Uno podría considerar que Dios creó el universo físico y el universo theta.

LAS OCHO DINÁMICAS

DICIEMBRE DE 1951

(Manual para Preclears)

Tenemos lo que llamamos DINÁMICAS. Las dinámicas en la vida se parecen en cierto modo, al esfuerzo en la física. Una dinámica es el impulso por sobrevivir a lo largo de cierto curso. Una dinámica es la persistencia en el vivir. Es el esfuerzo por vivir.

Muy abajo en la Escala Tonal, en la banda psicótica o neurótica, los individuos creen que sobreviven sólo para sí mismos. Esto, por supuesto, no sería posible. A medida que uno asciende por la Escala Tonal entrando en mejores estados de ser, expande su esfera de interés y de acción. Pero sin importar lo que piense en un estado de tono bajo, aun así está sobreviviendo en las muchas dinámicas, aunque sea en un estado limitado.

Hay OCHO DINÁMICAS. Estas abarcan todas las metas de supervivencia que tiene un individuo. Abarcan todas las cosas por las que sobrevive.

Ninguna de estas dinámicas es más ni menos importante que otra. Y, por extraño que parezca, cuando una se debilita o se reduce, todas las demás se debilitan o se reducen en la misma medida. Cuando uno atenta contra una, automáticamente atenta contra todas las demás. Estas dinámicas son muy fáciles de demostrar.

> La PRIMERA DINÁMICA es UNO MISMO. Este es el esfuerzo por sobrevivir como individuo, por ser un individuo. Incluye el propio cuerpo y la propia mente. Es el esfuerzo por lograr el nivel más elevado de supervivencia durante el mayor tiempo posible para uno mismo.
>
> La SEGUNDA DINÁMICA es el SEXO. Esta dinámica tiene dos secciones: 2s y 2h. La primera sección es el sexo en sí, el acto sexual, cualquier cosa relacionada con la acción física del sexo. La segunda

sección es el impulso por sobrevivir a través de los hijos, el producto del sexo. Esta dinámica también incluye una porción que es la familia, puesto que la familia como unidad afecta a la crianza de los hijos.

La TERCERA DINÁMICA es el GRUPO. Este es el esfuerzo por sobrevivir a través de un grupo, como una comunidad, un estado, una nación, una agrupación social, amigos, compañías o, en pocas palabras, cualquier grupo. Uno tiene un claro interés en la supervivencia de un grupo.

La CUARTA DINÁMICA es la HUMANIDAD. Este es el esfuerzo por sobrevivir como una especie. Es el interés en la especie como tal.

La QUINTA DINÁMICA es los SERES VIVOS. Este es el esfuerzo por sobrevivir para todas y cada una de las formas de vida. Es el interés en la vida como tal.

La SEXTA DINÁMICA es el MEST. Este es el esfuerzo por sobrevivir como el universo físico y es el interés en la supervivencia del universo físico.

La SÉPTIMA DINÁMICA es la FUENTE DE LA VIDA. Esta, en esta nueva ciencia, está aparte del universo físico y es la fuente de la Vida en sí. Así que hay un esfuerzo por la supervivencia de la fuente de la Vida.

La OCTAVA DINÁMICA es el SER SUPREMO. Se escribe con el número ocho en posición horizontal (∞) lo que significa infinito. Es lo que se ha postulado como máximo Creador de todo y el esfuerzo por sobrevivir por el Ser Supremo.

LA ESCALA DINÁMICA

MAYO DE 1952

(Conferencia del 20 de mayo de 1952, Decisión: Causa y Efecto)

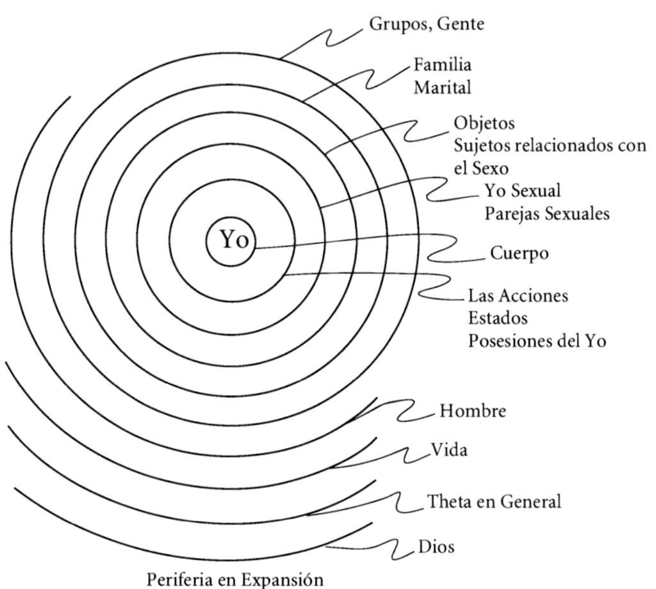

LAS OCHO DINÁMICAS

NOVIEMBRE DE 1952

(Scientology 8-8008)

Se encuentra que el impulso por Sobrevivir contiene ocho subimpulsos. Estos son:

PRIMERO, el impulso por sobrevivir como uno mismo;

SEGUNDO, el impulso por sobrevivir a través del sexo y la extensión de los hijos;

TERCERO, el impulso por sobrevivir como grupo;

CUARTO, el impulso por sobrevivir como la Humanidad en sí;

QUINTO, el impulso por sobrevivir como la vida animal;

SEXTO, el impulso por sobrevivir como el universo material de materia, energía, espacio y tiempo;

SÉPTIMO, el impulso por sobrevivir como espíritu; y

OCTAVO, el impulso por sobrevivir como lo que podría llamarse el Ser Supremo.

A estos subimpulsos se les llama dinámicas.

LAS OCHO DINÁMICAS

DICIEMBRE DE 1954

(¡Dianética 55!)

Las Ocho Dinámicas son las siguientes:

LA DINÁMICA UNO es el impulso hacia la supervivencia como uno mismo.

LA DINÁMICA DOS es el impulso hacia la supervivencia mediante el sexo o los hijos y abarca tanto el acto sexual como el cuidado y la crianza de los hijos.

LA DINÁMICA TRES es el impulso hacia la supervivencia mediante el grupo y como el grupo.

LA DINÁMICA CUATRO es el impulso hacia la supervivencia mediante toda la Humanidad y como toda la Humanidad.

LA DINÁMICA CINCO es el impulso hacia la supervivencia mediante las formas de vida, como los animales, las aves, los insectos, los peces y la vegetación, y es el impulso a sobrevivir como estos.

LA DINÁMICA SEIS es el impulso hacia la supervivencia mediante el universo físico y sus componentes, la Materia, la Energía, el Espacio y el Tiempo (de donde obtenemos la palabra MEST, del inglés Matter, Energy, Space y Time).

LA DINÁMICA SIETE es el impulso hacia la supervivencia mediante el espíritu e incluiría las manifestaciones o la totalidad de las unidades con consciencia de consciencia, los thetanes, los demonios, los fantasmas, los espíritus, las deidades menores y demás.

LA DINÁMICA OCHO es el impulso hacia la supervivencia mediante el Ser Supremo o, más exactamente, el Infinito. Se llama Dinámica Ocho porque es el Infinito (∞) puesto en posición vertical.

LAS OCHO DINÁMICAS

SEPTIEMBRE DE 1956

(Scientology: Los Fundamentos del Pensamiento)

Podría decirse que existen ocho impulsos (empujes, ímpetus) en la vida.

A estos los llamamos DINÁMICAS.

Son motivos o motivaciones.

Los llamamos LAS OCHO DINÁMICAS.

Aquí no se piensa ni se afirma que ninguna de estas ocho dinámicas sea más importante que las demás. Aunque son categorías (divisiones) del amplio juego de la vida, no son forzosamente iguales entre sí. Se verá, entre los individuos, que cada persona pone más énfasis en una de las dinámicas que en las demás, o puede poner más énfasis en que una combinación de dinámicas sea más importante que otras combinaciones.

El propósito de establecer esta división es aumentar la comprensión de la vida distribuyéndola en compartimentos. Una vez subdividida la existencia de esta forma, se puede inspeccionar cada compartimento (como tal y por sí mismo) en su relación con los demás compartimentos de la vida.

Para resolver un rompecabezas, es necesario empezar por tomar las piezas de color y tipo similares y colocarlas en grupos. Al estudiar un tema, es necesario avanzar de una manera ordenada.

Para fomentar este orden, es necesario adoptar (para nuestros fines) estos ocho compartimentos arbitrarios de la vida.

> La PRIMERA DINÁMICA: es el impulso hacia la existencia como uno mismo. Aquí tenemos la individualidad expresada plenamente. A esta se le puede llamar la *Dinámica de Uno Mismo.*

La SEGUNDA DINÁMICA: es el impulso hacia la existencia como actividad sexual. Esta dinámica tiene en realidad dos divisiones. La Segunda Dinámica (a) es el acto sexual en sí. Y la Segunda Dinámica (b) es la unidad familiar, incluyendo la crianza de los hijos. A esta se le puede llamar la *Dinámica del Sexo.*

La TERCERA DINÁMICA: es el impulso hacia la existencia en grupos de individuos. Cualquier grupo, o parte de una clase completa, podría considerarse una parte de la Tercera Dinámica. La escuela, la sociedad, la ciudad y la nación son cada una de ellas *parte* de la Tercera Dinámica, y cada una *es* una Tercera Dinámica. A esta se le puede llamar la *Dinámica de Grupo.*

La CUARTA DINÁMICA: es el impulso hacia la existencia como Humanidad o de la Humanidad. Mientras que una raza podría considerarse una Tercera Dinámica, a todas las razas se les consideraría la Cuarta Dinámica. A esta se le puede llamar la *Dinámica de la Humanidad.*

La QUINTA DINÁMICA: es el impulso hacia la existencia del reino animal. Esto incluye a todas las criaturas vivas, ya sean vegetales o animales, los peces del mar, las bestias del campo o del bosque, la hierba, los árboles, las flores o cualquier cosa que esté animada directa e íntimamente por la *vida.* A esta se le puede llamar la *Dinámica Animal.*

La SEXTA DINÁMICA: es el impulso hacia la existencia como el universo físico. El universo físico se compone de Materia, Energía, Espacio y Tiempo. En Scientology tomamos la primera letra de cada una de estas palabras (en inglés, *Matter, Energy, Space, Time)* y creamos una palabra: MEST. A esta se le puede llamar la *Dinámica del Universo.*

La SÉPTIMA DINÁMICA: es el impulso hacia la existencia como espíritus o de los espíritus. Todo lo espiritual, con o sin identidad, entraría en el apartado de la Séptima Dinámica. A esta se le puede llamar la *Dinámica Espiritual.*

La OCTAVA DINÁMICA: es el impulso hacia la existencia como infinito. También se le identifica como el Ser Supremo. Se llama la Octava Dinámica porque el símbolo del infinito, ∞, en posición vertical es el número 8. A esta se le puede llamar la *Dinámica del Infinito* o de *Dios.*

DIAGRAMA DE DINÁMICAS POSITIVAS Y NEGATIVAS

JULIO DE 1958

(Conferencia del 4 de julio de 1958, Las Libertades del Clear)

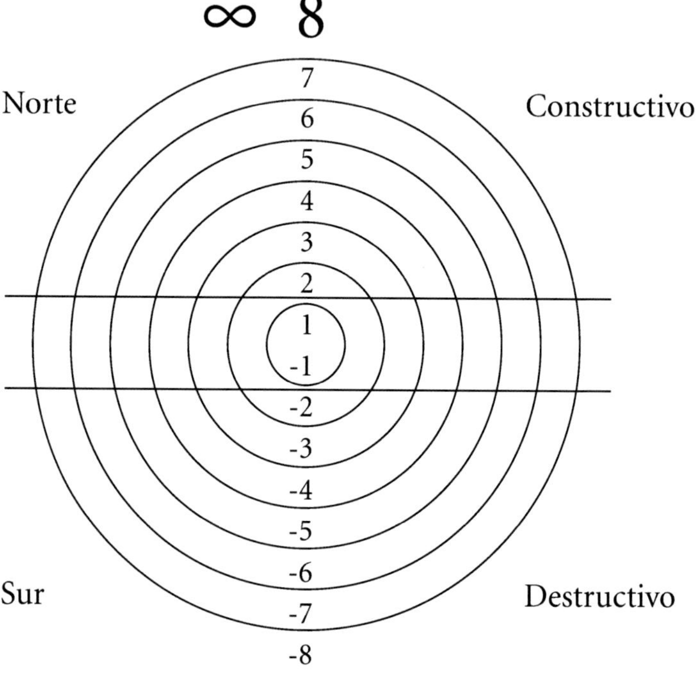

Hay una peculiaridad en estas ocho dinámicas: son una cuestión de alcance; son una cuestión de esfera de influencia. Una persona que *sólo* estuviera en la Primera Dinámica tendría esta área de alcance de simplemente uno mismo. Pero no crean que esto es algo malo. Algunas personas han sido educadas en la creencia de que el pensamiento de uno mismo (y la consciencia de uno mismo) es algo muy malo. "Deberías pensar en el otro tipo, nunca en ti". Eso está *por debajo de la línea.*

Por encima de esta línea, estamos hablando de *alcance*. Estamos hablando de lo lejos que un individuo puede llegar, no necesariamente en cuanto a espacio, sino hasta donde existe su influencia. Cuando hablamos de esta Primera Dinámica, decimos: "Bueno, puede influenciarse a sí mismo bastante bien". (Probablemente queremos decir el cuerpo).

El siguiente círculo es la Segunda Dinámica. Si pudiera controlarla bastante bien, realmente sería alguien.

La Tercera Dinámica (por encima de la línea), el manejo de grupos, se vuelve un poco menos frecuente, pero se puede hacer. Esto es el manejo de un número de Primeras Dinámicas.

Llegamos aquí arriba a la Cuarta Dinámica, el manejo de la especie a la que pertenece. Aquí, estamos hablando de cuerpos físicos de seres humanos. Si estuviéramos hablando acerca de la Cuarta Dinámica de las cucarachas, estaríamos hablando de todas las cucarachas que hay en este universo.

La Quinta Dinámica serían todos los seres vivos. Esa es la combinación de vida más los objetos materiales que constituyen las formas de los cuerpos. Esto serían los árboles y la hierba y todo el resto de esta dinámica.

La Sexta Dinámica sería el universo físico.

La Séptima Dinámica (en el último círculo) sería todo el mundo espiritual.

Fuera de esto, tienes un infinito.

También tenemos Una, Dos, Tres, Cuatro, Cinco, Seis, Siete y Ocho negativas.

¿Dónde se sitúa la persona promedio en esta comunidad o en esta sociedad hoy en día? La gente está por lo menos en menos Uno: "No valgo mucho. No soy nadie. Sabes como es esto… Sé que gané el trofeo, pero me resbalé". La negación de uno mismo.

Vayamos hacia abajo y vemos la Segunda negativa. Este individuo está inhibido sexualmente. Eso es suficiente para ponerlo en una Segunda negativa.

Tercera negativa. Piensa en los grupos como masas, no como Primeras. Sabe lo que es un grupo; es una masa. Así es como lo definiría.

Aquí está el tipo en menos Cuatro que está hablando acerca de la "Humanidad". El niño pequeño corre hasta él y dice: "Papi, ¿puedes darme 10 centavos?". "Vete, mocoso. ¡Hay que salvar a la Humanidad!

Vete". No está arriba en ninguna de las dinámicas por encima de él, pero "¡La Humanidad!". Sólo está evitando. Cuanto más lejos vayamos hacia el *sur,* más está evitando las cosas justo al *norte* de él.

A medida que desciende a menos Seis (el físico nuclear) nunca lo mira, pero dice: "¡Hay algo en eso! Sé que hay algo en eso. Si mezclo suficiente de esto y de esta manera y lo muevo hacia acá de esta manera y lo vuelvo a poner así, hará ¡pum! ¡Y no habrá Quinta, Cuarta, Tercera, ni Segunda! ¡Ja!".

Entonces, de hecho tenemos estas divisiones aquí en *constructivas* y *destructivas.* Una persona que está en muy buena forma puede construir y destruir. Pero las personas que sólo pueden destruir con toda seguridad están por debajo de esta línea. Y las personas que pueden construir (y gradualmente según subimos hacemos que también destruyan, pero pueden hacerlo mediante elección analítica) están por encima de la línea.

Por tanto, tenemos *dinámicas negativas.* Y así es como están dispuestas.

El juicio es con cuántas (y con qué lado) de las dinámicas computa una persona al instante. Eso es juicio.

Capítulo Siete

ESCALAS Y TABLAS

ESCALAS

Todas las cosas proceden del livingness. Esto es muy cierto de las escalas.

Una escala, usada inteligentemente, es un criterio maravilloso. Pero como en la aritmética, tienes que recordar que dos manzanas más dos manzanas puede ser igual a cuatro manzanas, pero el hecho en sí no va a hacer nada por nadie. Tienes que aplicar estas escalas a los casos, a la gente, a las cosas.

Recuerda dos cosas:

> Estas escalas son verdaderas.
>
> Se aplican verdaderamente a la vida. Y a menos que las vistas con cierta sensibilidad, a menos que puedas usarlas mientras procesas a alguien, a menos que puedas aplicarlas de forma inteligente y saber dónde comienzan y dónde terminan (y saber lo suficiente para usar también tu propio sentido común), sólo son bonitos arreglos matemáticos que son muy bonitos.

Estas escalas se obtuvieron de una observación del livingness.

Una escala es cierto tipo de medida. En Scientology, es también algo más y eso es un gradiente.

Un gradiente es simplemente un poco más, añadido a un poco más, hasta que obtienes todo el ámbito desde una cantidad pequeña hasta una cantidad grande. Eso es un gradiente. Y el mundo funciona en escalas de gradiente.

ESCALAS DE GRADIENTE

El término "escala de gradiente" puede aplicarse a cualquier cosa y significa "una escala de una condición graduada desde cero hasta infinito". Se considera que los absolutos son inobtenibles.

Dependiendo de la dirección en que esté graduada la escala, podría haber una infinitud de incorrección y una infinitud de corrección. Así, la escala de gradiente de corrección iría desde el cero teórico (pero inobtenible) de corrección hasta la infinitud teórica de corrección. Una escala de gradiente de incorrección iría desde un cero de incorrección hasta una infinitud de incorrección.

La palabra "gradiente" se usa para definir "grados de reducción o aumento de una condición". La diferencia entre un punto de una escala de gradiente y otro punto podría ser tan diferente o tan amplia como el ámbito total de la escala misma. O, podría ser tan minúscula como para requerir del discernimiento más diminuto para establecerla.

Escala de gradiente significa una escala progresiva desde "nada de", a "ligeramente un poco más que nada de", a "mucho más que nada de", a "mucho *más* que nada de" a "tú casi tienes algo": pequeños grados diminutos.

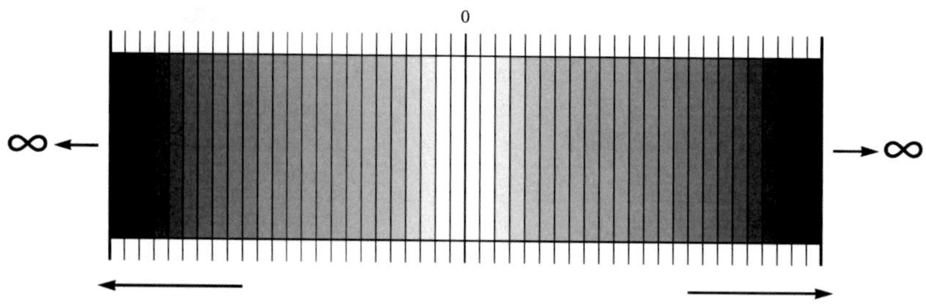

Términos como bueno y malo, vivo y muerto, correcto e incorrecto, sólo se usan en conjunción con escalas de gradiente. En la escala de correcto e incorrecto, todo lo que estuviera por encima de cero o del centro sería cada vez más y más correcto, acercándose a una corrección infinita; y todo lo que estuviera por debajo de cero o del centro sería cada vez más incorrecto, acercándose a una incorrección infinita. La escala de gradiente es una forma de pensar acerca del universo, que se asemeja a las verdaderas condiciones del universo más que ningún otro método lógico existente.

Las escalas de gradiente son necesarias para hacer cualquier cosa. Eso es cierto acerca del manejo de energía, el manejo de espacio, el manejo de tiempo o cualquier otra cosa.

El primer proceso de Scientology (1947) fue uno que aumentaba la capacidad del preclear para confrontar mediante el uso de una escala de gradiente. Las cosas suceden poco a poco, no todas de inmediato como a la gente en efecto total le gustaría que uno creyera.

Resuelves todos los casos mediante escalas de gradiente. Todas las cosas se resuelven mediante escalas de gradiente. Toda la auditación se hace mediante escala de gradiente.

Nunca obtienes un *algo* absoluto en el procesamiento. No obtienes una reducción absoluta, estados completos y demás. ¿Por qué? El universo se conduce según una escala de gradiente.

LA ESCALA TONAL

1948

(Dianética: La Tesis Original)

La *Escala Tonal* denota de forma numérica, primero la categoría de un engrama en la mente reactiva, después, su progreso durante el trabajo, y proporciona una medida de la cordura de un individuo.

El origen de esta escala es clínico, y se basa en la observación de engramas durante el trabajo. Cuando se localiza y se pone de manifiesto un engrama, el curso extremo que puede seguir se inicia en *apatía,* pasa a *enojo* (o las diversas facetas de *antagonismo*), prosigue hasta *aburrimiento,* y al final llega a *alegría* o se desvanece por completo.

La Escala Tonal es, en esencia, una asignación de valores numéricos mediante la que se puede clasificar numéricamente a los engramas y a los individuos. No es arbitraria, sino que, como se verá, representa una aproximación a cierta ley reguladora verdadera que existe en la naturaleza.

El tono 0 equivale a muerte. Un engrama con un tono 0 sería un engrama de una muerte. Un individuo con un tono 0 estaría muerto.

Al avanzar hacia arriba, desde 0 a 1, se encuentra la banda emocional que se puede llamar apatía, a lo largo de su escala graduada que va desde la muerte hasta los inicios del resentimiento apático.

De 1 a 2 está la zona del antagonismo, que incluye sospecha, resentimiento y enojo.

El aburrimiento y sus equivalentes, los cuales indican un leve fastidio, comienza en 2 y termina en 3.

De 3 a 4 se encuentran las emociones que van desde indiferencia hasta alegría.

El término *Tono 4* se refiere a un engrama o a un individuo que ha alcanzado la racionalidad y alegría completas.

LA ESCALA TONAL

MAYO DE 1950

(Dianética: La Ciencia Moderna de la Salud Mental)

El estado mental y físico del individuo varía de hora en hora, de día en día, de año en año. Por lo tanto, el nivel de supervivencia formaría o una curva diaria o la curva de una vida, en una medida de la posición horaria o anual en las zonas. (Véase la *Gráfica Descriptiva de Supervivencia,* mayo de 1950). Y esto haría posible que hubiera dos curvas: la curva física y la curva mental.

Las zonas, pues, pueden corresponder a dos cosas: al ser físico y al ser mental. Por lo tanto, estas cuatro zonas se pueden llamar zonas de los estados de ser. Si una persona es mentalmente feliz, el nivel de supervivencia se puede situar en la Zona 4. Si la persona está físicamente muy enferma, podría localizarse, según su enfermedad, en la Zona 1 o cerca de la muerte.

Se han asignado a estas zonas nombres muy imprecisos, pero no obstante descriptivos:

Zona 3	Una zona de felicidad y bienestar generales
Zona 2	Un nivel de existencia tolerable
Zona 1	Una de enojo
Zona 0	Zona de apatía

Estas zonas se pueden usar como una Escala Tonal mediante la cual se puede clasificar un estado anímico. Justo por encima de la muerte, que es 0, estaría la apatía mental más baja o el más bajo nivel de vida física, 0.1. Un Tono 1, en el que el cuerpo está luchando contra el dolor físico o la enfermedad, o donde el ser está luchando con enojo, se podría clasificar desde 1.0, que sería resentimiento u hostilidad, pasando por el Tono 1.5 que sería una cólera desenfrenada, hasta 1.9, que sería meramente una tendencia pendenciera. Desde el Tono 2.0 hasta el Tono 3.0, habría un creciente interés en la existencia, y así sucesivamente.

LA ESCALA TONAL EMOCIONAL

NOVIEMBRE DE 1950

(Conferencia del 27 de noviembre de 1950, Memoria Directa, Escalas Tonales)

3.0	Felicidad
	Alivio
	Indiferencia
2.0	Aburrimiento
	Resentimiento Expresado
	Enojo
1.0	Resentimiento No Expresado
	Miedo
	Pesar
	Apatía
0.0	Muerte

LA ESCALA TONAL POR DEBAJO DE CERO

AGOSTO DE 1952

(Scientology 8-80)

Las posiciones por debajo de cero en la Escala Tonal sólo son aplicables a un thetán.

Se ha observado con bastante frecuencia que para cualquier individuo hay dos posiciones en la Escala Tonal. Esto ocurre porque hay una posición para el compuesto del thetán más su cuerpo MEST, actuando en un estado de unknowingness (condición de no saber) con respecto a no ser un cuerpo MEST y comportándose de acuerdo a pautas sociales, las cuales le dan cierta apariencia de cordura. La otra posición en la Escala Tonal es la posición del thetán mismo y es necesario que mostremos una escala negativa a fin de siquiera encontrar al thetán.

Para el thetán, encontrarás que la escala es la siguiente:

(*continúa*)

Gama de la Escala del Thetán	Thetán-Más-Cuerpo	Tono	Nivel
Muy por debajo de la muerte del cuerpo en "0.0" bajando hasta la falta total de beingness como thetán		40.0	Serenidad del beingness
		20.0	Acción
		8.0	Júbilo
	El entrenamiento social y la educación, única garantía de una conducta cuerda	4.0	Entusiasmo
		3.0	Conservadurismo
		2.5	Aburrimiento
		2.0	Antagonismo
		1.8	Dolor
		1.5	Enojo
		1.2	No-compasión
		1.0	Miedo
		0.9	Compasión
		0.8	Propiciación
		0.5	Pesar
		0.375	Hacer enmiendas
		0.05	Apatía
		0.0	Ser un cuerpo
		-0.2	Ser otros cuerpos
		-1.0	Castigar a otros cuerpos
		-1.3	Responsabilidad como culpa
		-1.5	Controlar cuerpos
		-2.2	Proteger cuerpos
		-3.0	Poseer cuerpos
		-3.5	Aprobación proveniente de cuerpos
		-4.0	Necesitar cuerpos
		-8.0	Esconderse

LA ESCALA TONAL EMOCIONAL EXPANDIDA

ABRIL DE 1959

(Conferencia del 8 de abril de 1959, Escalas)

40.0	Serenidad del Beingness
8.0	Júbilo
4.0	Entusiasmo
3.5 3.0	Conservadurismo
2.5	Aburrimiento
2.0	Antagonismo
1.8	Dolor
1.5	Enojo
1.2	No-compasión
1.1	Hostilidad Encubierta
1.0	Miedo
0.9	Compasión
0.8	Propiciación (puede dar selectivamente)
0.5	Pesar
0.375	Hacer Enmiendas (Propiciación, no puede retener nada)
0.1 0.05	Apatía
0.0	Fracaso (Muerte del Cuerpo)
-0.2	Vergüenza (Ser Otros Cuerpos)
-1.0	Culpa (Castigar a Otros Cuerpos)
-1.3	Arrepentimiento (Responsabilidad como Culpa)
-1.5	Controlar Cuerpos
-2.2	Proteger Cuerpos
-3.0	Poseer Cuerpos
-3.5	Aprobación Proveniente de Cuerpos
-4.0	Necesitar Cuerpos
-8.0	Esconderse

LA ESCALA TONAL COMPLETA

SEPTIEMBRE DE 1971

(HCOB 25 de septiembre de 1971RB, La Escala Tonal Completa)

Escala Tonal Expandida	Tono	Escala de Saber a Misterio
Serenidad del Beingness	40.0	Saber
Postulados	30.0	No-Saber
Juegos	22.0	Saber Acerca de
Acción	20.0	Mirar
Júbilo	8.0	Emoción Positiva
Estética	6.0	
Entusiasmo	4.0	
Alegría	3.5	
Interés Intenso	3.3	
Conservadurismo	3.0	
Interés Moderado	2.9	
Conforme	2.8	
Desinteresado	2.6	
Aburrimiento	2.5	
Monotonía	2.4	
Antagonismo	2.0	Emoción Negativa
Hostilidad	1.9	

Dolor	1.8
Enojo	1.5
Odio	1.4
Resentimiento	1.3
No-compasión	1.2
Resentimiento No Expresado	1.15
Hostilidad Encubierta	1.1
Ansiedad	1.02
Miedo	1.0
Desesperación	0.98
Terror	0.96
Insensibilidad	0.94
Compasión	0.9
Propiciación (De tono más elevado, da selectivamente)	0.8
Pesar	0.5
Hacer Enmiendas (Propiciación; no puede retener nada)	0.375
No merecer	0.3
Auto-degradación	0.2
Víctima	0.1
Desesperanza	0.07
Apatía	0.05
Inútil	0.03
A punto de Morir	0.01
Muerte del Cuerpo	0.0
Fracaso	-0.01
Lástima	-0.1

Vergüenza (Ser Otros Cuerpos)	-0.2	
Culpable	-0.7	
Culpa (Castigar a Otros Cuerpos)	-1.0	
Arrepentimiento (Responsabilidad como Culpa)	-1.3	
Controlar Cuerpos	-1.5	Esfuerzo
Proteger Cuerpos	-2.2	
Poseer Cuerpos	-3.0	Pensar
Aprobación proveniente de Cuerpos	-3.5	
Necesitar Cuerpos	-4.0	Símbolos
Adorar Cuerpos	-5.0	Comer
Sacrificio	-6.0	Sexo
Esconderse	-8.0	Misterio
Ser Objetos	-10.0	Esperar
Ser Nada	-20.0	Inconsciente
No Poder Esconderse	-30.0	
Fracaso Total	-40.0	Incognoscible

GRÁFICA DESCRIPTIVA DE SUPERVIVENCIA

MAYO DE 1950

(Dianética: La Ciencia Moderna de la Salud Mental)

Según se verá en la gráfica adjunta, se ha concebido un espectro de la vida que abarca desde el cero de la muerte o extinción, hacia el infinito de la inmortalidad potencial. Se consideró que este espectro contenía una infinidad de líneas, que se extendían escalonadamente hacia el potencial de inmortalidad. A medida que se ascendía por la escala, cada línea estaba un poco más separada que la anterior, en progresión geométrica.

El empuje de la supervivencia es alejarse de la muerte y acercarse hacia la inmortalidad. Se podría concebir que el dolor máximo existe justo antes de la muerte y se podría concebir el placer máximo como inmortalidad.

Se podría decir que para el organismo unitario o para la especie la inmortalidad tiene un tipo de fuerza que atrae y la muerte una fuerza que repele. Pero a medida que la supervivencia se eleva más y más hacia la inmortalidad, se encuentran espacios más y más amplios hasta que las distancias son imposibles de salvar en términos finitos. El impulso es alejarse de la muerte, que tiene una fuerza que repele, y acercarse hacia la inmortalidad, que tiene una fuerza que atrae; la fuerza que atrae es placer, la fuerza que repele es dolor.

Para el individuo, podría considerarse que la longitud de la flecha está en un potencial alto dentro de la cuarta zona. Aquí, el potencial de supervivencia sería excelente y el individuo disfrutaría de la existencia.

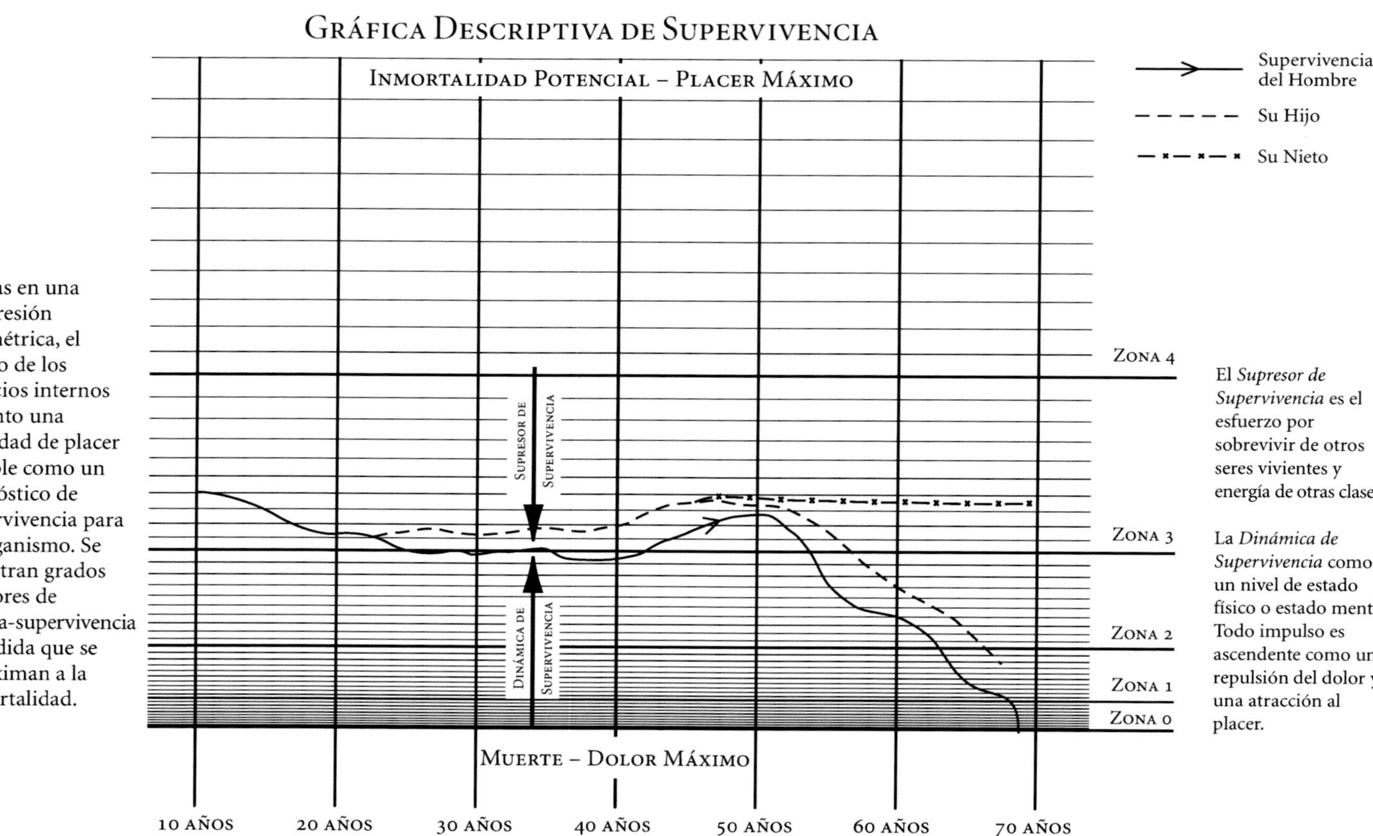
Gráfica Descriptiva de Supervivencia
Inmortalidad Potencial – Placer Máximo
Supervivencia del Hombre
Su Hijo
Su Nieto
Zona 4
Zona 3
Zona 2
Zona 1
Zona 0
Supresor de Supervivencia
Dinámica de Supervivencia
Muerte – Dolor Máximo
10 años
20 años
30 años
40 años
50 años
60 años
70 años
Líneas en una progresión geométrica, el ancho de los espacios internos es tanto una cantidad de placer posible como un pronóstico de supervivencia para el organismo. Se muestran grados menores de contra-supervivencia a medida que se aproximan a la inmortalidad.
El *Supresor de Supervivencia* es el esfuerzo por sobrevivir de otros seres vivientes y energía de otras clases.
La *Dinámica de Supervivencia* como un nivel de estado físico o estado mental. Todo impulso es ascendente como una repulsión del dolor y una atracción al placer.

ESCALA TONAL DEL ORGANISMO SOCIAL

MAYO DE 1950

(Dianética: La Ciencia Moderna de la Salud Mental)

Hay una definición precisa para cada nivel social según se relaciona con la Escala Tonal.

Sociedad Tono 4	Una sociedad libre trabajando en plena cooperación hacia metas comunes
Sociedad Tono 2	Una sociedad coartada por restricciones arbitrarias y leyes opresivas
Sociedad Tono 1	Una sociedad administrada y dictada por los caprichos de un hombre o unos cuantos hombres (La guerra es un Tono 1 internacional).
Sociedad Tono 0	Una sociedad gobernada por el misterio y la superstición de algún organismo místico

El potencial de supervivencia en cada caso se puede ver en todas partes en la historia. Cualquier Edad de Oro es un Tono 4.

LAS TRES CLASES GENERALES DE MENTE

JUNIO DE 1950

(Conferencia del 29 de junio de 1950, Búsqueda y Descubrimiento: Parte I)

Una mente que es capaz de adaptarse un poco al entorno, pero adaptando el entorno

Una mente que es capaz de adaptarse al entorno

Una mente que es incapaz de adaptarse al entorno y es incapaz de adaptar el entorno

A medida que subes en la escala y consigues un nivel de inteligencia más y más elevado, mayor y mayor valor para la sociedad, encuentras que la persona es más y más capaz de adaptar su entorno.

LA ESCALA TONAL TRIDIMENSIONAL

NOVIEMBRE DE 1950

(Conferencia del 21 de noviembre de 1950, Espectros de Lógica y Emoción)

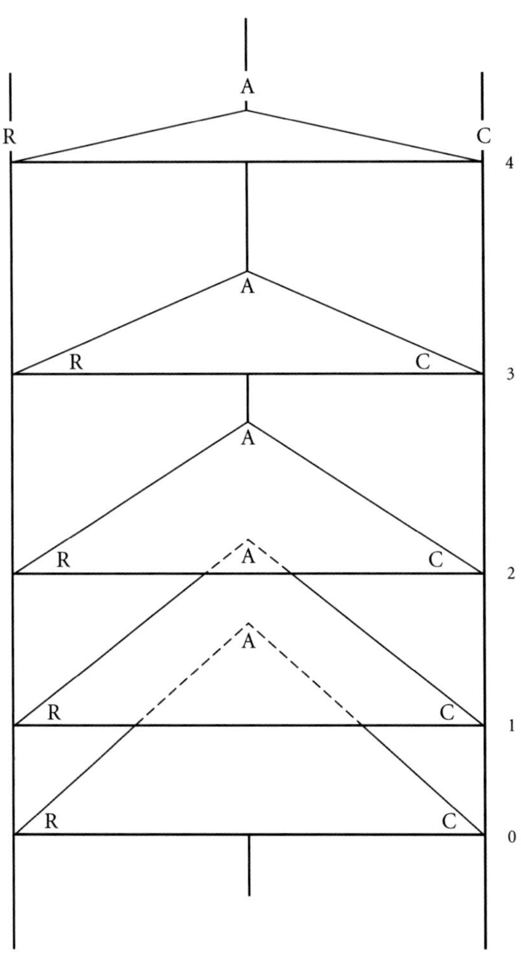

GRADOS DE ACCESIBILIDAD

NOVIEMBRE DE 1950

(Conferencia del 24 de noviembre de 1950, La Tabla de Accesibilidad)

1. Personalidad accesible para conversación.
2. Memoria accesible para Línea Directa.
3. Candados accesibles de rupturas de afinidad, realidad y comunicación.
4. Circuitos accesibles.
5. Engramas accesibles de afinidad, realidad, comunicación.
6. Propia valencia accesible constantemente.
7. Engramas accesibles para su borradura.
8. Raciocinio pleno accesible (Clear).

LA ESCALA DE COMUNICACIÓN

NOVIEMBRE DE 1950

(Conferencia del 27 de noviembre de 1950, Memoria Directa, Escalas Tonales)

3.0 (y por encima)	Comunicativo: esta persona hablará cuando debería hablar y estará en silencio cuando debería estar en silencio, no porque algún otro la esté oprimiendo, sino de acuerdo a su comprensión de lo que es razonable en la situación. Puede comunicarse y es posible comunicarse con ella. La comunicación es un asunto de dos direcciones.
2.0	Reservado: excluye comunicaciones selectivamente. Esta persona a veces será tan reservada que ocluirá cosas que están entrando. No las recibirá. Las excluirá a medida que entren.
1.0	Tergiversación/Distorsión: la vida le miente a esta persona a causa de su selección. Lo que observa, de hecho le miente. No admite la entrada de comunicación franca. Además, cuando la origina es muy probable que mienta. Distorsiona lo que ocurre en realidad.
0.0	Impasible: no aporta, no recibe. Aquí está su hombre muerto.

LA ESCALA DE REALIDAD

NOVIEMBRE DE 1950

(Conferencia del 27 de noviembre de 1950, Memoria Directa, Escalas Tonales)

Tono 3	Acuerdo con Razón
Tono 2	Indecisión
Tono 1	Desacuerdo
Tono 0	Impasible

LA ESCALA DE INHIBICIÓN

NOVIEMBRE DE 1950

(Conferencia del 27 de noviembre de 1950, Memoria Directa, Escalas Tonales)

Inhibición del Habla

Inhibición de Oír

Inhibición de Ver

Inhibición de Sentir

Inhibición de Oler

Inhibición de Movimiento

Inhibición de Calor y Frío
(Inhibición Térmica)

LA ESCALA DE COMPULSIÓN

NOVIEMBRE DE 1950

(Conferencia del 27 de noviembre de 1950, Memoria Directa, Escalas Tonales)

Compulsión del Habla

Compulsión de Oír

Compulsión de Ver

Compulsión de Sentir

Compulsión de Oler

Compulsión de Movimiento

Compulsión de Calor y Frío
(Compulsión Térmica)

ESCALA TONAL DE UNA NACIÓN

DICIEMBRE DE 1950

(Conferencia del 1 de diciembre de 1950, Grupos)

Altamente analítica. Postula que el grupo tiene un valor de supervivencia elevado, un valor de supervivencia muy elevado, pero también postula que su pensamiento es muy fluido. La gente puede aportar a esto o restar de esto con mucha facilidad. Pueden cambiar esta idea general aquí arriba. También este grupo debe estar en el proceso de recibir en gran medida contribuciones de sus integrantes y debe estar en el proceso de contribuir a todos sus integrantes.

Autoritaria. Deja de permitir que la gente contribuya a *ella*, pero les contribuye a *ellos*. Es una premisa autoritaria; es comprarlos. Tiene que ser una interacción *recíproca*.

Después de un tiempo, algo sale mal y alguien introduce algo de fuerza y hace que baje hasta esta banda. Luego alguien introduce algo más de fuerza y las ideas del grupo no están tan vivas, porque en el instante en el que el grupo comienza a castigar a los individuos dentro de él, cae en una espiral descendente.

Se rebela como grupo. Cuando el grupo comienza a bajar por la espiral de esa manera, se rebela. Se torna completamente y cambia de polaridad. La revolución del grupo es exactamente la misma cosa que el pensamiento cambiando de polaridad, porque el grupo es pensamiento. Puede cambiar de polaridad. La gente dentro de él es en cierto modo arrastrada a la idea de que hay una rebelión. Un dictador entra aquí más o menos en este punto. La revolución produce a este dictador, inevitablemente.

GRÁFICA DE LA LÓGICA

ENERO DE 1951

(Artículo de LRH de enero de 1951, Dianometría: Tu Capacidad y Estado de Ánimo)

La lógica no es buena ni mala en sí misma; es el nombre de un procedimiento de computación: el procedimiento de la mente analítica o de las mentes analíticas colectivas en sus esfuerzos por lograr soluciones a los problemas.

El proceso de la lógica consiste en:

1. Descubrir lo que uno está tratando de resolver.
2. Formular la pregunta para llegar a una solución.
3. Obtener o recordar los datos para la pregunta y la solución.
4. Evaluar los datos que han de usarse en la solución.
5. Comparar datos con datos, nuevas conclusiones con conclusiones antiguas.
6. Desarrollar una nueva respuesta o confirmar una antigua o decidir que no hay una respuesta inmediata (todas las respuestas en términos de corrección o incorrección relativas).
7. Acción o conclusión.

Como se ha esbozado anteriormente (y en la gráfica), en un problema, la flecha de la decisión oscila adelante y atrás, adelante y atrás, hasta que, a base de computaciones de mayor-que y menor-que, finalmente llega a quedarse con una respuesta.

GRÁFICA DE LA LÓGICA
(Simplificada para ilustración)

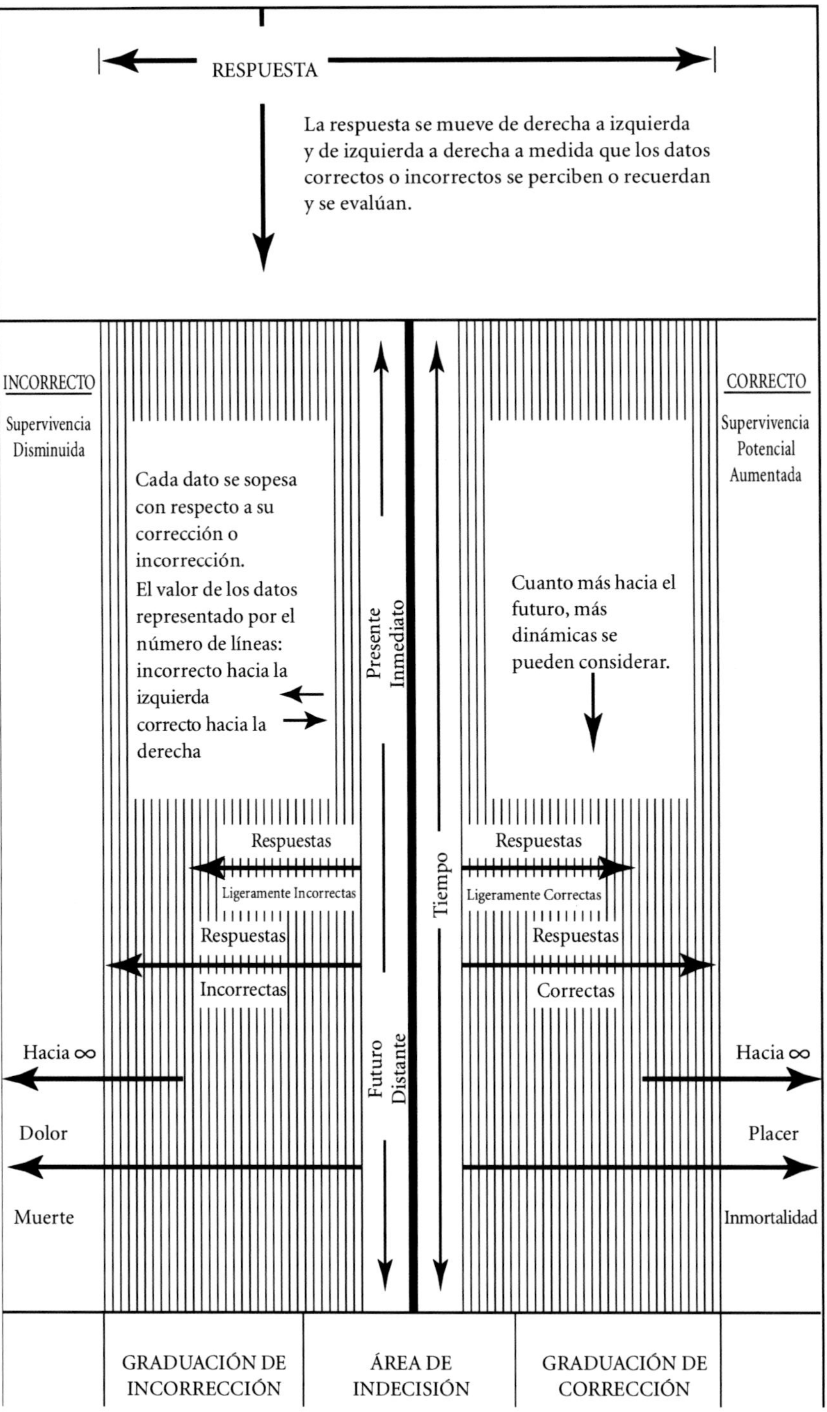
RESPUESTA
La respuesta se mueve de derecha a izquierda y de izquierda a derecha a medida que los datos correctos o incorrectos se perciben o recuerdan y se evalúan.
INCORRECTO
Supervivencia Disminuida
CORRECTO
Supervivencia Potencial Aumentada
Cada dato se sopesa con respecto a su corrección o incorrección.
El valor de los datos representado por el número de líneas:
incorrecto hacia la izquierda
correcto hacia la derecha
Presente Inmediato
Cuanto más hacia el futuro, más dinámicas se pueden considerar.
Respuestas
Ligeramente Incorrectas
Respuestas
Ligeramente Correctas
Tiempo
Respuestas
Incorrectas
Respuestas
Correctas
Hacia ∞
Hacia ∞
Futuro Distante
Dolor
Placer
Muerte
Inmortalidad
GRADUACIÓN DE INCORRECCIÓN
ÁREA DE INDECISIÓN
GRADUACIÓN DE CORRECCIÓN

TU CAPACIDAD Y ESTADO DE ÁNIMO

ENERO DE 1951

(Artículo de LRH de enero de 1951, Dianometría: Tu Capacidad y Estado de Ánimo)

Las pruebas que la Dianometría aplica para que Dianética se pueda iniciar, incluyen lo siguiente:

RECUERDOS:

Caso Fácil	**Caso Difícil**	**Caso Muy Difícil**
20 horas cada ítem	**50 horas cada ítem**	**100 horas cada ítem**
Sónico	No-sónico	"Dub-in" de sónico
Visión	No-visión	"Dub-in" de visión
Dolor	Cierre de dolor	
Emoción	Cierre de emoción	"Dub-in" de emoción
Buena memoria	Mala memoria	Sin memoria
Circuito demonio	Dos circuitos demonio	Más circuitos demonio
Ninguna enfermedad psicosomática crónica	Enfermedad psicosomática leve	Enfermedades psicosomáticas graves y crónicas
De buen humor	Enfadado	Apático
Dinámica media	Dinámica alta	Dinámica baja
	Llamado como otro miembro de la familia	Llamado como el padre o la madre
Ama a sus padres interesadamente	Le desagrada uno de sus padres	Le desagradan ambos padres y es propiciativo hacia ellos Área prenatal en lengua extranjera
Capacidad elevada para pensar	Capacidad media para pensar	Capacidad baja para pensar

Notarás que cada lista está encabezada por una cifra. Cualquiera puede seleccionar de esta lista sus capacidades y discapacidades mentales y sumarlas y obtendrá cierta idea de cuánto le llevará, trabajando con algún amigo, llegar a Clear en Dianética. Esto es, por supuesto, una aproximación, pues uno no puede decir lo diestro que será el nuevo auditor o cuánto contenido tiene el individuo realmente en su banco de engramas.

ESCALA TONAL DE LOS GOBIERNOS, LAS COMPAÑÍAS O LOS GRUPOS

ENERO DE 1951

(HCO PL 9 de enero de 1951
Un Ensayo sobre Dirección)

Estado casi cooperativo

República democrática

"Dirección de Emergencia"

Totalitarismo

Tiranía

Apatía de una organización o nación a punto de morir

LA TABLA HUBBARD DE EVALUACIÓN HUMANA Y DE PROCESAMIENTO DE DIANÉTICA

ENERO DE 1951

(La Ciencia de la Supervivencia)

En las muchas columnas de esta tabla, encontramos la mayoría de los componentes de la mente humana y todos los necesarios para procesar a un individuo.

THETA LIBRE (Aproximaciones)	A LA ESCALA TONAL (Ref.: Texto) Innato, Agudo, Crónico	B EVALUACIÓN DE DIANÉTICA	C COMPORTAMIENTO Y CARACTERÍSTICAS FISIOLÓGICAS	D ÁMBITO PSIQUIÁTRICO
1000	40.0	Desconocido	Facultades máximas desconocidas.	
900 – 100	36.0 – 4.0	Clear Theta-MEST	Facultades exploradas sólo parcialmente.	
100	4.0	Clear MEST	Excelente en proyectos y ejecuciones. Tiempo de reacción rápido (relativo a la edad).	Ninguno.
70	3.5	Liberado de Dianética	Bueno en proyectos, ejecución, deportes.	Ninguno.
47	3.0	Normal Muy Alto	Capaz de una buena cantidad de acción, deportes.	Ninguno. Normal Alto
32	2.5	Aburrimiento	Relativamente inactivo pero capaz de acción.	Normal Neurótico
22	2.0	Hostilidad Manifiesta	Capaz de acción destructiva y de acción constructiva menor.	Neurótico
15	1.5	Enojo	Capaz de acción destructiva.	Psicótico
10	1.1	Hostilidad Encubierta	Capaz de llevar a cabo cosas de menor importancia.	Psicótico
6	0.5	Apatía	Capaz de acción relativamente incontrolada.	Psicótico (Apatía)
3	0.1	Muerte Fingida	Vivo como organismo.	Psicótico (catatónico)
1	0 –1	Restos de alguna theta celular; vida somática. Entidad theta fuera de contacto.	Células vivas.	Ninguno.
0	–3	MEST permanece en MEST. Theta fuera de contacto.	Productos químicos.	Ninguno.

E Ámbito Médico	F Emoción	G Afinidad
Casi a prueba de accidentes. Ninguna afección psicosomática. Casi inmune a las bacterias.	Júbilo Vehemencia	Amor; fuerte, sociable.
Muy resistente a las infecciones comunes: sin resfriados.	Interés Intenso Interés Moderado	Tentativas para establecer relaciones, cordialidad.
Resistente a la infección y a la enfermedad. Pocas afecciones psicosomáticas.	Conforme	Tolerancia sin mucha sociabilidad activa; aceptación de las tentativas que se ofrecen.
Ocasionalmente enfermo. Propenso a las enfermedades corrientes.	Indiferencia Aburrimiento	Descuido de una persona o de la gente; alejamiento de ellos.
Enfermedades graves esporádicas.	Resentimiento Expresado	Antagonismo.
Enfermedades de depósito (artritis). (Ámbito de 1.0 a 2.0 indistintamente).	Enojo	Odio, violento y explícito.
Enfermedades endocrinas y neurológicas.	Resentimiento No Expresado Miedo	Hostilidad Encubierta. Timidez aguda. Propiciación, alejamiento de la gente.
Mal funcionamiento crónico de los órganos. (Propenso a los accidentes).	Pesar Apatía	Súplica, ruegos de compasión.
Crónicamente enfermo. (Rechaza el sustento).	La Apatía Más Profunda Ninguna.	Alejamiento completo de una persona o de la gente.
Muerto.	Ninguna.	Cohesión celular.
Muerto.	Ninguna.	Leyes físicas normales de cohesión, adhesión.

THETA LIBRE (Aproximaciones)	A LA ESCALA TONAL (Ref.: Texto) Innato, Agudo, Crónico	COMUNICACIÓN H SÓNICO	I VISIÓN	J SOMÁTICO
1000	40.0	Recuerdo sónico pleno. Recepción vívida y correcta del entorno.	Recuerdo de visión completo a tamaño real, en tres dimensiones y en color. Sin oclusiones.	Sin somáticos que recordar. Oposición automática al dolor de tiempo presente cuando se recibe.
900 – 100	36.0 – 4.0			
100	4.0			
70	3.5	Sónico inconstante. El resto en fuertes impresiones. Grabaciones del entorno correctas.	Cuadros con visión brillantes como se observaron originalmente, pero hay puntos ocluidos.	Somáticos fuertes y correctos. Cualquiera se puede recuperar. Recepción menos intensa del dolor de tiempo presente.
47	3.0	Fuertes impresiones sónicas. Detalles correctos.	Impresiones de visión. Detalles correctos. Muchas zonas ocluidas.	Somáticos correctos. Muchos pueden estar ocluidos. Recepción de intensidad media del dolor de tiempo presente.
32	2.5	Recuerdos correctos: en impresiones vagas. En general ocluidos. Interpreta el entorno razonablemente.	Recuerdos correctos: en impresiones vagas. En general ocluidos.	Recuerdos correctos. La intensidad del dolor de tiempo presente puede ser demasiado fuerte.
22	2.0	Dub-in menor. Mayoría de recuerdos correctos. Sónico real ocluido en la mayoría de los casos.	Dub-in menor. Mayoría de recuerdos correctos. Visión real ocluida en la mayoría de los casos.	Somáticos en los lugares correctos, pero ocasionalmente ocluidos. Fuerte dolor en tiempo presente.
15	1.5	Dub-in. Inversiones descabelladas de recuerdos. Inversión de sonidos entrantes resultando en significado incorrecto.	Dub-in. Inversión descabellada del recuerdo. Inversión de vistas entrantes resultando en significado incorrecto.	Posible recuerdo de dolor, pero recuerdo tergiversado. Anestesia frente al dolor de tiempo presente.
10	1.1	Dub-in de sónico cuando este existe. Sonido del entorno tergiversado hasta ser convertido en amenazas.	Dub-in de visión cuando esta existe. Vistas del entorno tergiversadas hasta ser convertidas en amenazas.	Recuerdo del dolor como tal muy ocasional. Dolor físico convertido en miedo. El mismo somático representa muchos somáticos.
6	0.5	El "yo" no está en contacto con el mundo interior. En contacto parcial con el entorno.	El "yo" no está en contacto con el mundo interior. En contacto parcial con el entorno.	El recuerdo del dolor como tal es imposible. Dolor físico convertido en pesar. Somáticos en lugares incorrectos, cuando se sienten.
3	0.1	No hay respuesta al sonido del entorno. Recuerdo obstruido.	No hay respuesta a la luz. Recuerdo obstruido.	Organismo como un todo sin reacción. Anestesia. Las células registran.
1	0 –1	Respuesta celular a los sonidos del entorno.	Respuesta celular a la luz del entorno.	Células capaces de sentir más dolor individualmente.
0	–3	Ondas sonoras MEST presentes pero sin registro.	Ondas de luz MEST presentes pero sin registro.	Fuerzas MEST presentes. No hay registro, excepto como MEST.

COMUNICACIÓN		
K CONVERSACIÓN: AL HABLAR ——— CONVERSACIÓN: AL ESCUCHAR	**L** CÓMO MANEJA LA PERSONA LA COMUNICACIÓN ESCRITA O HABLADA CUANDO ACTÚA COMO PUNTO DE TRANSMISIÓN	**M** REALIDAD (ACUERDO)
Intercambio fuerte, capaz, rápido y pleno de creencias, ideas.	Pasa la comunicación theta, contribuye a ella. Corta las líneas entheta.	Búsqueda de diferentes puntos de vista para ampliar la realidad propia. Cambia la realidad.
Hablará de creencias y de ideas firmemente arraigadas. ——— Aceptará ideas y creencias firmemente arraigadas y las tendrá en cuenta.	Pasa la comunicación theta. Le molestan las líneas entheta y las contraataca.	Capacidad para comprender y evaluar la realidad de los demás y para cambiar de punto de vista. Capaz de llegar a acuerdos.
Expresión tentativa de un número limitado de ideas personales. ——— Recibe ideas y creencias si se exponen con precaución.	Pasa comunicación. Conservador. Se inclina hacia una construcción y creación moderadas.	Consciencia de la posible validez de una realidad diferente. Acuerdo conservador.
Conversación casual, sin propósito. ——— Sólo presta atención a asuntos corrientes.	Cancela cualquier comunicación de tono más alto o más bajo; devalúa las emergencias.	Negativa a comparar dos realidades. Indiferencia a los conflictos acerca de la realidad. Demasiado descuidado para estar de acuerdo o en desacuerdo.
Habla amenazando. Invalida a los demás. ——— Presta atención a las amenazas. Se burla abiertamente de la conversación theta.	Trata con comunicación hostil o amenazante. Sólo deja pasar una pequeña cantidad de theta.	Duda verbal; defensa de la realidad propia. Intentos de minar la realidad de los demás. No está de acuerdo.
Sólo habla de muerte y destrucción. Odio. ——— Sólo presta atención a la muerte y a la destrucción. Destruye las líneas theta.	Tergiversa la comunicación para hacerla entheta sin tener en cuenta el contenido original. ——— Para la comunicación theta. Pasa entheta y la tergiversa.	Destrucción de la realidad opuesta. "Estás equivocado". No está de acuerdo con la realidad de los demás.
Conversación theta aparente pero la intención es perversa. Miente. ——— Escucha poco, principalmente intrigas o chismorreos. Miente.	Transmite sólo comunicación maliciosa. ——— Corta líneas de comunicación. No transmitirá comunicación.	Duda de la realidad propia. Inseguridad. Duda de la realidad opuesta.
Habla sólo en tonos apáticos. Muy poco. ——— Escucha poco, principalmente a lo apático o lastimoso.	Presta poca atención a las comunicaciones. No las pasa.	Vergüenza, ansiedad; fuertes dudas sobre la realidad propia; la realidad de los demás se le impone fácilmente.
No habla. ——— No escucha.	No transmite las comunicaciones. No es consciente de ellas.	Evita completamente la realidad conflictiva; no hay realidad.
Ninguna. ——— Ninguna.	Cuerpo MEST, ninguna. No se puede tener contacto cierto con theta con la tecnología existente.	Ninguna realidad subjetiva. Realidad celular.
Ninguna. ——— Ninguna.	Lo mismo que −1.	Sólo realidad MEST. Theta no localizable. Ninguna realidad subjetiva.

THETA LIBRE (Aproximaciones)	A LA ESCALA TONAL (Ref.: Texto) Innato, Agudo, Crónico	N CONDICIÓN DE LA LÍNEA TEMPORAL Y DE LAS VALENCIAS	O MANIFESTACIONES DE ENGRAMAS Y CANDADOS	P COMPORTAMIENTO SEXUAL ACTITUD HACIA LOS NIÑOS
1000	40.0	Se mueve a voluntad. Rara vez deja el tiempo presente. En su propia valencia en todas partes.	No tiene engramas ni candados de la vida actual. Reaccionará según pautas educativas modificadas por la razón. No se reestimula.	Interés sexual elevado pero sublimado a menudo hacia pensamiento creativo. Interés intenso en los niños.
900 – 100	36.0 – 4.0			
100	4.0			
70	3.5	Se mueve muy fácilmente. Viene rápido al presente. Permanece en el presente.	Sólo dramatiza muy ocasionalmente el concepto de una cadena de engramas. Muy difícil de reestimular.	Interés elevado en el sexo opuesto. Fidelidad. Amor por los niños.
47	3.0	Se mueve fácilmente por la línea temporal. En su propia valencia.	Dramatiza engramas, no candados, pero altera el contenido. Difícil de reestimular.	Interés en la procreación. Interés en los niños.
32	2.5	Se mueve por la línea temporal. A veces es difícil hacer que se interese en incidentes. Principalmente en su propia valencia.	Dramatiza engramas por debajo de este tono. No dramatiza candados.	Desinterés en la procreación. Vaga tolerancia de los niños.
22	2.0	Se mueve por la línea temporal, pero muy mal. En su propia valencia y fuera de ella, se desvía del presente.	Dramatiza algunos candados y la mayoría de los engramas. Muchas dramatizaciones.	Repugnancia por el sexo, asco. Queja, nerviosismo acerca de los niños.
15	1.5	Se mueve por la línea temporal en la valencia del progenitor o modelo dominantes.	Dramatiza candados y engramas en el lado de la valencia ganadora, al pie de la letra.	Violación, sexo como castigo. Tratamiento brutal de los niños.
10	1.1	En una valencia sintética; se mueve en una línea temporal falsa o se atora. Ve escenarios desde ángulos extraños.	Dramatiza candados y engramas en el lado de la valencia perdedora.	Promiscuidad, perversión, sadismo, prácticas irregulares. Uso de los niños con fines sádicos.
6	0.5	Habitualmente atorado en engramas de apatía y pesar. Fuera de valencia cuando está atorado.	Candados y engramas sumamente efectivos cuando está por debajo de pesar o 1.0. En estado de anatén.	Impotencia, ansiedad, posibles esfuerzos para procrear. Ansiedad acerca de los niños.
3	0.1	Habitualmente no es consciente de ningún pasado. Dificultad para llegar al presente.	Cualquier incidente de tiempo presente causa efecto. Candados y engramas causan efecto total.	Ningún esfuerzo por procrear.
1	0 –1	Sin línea temporal.	Ninguna.	Esfuerzos celulares para procrear, según los fisiólogos. Ninguno.
0	–3	Sin línea temporal.	Ninguna.	Ninguno. Ninguna.

Q Dominio del Entorno	R Valor Real para la Sociedad Comparado con el Valor Aparente	S Nivel Ético
Dominio elevado de sí mismo. Agresivo hacia el entorno. No le gusta controlar a la gente. Razonamiento elevado, emociones volátiles.	Valor elevado. El valor aparente se hará realidad. Creativo y constructivo.	Basa la ética en la razón. Nivel ético muy elevado.
Razona bien. Buen control. Acepta la posesión. Emoción libre. Liberal.	Buen valor para la sociedad. Adapta el entorno para beneficio propio y de los demás.	Toma en cuenta la ética del grupo pero la refina hacia un nivel más elevado según lo requiera la razón.
Controla las funciones físicas. Razona bien. La emoción libre todavía está inhibida. Permite que los demás tengan derechos. Democrático.	Cualquier valor aparente es valor real. Valor adecuado.	Sigue la ética en que se le ha educado, tan honestamente como sea posible. Moral.
En control de las funciones y de algunas facultades de razonamiento. No desea muchas posesiones.	Capaz de acción constructiva, raramente cualquier cantidad a tener en cuenta. Valor pequeño. "Bien adaptado".	Trata la ética de forma insincera, pero no es particularmente honesto ni deshonesto.
Antagonista y destructivo hacia sí mismo, hacia los demás y el entorno. Desea dominar para dañar.	Peligroso. Cualquier valor aparente se ve anulado por el potencial de daño a los demás.	Crónica y directamente deshonesto cuando se presenta la ocasión. En este nivel y por debajo: autoritarismo, criminales.
Aplasta o destruye a los demás o al entorno. Si no lo consigue, puede autodestruirse. Fascista.	Insincero. Riesgo elevado. Posible homicida. Aun cuando se declaren buenas intenciones, producirá destrucción.	Inmoral. Activamente deshonesto. Destructivo para toda ética.
Emociones o razonamiento sin control, pero hay un control orgánico aparente. Usa medios taimados para controlar a los demás, especialmente el hipnotismo. Comunista.	Riesgo real. Enturbula a los demás. Valor aparente superado por intenciones perversas, escondidas.	Criminales sexuales. Ética negativa. Deshonesto de forma retorcida. Tergiversa la honestidad sin razón.
Únicamente el control funcional más básico de uno mismo. Ningún control de la razón o de las emociones.	Riesgo para la sociedad. Posible suicida. Completa despreocupación de los demás.	No existente. No racional. Obedece a cualquiera.
Ningún dominio de sí mismo, del entorno ni de otras personas. Suicida.	Riesgo elevado, necesita cuidado y esfuerzos de los demás, sin poner nada de su parte.	Ninguno.
Ninguno.	El valor del cuerpo depende del valor anterior para su grupo.	Ninguno.
Ninguno.	Lo mismo que –1.	Ninguno.

THETA LIBRE (Aproximaciones)	A LA ESCALA TONAL (Ref.: Texto) Innato, Agudo, Crónico	T FORMA DE MANEJAR LA VERDAD	U NIVEL DE VALENTÍA	V CAPACIDAD PARA MANEJAR LA RESPONSABILIDAD
1000	40.0			
900 – 100	36.0 – 4.0			
100	4.0	Concepto elevado de la verdad.	Nivel elevado de valentía.	Sentido inherente de la responsabilidad en todas las dinámicas.
70	3.5	Sincero.	Muestra valentía cuando los riesgos son razonables.	Capaz de asumir y llevar a cabo responsabilidades.
47	3.0	Cauto al decir verdades. Mentiras sociales.	Exhibición conservadora de valentía cuando el riesgo es pequeño.	Maneja la responsabilidad de forma despreocupada.
32	2.5	Insincero. Descuida los hechos.	Ni valiente ni cobarde. No hace caso del peligro.	Muy descuidado, no es de confianza.
22	2.0	Verdad deformada para encajar el antagonismo.	Reactivo, arremetidas insensatas contra el peligro.	Usa la responsabilidad para llevar adelante sus propios fines.
15	1.5	Mentiras descaradas y destructivas.	Bravura irracional, normalmente dañina para sí mismo.	Asume responsabilidad para destruir.
10	1.1	Tergiversaciones ingeniosas y depravadas de la verdad. Encubre la mentira de forma artera.	Muestras solapadas de acción ocasionales; por lo demás, cobarde.	Incapaz, caprichoso, irresponsable.
6	0.5	Detalla hechos sin tener en cuenta la realidad de estos.	Cobardía total.	Ninguna.
3	0.1	Ninguna reacción.	Ninguna reacción.	Ninguna.
1	0 –1			
0	–3			

W Persistencia en un Curso Dado	X Literalidad con la que se Reciben Declaraciones o Comentarios	Y Método que Usa la Persona para Manejar a los Demás	Z Valor de Mando de las Frases de Acción
Persistencia creativa elevada.	Diferenciación elevada. Buena comprensión de toda la comunicación según resulte modificada por la educación del Clear.	Consigue apoyo con entusiasmo creativo y vitalidad respaldados por la razón.	Ningún engrama. Frases de tiempo presente sin valor reactivo. Ningún candado.
Buena persistencia y dirección hacia metas constructivas.	Buena compresión de las afirmaciones. Buen sentido del humor.	Consigue apoyo con razonamiento creativo y vitalidad.	Las cadenas de engramas causan efecto. Las frases individuales causan poco efecto.
Persistencia adecuada si los obstáculos no son demasiado grandes.	Buena diferenciación del significado de las afirmaciones.	Atrae apoyo mediante razonamiento práctico y buenos modales.	Las frases engrámicas de acción causan efecto.
Ocioso, concentración pobre.	Acepta muy poco, ya sea literalmente o de otra forma. Propenso a ser literal en el humor.	Indiferente al apoyo de los demás.	Las cadenas de secundarias y los engramas causan efecto.
Persistencia hacia la destrucción de enemigos. No hay persistencia constructiva por debajo de este punto.	Acepta observaciones de Tono 2.0 literalmente.	Se queja y critica abiertamente para pedir que se cumplan sus deseos.	Las cadenas de candados, las secundarias y los engramas causan efecto.
La persistencia destructiva comienza con fuerza, se debilita rápidamente.	Acepta observaciones alarmantes de forma literal. Sentido del humor brutal.	Usa amenazas, castigo y mentiras alarmantes para dominar a los demás.	Candados, secundarias y engramas causan efecto si igualan el tono. Frases de control con máximo efecto.
Titubeos en cualquier dirección. Muy mala concentración. Veleidoso.	Aceptación nula de cualquier observación. La tendencia a aceptarlo todo literalmente se evita con un humor forzado.	Anula a los demás para llevarlos a un nivel en que se les pueda usar. Medios retorcidos y perversos. Hipnotismo, chismorreo. Busca controlar de forma encubierta.	Candados, secundarias y engramas causan efecto. Los cambiadores de valencia causan mucho efecto.
Persistencia esporádica hacia la autodestrucción.	Aceptación literal de cualquier observación que iguale el tono.	Enturbula a los demás para controlarlos. Llora implorando piedad. Mentiras descabelladas para conseguir compasión.	Las percepciones de tiempo presente, los candados, las secundarias y los engramas causan efecto.
Ninguna.	Aceptación literal completa.	Finge estar muerto para que los demás no piensen que es peligroso y se vayan.	Las percepciones de tiempo presente, los candados, las secundarias y los engramas causan efecto. Los agrupadores causan efecto especialmente.
			Ninguno.
			Ninguno.

THETA LIBRE (Aproximaciones)	A LA ESCALA TONAL (Ref.: Texto) Innato, Agudo, Crónico	AB TIEMPO PRESENTE	AC MEMORIA DIRECTA	AD MOMENTOS DE PLACER
1000	40.0	Muy estable en tiempo presente. No lo abandona. Todas las percepciones limpias.	Puede recordar cualquier cosa.	Responde a cualquier estímulo placentero del entorno. Disfruta de la vida. Todos los momentos de placer del pasado están disponibles.
900 – 100	36.0 – 4.0			
100	4.0			
70	3.5	Muy alerta al tiempo presente. Estable en él.	La Memoria Directa es automática con el material.	Recorre momentos de placer con facilidad. La mayor parte del placer del pasado está disponible.
47	3.0	El pc no tiene dificultad en alcanzar el tiempo presente o mantenerse en él.	Usa Memoria Directa al auditar y con los candados.	Recorre momentos de placer con facilidad, pero mucho del placer del pasado y del presente no está disponible.
32	2.5	Cuando se le lleva a tiempo presente, el pc normalmente permanece ahí hasta el siguiente procesamiento.	Usa Memoria Directa para contactar dramatizaciones de enojo y apatía de aquellos que participan de la vida del pc.	Recorre momentos de placer. Placer del presente o del pasado ocluido ocasionalmente.
22	2.0	Al pc hay que traerlo a tiempo presente y estabilizarlo ahí. Generalmente permanecerá.	Usa Memoria Directa para eliminar dramatizaciones, ARC y momentos de placer frustrados	Se pueden alcanzar pocos momentos de placer verdaderos. "Disfruta" dando rienda suelta al antagonismo.
15	1.5	El pc está fuera de tiempo presente. Reduce candados y llega a tiempo presente.	Usa Memoria Directa con candados de ARC y esfuerzos de los demás por controlarlo.	Es difícil encontrar verdaderos momentos de placer. Satisfacción reactiva en destruir.
10	1.1	El pc sigue fuera de tiempo presente la mayoría del tiempo. Al llegar a él, recae. Saca carga de candados y trae al presente.	Memoria Directa de cosas que él *sabe* que son experiencias reales y sobre dramatizaciones frustradas.	Puede encontrarse memoria ocasional placentera, pero muy raramente. Disfrute reactivo en infligir heridas sádicas en personas u objetos indefensos.
6	0.5	Intenta traer al pc a tiempo presente. Recae con facilidad.	Usa Memoria Directa y contacta únicamente tiempo presente.	Ningún momento de placer disponible. Pocas experiencias en tiempo presente o ninguna.
3	0.1	Los percépticos del pc se pueden dirigir a conceptos de tiempo presente.	Úsala únicamente como ayuda para contactar el entorno.	Ninguna reacción.
1	0 –1	Ningún contacto.	Recuerdo genético.	
0	–3	Sólo MEST en tiempo presente. Theta fuera de contacto.	No hay ninguna en el cuerpo MEST.	

TIPOS DE ENTHETA QUE SE PUEDEN RECORRER			
AE INCIDENTES IMAGINARIOS	**AF** CANDADOS	**AG** SCANNING DE CANDADOS	**AH** ENGRAMAS SECUNDARIOS
	Todos los candados descargados.	Se ha hecho scanning de todos los candados.	Todas las secundarias sin efecto.
No es necesario el mecanismo.	Candados vuelan tan pronto como se borra el engrama.	Haz scanning de la auditación y de los candados de los engramas recién recorridos.	Recorre todas las secundarias. Se liberarán haciéndoles scanning como candados.
No es necesario el mecanismo. Diferencia bien entre realidad e imaginación.	Tratamiento de candados como incidentes individuales innecesario.	Agudiza los percépticos con scanning de candados.	Se puede establecer contacto con las secundarias y se les puede dejar sin malos efectos sólo en este nivel y por encima.
Usa incidentes de momentos de placer imaginarios para elevar el tono.	El tratamiento de candados como incidentes individuales es relativamente productivo.	Haz scanning de candados hasta que los engramas aparezcan claramente. Recórrelos. Haz scanning de candados otra vez para nuevos engramas.	Cualquier secundaria se puede recorrer. Normalmente se descargará.
Mecanismo útil al comienzo del caso. Usa momentos de placer imaginarios.	Se puede establecer contacto con los candados y reestimularlos sin reducirlos.	Haz scanning de candados, trabajando con cadenas ofrecidas por el archivista. Reduce todas las cadenas.	Recorre cualquier secundaria. Recorre a consciencia hasta que se descargue.
Venganzas imaginarias. Proporcionarán una pista de lo que se le ha hecho al pc.	Recorre dramatizaciones frustradas, candados de ARC como lo harías con los engramas, hasta que la carga salga.	Haz scanning de candados hasta que el pc se atore en uno. Recórrelo como engrama. No hagas scanning de dolor físico.	Recorre secundarias de miedo o pesar o enojo. Normalmente son difíciles de descargar.
El mecanismo se puede usar provechosamente. Todos los incidentes parecen imaginarios.	Recorre candados de rupturas de ARC como engramas.	Haz scanning de candados hasta que el pc se trabe en uno. Recórrelo como si fuera un engrama. Evita el scanning a través de cualquier dolor físico.	Precaución: recorre cualquier secundaria de miedo que presente el archivista. Normalmente no se descargarán por completo.
Demasiado hipnótico. No sugieras ningún incidente así.	Trata sólo los candados más ligeros cerca de tiempo presente. Recorrer candados más pesados mete al pc en engramas.	No hagas scanning de candados.	Precaución: recorre secundarias sólo cuando las presente de manera obvia el archivista. No le ordenes al pc que entre en ellas.
Demasiado hipnótico. No uses ningún mecanismo de este tipo.	Toca sólo los momentos más ligeros del pasado, como mucho.	Nunca hagas scanning a ninguna cadena de candados.	No dejes que el pc entre en ninguna secundaria.
Ninguno.			
Ninguno.			

THETA LIBRE (Aproximaciones)	A LA ESCALA TONAL (Ref.: Texto) Innato, Agudo, Crónico	EN EL PRECLEAR POR EL AUDITOR AI ENGRAMAS	AJ CADENAS DE ENGRAMAS	AK CIRCUITOS
1000	40.0	Todos los engramas de MEST de la vida actual están sin efecto.		Todo el control en manos del "yo". Ningún circuito.
900 – 100	36.0 – 4.0			
100	4.0			
70	3.5	Cualquier engrama del caso se recorrerá con todos los percépticos.	Se puede hacer scanning a los engramas, si se verifican con cuidado.	Los circuitos están fuera del caso o no existían.
47	3.0	El auditor puede escoger para recorrer cualesquiera engramas específicos antiguos, pero debería trabajar con el archivista.	Nunca hagas scanning de engramas.	Pocos circuitos activos.
32	2.5	Recorre sólo los engramas que presente el archivista.	Nunca hagas scanning de engramas.	Algunos circuitos. No tienen efecto en secundarias ni en prenatales.
22	2.0	Precaución: recorre los engramas que presente el archivista. No metas al pc a la fuerza en engramas.	Nunca hagas scanning de engramas.	Numerosos en engramas prenatales. No tienen efecto en los candados.
15	1.5	Precaución: recorre sólo engramas que se presenten solos fácilmente. (Ten cuidado).	Nunca hagas scanning de engramas.	Relativamente fuertes. Al menos un progenitor muy dominante. Efectivos en secundarias.
10	1.1	Nunca toques un engrama en este nivel a menos que sea un incidente ligero, cerca de tiempo presente.	Nunca hagas scanning de engramas.	Fuertes. Sobre todo en los engramas prenatales.
6	0.5	Nunca toques un engrama en este nivel.	Nunca hagas scanning.	Muy fuertes, sobre todo en el área prenatal y la niñez. Activos en candados tempranos.
3	0.1	Nunca toques engramas en este nivel.	Nunca hagas scanning.	Fuertes en todo el ámbito de la línea temporal. Incluso los candados tardíos contienen circuitos.
1	0 –1			
0	–3			

AL Condición del Archivista	AM Nivel Hipnótico	AN Nivel de Alerta Mental (Aproximaciones)	AO Entheta Relativa en el Caso (Aproximaciones)
Computa con precisión con respuestas relámpago.	Imposible de hipnotizar sin drogas y sin su consentimiento.	Totalmente analítico.	Todos los candados, secundarias y engramas convertidos.
Archivista muy activo y digno de confianza.	Difícil de poner en trance a menos que todavía tenga un engrama de trance.	Analítico como en un 70 por ciento.	Cadenas importantes de candados y casi todas las secundarias convertidas. Carga ligera en algunos engramas.
Archivista sumamente activo y digno de confianza.	Podría ser hipnotizado, pero está alerta cuando está despierto.	Analítico como en un 47 por ciento.	Unas pocas cadenas de candados muy cargadas. Unas cuantas secundarias, carga pequeña. Los engramas están cargados sólo ligeramente.
Archivista responde bien. Ocluido ocasionalmente en las secundarias.	Puede ser un sujeto hipnotizable, pero en general está alerta.	Analítico como en un 32 por ciento.	Unas cuantas cadenas de candados muy cargadas. Existen secundarias importantes. Como un tercio de los engramas lo bastante cargados para ser totalmente incontactables.
El archivista funciona la mayor parte del tiempo.	Se resiste un poco, pero se le puede hipnotizar.	Responde analíticamente, y está totalmente alerta reactivamente.	Muchas cadenas de candados muy cargadas. Muchas secundarias importantes. La mitad de los engramas en el banco completamente incontactables.
El archivista funciona ocasionalmente. Ocluido la mayor parte del tiempo.	Se resiste fuertemente a las observaciones, pero las absorbe.	Nivel analítico parcialmente desactivado. Nivel reactivo totalmente activado.	Cadenas de candados fuertemente cargadas. Secundarias fuertes. Tres cuartas partes de los engramas del banco completamente incontactables.
El circuito "archivista" da datos por medio de mecanismos extraños. No fiable.	En un ligero trance permanente, pero lo niega.	Nivel analítico parcialmente desactivado. Nivel reactivo más o menos alerta.	La mayoría de las cadenas de candados están casi tan cargadas como las secundarias. Las cargas de las secundarias están principalmente sumergidas en engramas. Los engramas son casi todos incontactables.
Ninguna respuesta del archivista verdadero. A veces responden circuitos.	Muy hipnótico. Cualquier observación hecha puede ser una "sugestión positiva".	Nivel analítico desactivado. Nivel reactivo ligeramente alerta.	Casi una sólida capa de carga.
Ningún rastro del archivista.	Cuando está "despierto", equivale a un sujeto hipnotizado.	Nivel reactivo y analítico desactivados.	Línea temporal demasiado cargada para cualquier cosa excepto Memoria Directa.

THETA LIBRE (Aproximaciones)	A LA ESCALA TONAL (Ref.: Texto) Innato, Agudo, Crónico	AP CAPACIDAD DEL PC PARA EXPERIMENTAR EL PLACER DEL MOMENTO PRESENTE	AQ NIVEL DE TONO NECESARIO EN EL AUDITOR PARA MANEJAR EL CASO	AR CÓMO AUDITAR EL CASO
1000	40.0			
900 – 100	36.0 – 4.0			
100	4.0	Encuentra la existencia muy llena de placer.	Puede auditar cualquier cosa él mismo, excepto un engrama pesado de drogas.	
70	3.5	Encuentra la vida placentera la mayor parte del tiempo.	3.0: no es necesario tener altura.	Haz scanning de engramas y de secundarias, así como de todas las cadenas de candados hasta que el caso sea Clear.
47	3.0	Experimenta placer parte del tiempo.	3.0	Recorre engramas y secundarias. Ve haciendo scanning de la auditación.
32	2.5	A veces experimenta algún momento de placer. Baja intensidad.	3.0	Haz scanning de candados, recorre secundarias y engramas de forma habitual. Haz scanning de todos los circuitos que se encuentren en los candados.
22	2.0	Experimenta a veces algún placer en momentos excepcionales.	3.0	Haz scanning de candados. Recorre secundarias. Recorre sólo engramas que presente el archivista con facilidad. Localiza los circuitos en los candados.
15	1.5	Rara vez experimenta placer alguno.	3.0	Haz scanning de candados. Recorre candados y secundarias como engramas. Ten mucho cuidado con cualquier engrama. Usa Memoria Directa en los circuitos.
10	1.1	La mayor parte de la alegría es forzada. El placer real está fuera de alcance.	3.5 o por encima. (Estos casos son muy reestimulativos).	Establece ARC con Mímica si es necesario. Usa Memoria Directa en candados, haz scanning de candados. No toques ningún engrama.
6	0.5	Ninguna.	3.5 o por encima.	Establece ARC, fuerte afinidad. Aborda algunos candados de apatía menores. No toques ningún engrama.
3	0.1	Ninguna.	3.5 o por encima.	Establece ARC y pon al pc en contacto con tiempo presente. No toques ningún engrama.
1	0 –1			
0	–3			

LA TABLA HUBBARD DE EVALUACIÓN HUMANA

AGOSTO DE 1951

(Autoanálisis)

Esta tabla es una versión especializada de la Tabla de Evaluación Humana y de Procesamiento de Dianética.

Una descripción completa de cada columna de esta tabla (excepto las últimas seis, que sólo se encuentran en *Autoanálisis*) se puede encontrar en el libro *La Ciencia de la Supervivencia.*

Escala Tonal	1 Comportamiento y Fisiología	2 Ámbito Médico	3 Emoción
4.0	Excelente en proyectos y realización. Tiempo de reacción rápido (con relación a la edad).	Casi a prueba de accidentes. Ninguna enfermedad psicosomática. Casi inmune a las bacterias.	Vehemencia. Exaltación.
3.5	Bueno en proyectos, realización, deportes.	Muy resistente a las infecciones comunes. Sin resfriados.	Interés intenso. Interés moderado.
3.0	Capaz de una buena cantidad de acción, deportes.	Resistente a la infección y a la enfermedad. Pocas enfermedades psicosomáticas.	Conforme.
2.5	Relativamente inactivo, pero capaz de acción.	Ocasionalmente enfermo. Susceptible a las enfermedades comunes.	Indiferencia. Aburrimiento.
2.0	Capaz de acción destructiva y de acción constructiva menor.	Enfermedades graves esporádicas.	Resentimiento expresado.
1.5	Capaz de acción destructiva.	Enfermedades de depósito (artritis). (Ámbito de 1.0 a 2.0 indistintamente).	Enojo.
1.1	Capaz de ejecución menor.	Enfermedades endocrinas y neurológicas.	Resentimiento no expresado. Miedo.
0.5	Capaz de una acción relativamente incontrolada.	Mal funcionamiento crónico de los órganos. (Propenso a los accidentes).	Pesar. Apatía.
0.1	Vivo como organismo.	Crónicamente enfermo. (Rechaza el alimento).	La apatía más profunda. Ninguna.

4 Comportamiento Sexual ——— Actitud hacia los Niños	5 Dominio del Entorno	6 Valor Real para la Sociedad Comparado con el Valor Aparente
Interés sexual elevado pero sublimado a menudo hacia pensamiento creativo. ——— Interés intenso en los niños.	Dominio elevado de sí mismo. Emprendedor hacia el entorno. No le gusta controlar a la gente. Juicio elevado, emociones variables.	Valía elevada. El valor aparente se hará realidad. Creativo y constructivo.
Interés elevado en el sexo opuesto. Fidelidad. ——— Amor por los niños.	Razona bien. Buen control. Acepta la posesión. Emoción libre. Tolerante.	Buen valor para la sociedad. Ajusta el entorno para beneficio propio y de los demás.
Interés en la procreación. ——— Interés en los niños.	Controla las funciones físicas. Razona bien. La emoción libre aún está inhibida. Permite derechos a los demás. Democrático.	Cualquier valía aparente es la real. Valor adecuado.
Desinterés en la procreación. ——— Vaga tolerancia de los niños.	En control de la propia actividad y de algunas facultades mentales. No desea muchas posesiones.	Capaz de acción constructiva, rara vez en gran cantidad. Valor pequeño. "Bien adaptado".
Repugnancia por el sexo, asco. ——— Queja y nerviosismo acerca de los niños.	Antagonista y destructivo hacia sí mismo, hacia los demás y el entorno. Desea dominar para dañar.	Peligroso. Cualquier valía aparente está anulada por el potencial de daño a los demás.
Violación. Sexo como castigo. ——— Tratamiento brutal de los niños.	Aplasta o destruye a los demás o al entorno. Si no lo consigue, puede autodestruirse. Fascista.	Hipócrita. Riesgo elevado. Posible homicida. Aun cuando se declaren buenas intenciones, producirá destrucción.
Promiscuidad, perversión, sadismo, prácticas irregulares. ——— Uso de los niños con propósitos sádicos.	Emoción y juicio sin control, pero hay un control orgánico aparente. Usa métodos taimados de control de los demás, especialmente el hipnotismo. Comunista.	Riesgo real. Enturbula a los demás. Valía aparente descompensada por intenciones perversas escondidas.
Impotencia, ansiedad, posibles esfuerzos para reproducirse. ——— Ansiedad acerca de los niños.	Únicamente el control funcional más básico de uno mismo. Ningún control de la razón ni de las emociones.	Riesgo para la sociedad. Suicidio posible. Negligencia total hacia los demás.
Ningún esfuerzo por procrear.	Ningún dominio de sí mismo, de los demás, del entorno. Suicidio.	Riesgo elevado, necesita cuidado y esfuerzos de los demás, sin poner nada de su parte.

Escala Tonal	7 Nivel Ético	8 La Forma de Manejar la Verdad	9 Nivel de Valentía
4.0	Basa la ética en la razón. Nivel ético muy elevado.	Concepto elevado de la verdad.	Nivel elevado de valentía.
3.5	Atiende a la ética del grupo pero la refina y mejora según lo exija la razón.	Sincero.	Muestra valentía cuando los riesgos son razonables.
3.0	Sigue la ética en que ha sido educado tan honestamente como le es posible. Moral.	Cauteloso al decir la verdad. Mentiras sociales.	Exhibición conservadora de valentía cuando el riesgo es pequeño.
2.5	Trata la ética con hipocresía. No es particularmente honesto ni deshonesto.	Hipócrita. Descuida los hechos.	Ni valiente ni cobarde. Descuida el peligro.
2.0	Crónica y agudamente deshonesto cuando se presenta la ocasión. En este punto y por debajo: autoritarismo, criminales.	Verdad deformada para conveniencia del antagonismo.	Reactivo, arremetidas insensatas contra el peligro.
1.5	Inmoral. Activamente deshonesto. Destructivo para toda ética.	Mentir descarado y destructivo.	Bravura irracional, normalmente dañino para sí mismo.
1.1	Criminal sexual. Ética negativa. Deshonesto de forma solapada sin razón. Tergiversa la honestidad sin razón.	Tergiversaciones ingeniosas y depravadas de la verdad. Encubre la mentira de forma artera.	Muestras solapadas y ocasionales de acción; por lo demás, cobarde.
0.5	No existe. No piensa. Obedece a cualquiera.	Cuenta hechos sin tener en cuenta si son reales.	Cobardía total.
0.1	Ninguno.	Ninguna reacción.	Ninguna reacción.

10 CONVERSACIÓN: AL HABLAR ——— CONVERSACIÓN: AL ESCUCHAR	11 CÓMO MANEJA LA PERSONA LA COMUNICACIÓN ESCRITA O HABLADA CUANDO ACTÚA COMO PUNTO DE RETRANSMISIÓN	12 REALIDAD (ACUERDO)
Intercambio fuerte, capaz, rápido y completo de creencias e ideas.	Pasa la comunicación theta, contribuye a la misma. Corta las líneas entheta.	Búsqueda de diferentes puntos de vista para ampliar la propia realidad. Cambia la realidad.
Hablará de creencias y de ideas firmemente arraigadas. ——— Aceptará creencias e ideas firmemente arraigadas y las tendrá en cuenta.	Pasa la comunicación theta. Se siente ofendido y contraataca a las líneas entheta.	Capacidad para comprender y evaluar la realidad de los demás y para cambiar el punto de vista. Complaciente.
Expresión tentativa de un número limitado de ideas personales. ——— Recibe ideas y creencias si se exponen con prudencia.	Pasa comunicación. Conservador. Se inclina hacia una construcción y creación moderadas.	Consciencia de la posible validez de una realidad diferente. Acuerdo conservador.
Conversación casual sin propósito. ——— Sólo escucha sobre asuntos corrientes.	Cancela cualquier comunicación de tono más alto o más bajo. Devalúa las emergencias.	Se niega a hacer coincidir dos realidades. Indiferencia al conflicto en la realidad. Demasiado descuidado para estar o no de acuerdo.
Habla amenazando. Invalida a los demás. ——— Escucha amenazas. Se burla abiertamente de la conversación theta.	Trata con comunicación hostil o amenazante. Sólo deja pasar una pequeña cantidad de theta.	Duda verbal. Defensa de la propia realidad. Intentos de socavar a los demás. No está de acuerdo.
Sólo habla de muerte y destrucción. Odio. ——— Sólo escucha sobre muerte y destrucción. Destruye las líneas theta.	Tergiversa la comunicación haciéndola entheta sin importar el contenido original. ——— Detiene la comunicación theta. Pasa entheta y la tergiversa.	Destrucción de la realidad opuesta. “No tienes razón”. No está de acuerdo con la realidad de los demás.
Conversación theta aparente, con intención perversa. Miente. ——— Escucha poco, principalmente intrigas, chismorreo. Miente.	Transmite solamente comunicación maligna. ——— Corta líneas de comunicación. Se niega a retransmitir comunicación.	Duda de la realidad propia. Inseguridad. Duda de la realidad opuesta.
Habla muy poco y sólo en tonos apáticos. ——— Escucha poco, principalmente lo apático o lastimoso.	Presta poca atención a la comunicación. No retransmite.	Vergüenza, ansiedad; fuertes dudas sobre la realidad propia. La realidad de los demás se le impone fácilmente.
No habla. ——— No escucha.	No retransmite. Ignorante de comunicación alguna.	Evita completamente la realidad conflictiva. No hay realidad.

Escala Tonal	13 Capacidad para Manejar la Responsabilidad	14 Persistencia en un Curso Dado	15 Literalidad con que se Reciben Afirmaciones
4.0	Sentido inherente de la responsabilidad en todas las dinámicas.	Persistencia creativa elevada.	Diferenciación elevada. Buena comprensión de toda la comunicación en función de la educación del Clear.
3.5	Capaz de asumir y llevar a cabo responsabilidades.	Buena persistencia y dirección hacia metas constructivas.	Buena compresión de las afirmaciones. Buen sentido del humor.
3.0	Maneja la responsabilidad con negligencia.	Persistencia adecuada si los obstáculos no son demasiado grandes.	Buena diferenciación del significado de las afirmaciones.
2.5	Demasiado descuidado. No es de confianza.	Ocioso, mala concentración.	Acepta muy poco, de manera literal o no. Propenso a ser literal en el humor.
2.0	Usa la responsabilidad para llevar adelante sus propios fines.	Persistencia hacia la destrucción de enemigos. No hay persistencia constructiva por debajo de este punto.	Acepta observaciones de Tono 2.0 literalmente.
1.5	Asume responsabilidad para destruir.	La persistencia destructiva comienza con fuerza y se debilita rápidamente.	Acepta observaciones alarmantes de forma literal. Sentido del humor brutal.
1.1	Incapaz, caprichoso, irresponsable.	Titubeos en cualquier dirección. Muy mala concentración. Frívolo.	Aceptación nula de cualquier observación. Evita, con un humor forzado, su tendencia a aceptar todo literalmente.
0.5	Ninguna.	Persistencia esporádica hacia la autodestrucción.	Aceptación literal de cualquier observación que iguale el tono.
0.1	Ninguna.	Ninguna.	Aceptación literal completa.

16 Método que Usa la Persona para Manejar a los Demás	17 Nivel Hipnótico	18 Capacidad para Experimentar el Placer del Tiempo Presente
Consigue apoyo con entusiasmo creativo y vitalidad respaldados por la razón.	Imposible de hipnotizar sin drogas y consentimiento.	Encuentra la existencia totalmente llena de placer.
Consigue apoyo con juicio creativo y vitalidad.	Difícil de poner en trance a menos que siga bajo los efectos de un engrama de trance.	Encuentra la vida placentera la mayor parte de las veces.
Pide apoyo mediante razonamiento práctico y dones sociales.	Podría ser hipnotizado, pero está alerta cuando está despierto.	Experimenta placer en ocasiones.
Indiferente al apoyo de los demás.	Puede ser un sujeto hipnotizable, pero en general está alerta.	Experimenta momentos de placer. Baja intensidad.
Se queja y critica abiertamente para pedir que se cumplan sus deseos.	Se resiste un poco, pero se le puede hipnotizar.	Experimenta a veces algún placer en momentos excepcionales.
Usa amenazas, castigo y mentiras alarmantes para dominar a los demás.	Se resiste fuertemente a las observaciones, pero las absorbe.	Rara vez experimenta placer alguno.
Anula a los demás para llegar a utilizarlos. Medios solapados y perversos. Hipnotismo, chismorreo. Busca controlar de forma encubierta.	En un ligero trance permanente, pero se resiste.	La mayor parte de la alegría es forzada. El placer real es inalcanzable.
Enturbula a los demás para controlarlos. Llora implorando piedad. Mentiras insensatas para conseguir compasión.	Muy hipnótico. Cualquier observación hecha puede ser una "sugestión positiva".	Ninguna.
Aparenta estar muerto para que los demás no piensen que es peligroso, y se vayan.	Cuando está "despierto", equivale a un sujeto hipnotizado.	Ninguna.

Escala Tonal	19 Tu Valor como Amigo	20 En qué Medida les Caes Bien a los Demás	21 Estado de Tus Posesiones
4.0	Excelente.	Te quieren muchos.	En excelente condición.
3.5	Muy bueno.	Muy querido.	En buena condición.
3.0	Bueno.	Respetado por la mayoría.	Moderadamente bueno.
2.5	Pasable.	Le caes bien a algunos.	Muestra algún descuido.
2.0	Deficiente.	Raramente caes bien.	Muy descuidadas.
1.5	Riesgo seguro.	Le caes mal a la mayoría.	Frecuentemente rotas. Mal mantenimiento.
1.1	Riesgo peligroso.	Generalmente despreciado.	Deficiente. En malas condiciones.
0.5	Gran riesgo.	No les caes bien. Sólo te compadecen algunos.	Generalmente en muy malas condiciones.
0.1	Riesgo total.	No se te toma en cuenta.	No se da cuenta de las posesiones.

22 Qué tan Bien se te Comprende	23 Éxito Potencial	24 Supervivencia Potencial
Muy bien.	Excelente.	Excelente. Longevidad considerable.
Bien.	Muy bueno.	Muy buena.
Generalmente.	Bueno.	Buena.
A veces malentendido.	Pasable.	Pasable.
Frecuentemente malentendido.	Deficiente.	Deficiente.
Continuamente malentendido.	Generalmente un fracaso.	Fallecimiento prematuro.
Sin comprensión real.	Casi siempre fracasa.	Breve.
No se le comprende en absoluto.	Fracaso total.	Fallece pronto.
Ignorado.	Ningún esfuerzo. Fracaso completo.	Casi muerto.

ESCALA TONAL DEL TRIÁNGULO DE ARC

ENERO DE 1951

(La Ciencia de la Supervivencia)

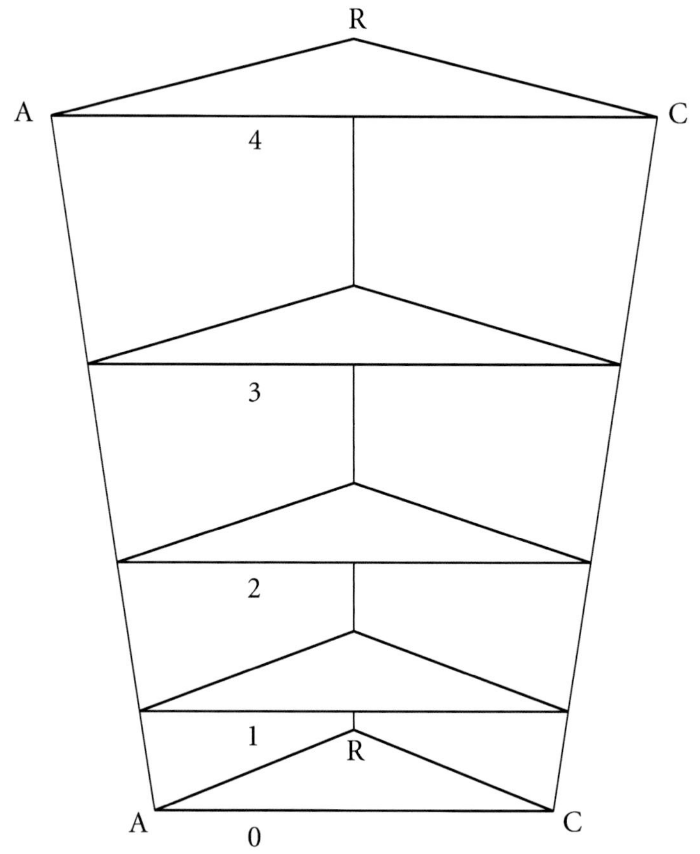

La Escala Tonal

Afinidad, Realidad y Comunicación, las tres partes componentes de theta, ascienden y descienden al unísono por la Escala Tonal.

GRÁFICA DE ENTHETA RELATIVA EN EL CASO

ENERO DE 1951

(La Ciencia de la Supervivencia)

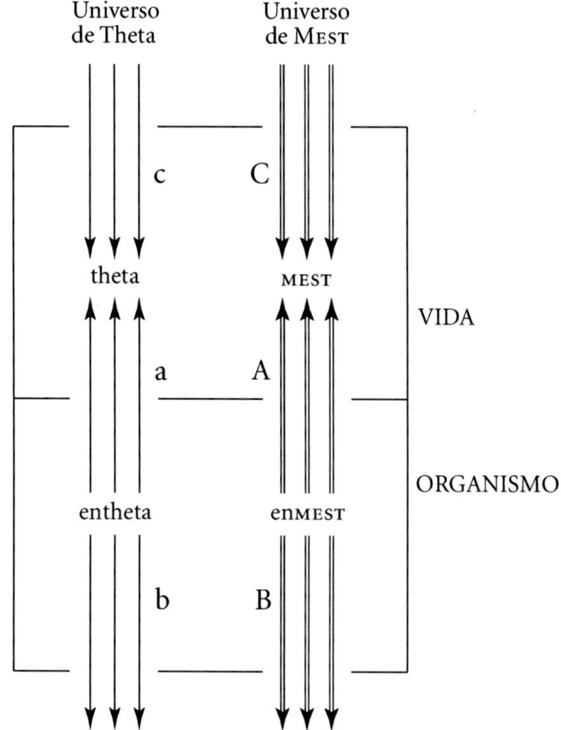

Durante el procesamiento, la entheta se convierte en theta y el enMEST se convierte en MEST. Se postula que esto sucede de la siguiente manera: el enMEST se vuelve MEST, parte del cual (A) se retiene para ser usado por el organismo, y parte del cual (B) abandona el organismo para ser sustituido después (C) por MEST nuevo. La entheta se convierte en theta (a). También se puede postular que la entheta abandona el organismo (b) y es sustituida por theta nueva (c).

EVOLUCIÓN DE LA LÓGICA

ENERO DE 1951

(La Ciencia de la Supervivencia)

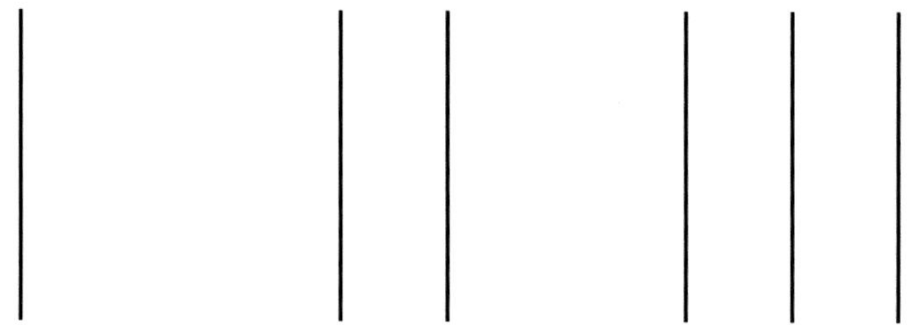

Correcto Incorrecto

Correcto Quizás Incorrecto

Lógica de un Valor

Voluntad de Dios
Ni Correcto ni Incorrecto

Lógica de Dos Valores

Valores Absolutos de
Correcto e Incorrecto
Lógica Aristotélica

Lógica de Tres Valores

Correcto e Incorrecto
Absolutos + Quizás
Lógica de Ingeniería

ESCALA DE GRADIENTE DE LOS VALORES RELATIVOS DE LOS DATOS

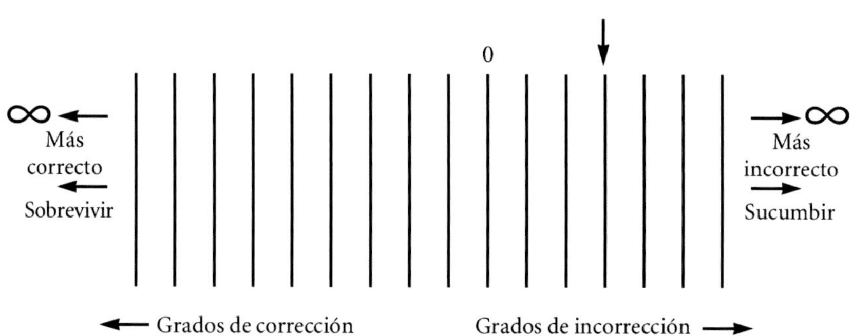

Lógica de Valores Infinitos

Correcto o Incorrecto Absolutos Inobtenibles
Dianética

ESCALA TONAL DE MOVIMIENTO

ENERO DE 1951

(La Ciencia de la Supervivencia)

Tono	Comportamiento
4.0	Movimiento de aproximación, acercamiento rápido
3.5	Movimiento de aproximación, acercamiento
	Movimiento de aproximación, acercamiento lento
3.0	Sin movimiento, permanencia
2.5	Movimiento de alejamiento, retroceso lento
	Movimiento de alejamiento, retroceso rápido
2.0	Movimiento de aproximación, ataque lento
1.5	Movimiento de aproximación, ataque violento
1.1	Movimiento de alejamiento, retirada lenta
0.9	Movimiento de alejamiento, huida violenta
0.5	Ligero movimiento, agitación en un lugar, sufrimiento
0.1	Sin movimiento, muerte aparente
0.0	Muerte

ESCALA DE MOVIMIENTO

OCTUBRE DE 1951

*(Conferencia del 25 de octubre de 1951,
El Facsímil de Servicio, Parte II)*

Tono	Manejo de Movimiento
	Manejo adecuado del movimiento. Utilización, transferencia, no muy molesto acerca de movimiento de cualquier tipo.
2.0	Recibe esfuerzos y los manda de regreso; esfuerzos entheta, cualquier esfuerzo de esa forma. Venganza.
	Admite *más* movimiento y trata de inmovilizarlo al descender hasta 1.2.
1.5 ↓	Recibe movimiento y no lo devuelve. *Lo retiene,* amortiguándolo justo ahí. No devuelve el movimiento. Trata de destruir movimiento.
1.2	
1.1	No sólo reteniendo el movimiento sino tratando de ajustarse a él. Tratando de *ser* el movimiento de entrada. Tratando de vibrar de alguna forma de acuerdo a él o de ajustarse a él de alguna forma. Esta es tu propiciación, hostilidad encubierta, porque de vez en cuando él encontrará un área donde no está sucumbiendo a ese movimiento. Está intentando ser el sauce doblándose en el viento.
0.5	Una persona está llena de este movimiento y evidentemente no tiene movimiento propio. Ella es *todo* este movimiento.
0.1	La persona es el movimiento. Ella *es* el contra-esfuerzo.

ESCALA DE MOVIMIENTO

DICIEMBRE DE 1951

(Conferencia del 27 de diciembre de 1951, Contra-emoción)

Tono	**Manejo del Movimiento**
2.0	El manejo del movimiento, a medida que llega, es "cámbialo y deshazte de él". Aquí es donde encontramos "Todo lo que me digas, te lo volveré a decir yo. Ya verás". Un eco belicoso. Vuelven a sacar cualquier movimiento que llega.
1.5	Tratando de mantener todo inmóvil. Es destrucción, porque lo que está tratando de lograr es un no-movimiento. Esfuerzo para causar un contra-esfuerzo cero.
1.1 Compasión (Intercambio de emoción equivocada)	Miedo. El movimiento la golpea, la persona tiende a dejarse llevar un poquito por el movimiento. Está indecisa respecto a si huir o no. Es un estado de indecisión. Aquí está el contra-esfuerzo. Golpea a la persona que tiene miedo o en 1.1 en la banda. En cuanto este contramovimiento se vaya, se asegurará de que eso no vaya a estar ahí, y luego ella vuelve.
0.5	El movimiento la golpea y simplemente va donde el movimiento le dice.
0.05	La persona ni siquiera está ahí. En cierta forma sienten que *cualquier* cosa puede pasar a través de ellas. Su única virtud es que pueden aguantar.
0.0	Movimiento cero es muerte.

ESCALA DE MOVIMIENTO-EMOCIÓN

MARZO DE 1952

(Conferencia del 4 de marzo de 1952, Pensamiento, Emoción y Esfuerzo)

Tono	**Manejo de Movimiento**
3.0	Tiene tendencia a ser un poquito conservador y a aferrarse un tanto a las cosas.
2.0	Devuelve el golpe. Le dices algo y responderá con brusquedad. Si le lanzaras algo, te lo devolvería de golpe; te lo tiraría bastante enfadado.
1.5	*Esperará.* No importa lo fuerte que grite, se está poniendo tenso. Si en ese momento le arrojas algún movimiento, *retendrá* ese movimiento. No dejará que el movimiento entre gran cosa, pero no permitirá que salga.
	Dejará que el movimiento pase de largo ligeramente y como que fingirá que no pasó. Como que espera que no le haga daño. Y su reacción a eso es más o menos dejar que pase de largo. Por lo tanto, tienes acción encubierta.
1.0	Le das una palmada en la mano, apartará su mano, y después, cuando no estés mirando, volverá a poner la mano donde estaba. Acción encubierta.
0.5	Moldeado por el movimiento. Cualquier movimiento que toque a esta persona la moldeará. Está bastante flácida y se quedará como la pongas.
0.05	El movimiento la atraviesa. No se quitará de en medio, el movimiento la apartará de golpe. Como que pasará a través de ella.

ESCALA TONAL DE MOVIMIENTO

JUNIO DE 1952

(Conferencia del 24 de junio de 1952, Flujos de Unidades de Atención)

Atacar

Aferrarse

Huir

Desentenderse

No ser afectado por

ESCALA DE GRADIENTE DE MOVIMIENTO

SEPTIEMBRE DE 1952

(Conferencia del 22 de septiembre de 1952, Características de la Escala Tonal: Flujos, Parte I)

Ámbito de la Escala Tonal			
1000.0	Estático	Sin Movimiento	Potencial de situarse en tiempo y espacio
-50.0	Materia	Todo Movimiento	Todo movimiento sin capacidad de situarse en tiempo y espacio

La interacción entre todo-movimiento y ningún-movimiento causa los flujos de energía.

Acción se podría definir como un intercambio de movimiento.

ESCALA DE MOVIMIENTO

AGOSTO DE 1956

(Conferencia de agosto de 1956, Escalas, Movimiento)

Tono	**Movimiento**
Serenidad	Una especie de corriente que sigue.
	(Es asombroso cuánta apatía, sin embargo, pasa por ser serenidad).
Entusiasmo	La decisión aparecería en ello pero la cooperación estaría ahí también.
	("¿Quieres mover mi mano aquí?". Bang. Una cooperación fabulosa, más velocidad, es muy capaz de seguir una dirección o de dar una dirección).
Conservadurismo	Se aferra.
	(Él mira a dónde vas a mover su mano y decide que es seguro, así que te ayuda. Encontrarás que un poquito de su fuerza y su esfuerzo están mezclados en este movimiento).
Aburrimiento	En todas direcciones, pero en ninguna dirección. Todas las direcciones en conflicto.
	(Empiezas a mover la mano de alguien que estuviera en aburrimiento y se lo tomaría muy a la ligera. Movería su propia mano antes de que tocáramos su mano, de alguna manera indiferente).

TONO	MOVIMIENTO
Antagonismo	Viene hacia ti. (Empiezas a moverte hacia su mano para moverla y él te intenta espantar para alejarte).
Enojo	Se aferra. (Te mueves hacia su mano y él no va a moverse al encuentro de tu mano, sino que simplemente se aferrará con más fuerza).
Miedo	Se aleja de ti. (Conforme te mueves hacia su mano para moverla, él la movería).
Pesar	Se aferra. (Mueves su mano, él tendría tendencia a que esa mano se agarrara y luego se moviera y luego se agarrara otra vez).
Apatía	El movimiento pasa a través de él. No para ningún movimiento. (Si fueras a tomar su mano y fueras a mover su mano, dejaría su mano en el lugar adonde la moviste. Sin ningún tipo de reacción o esfuerzo en absoluto, él movería su mano de vuelta. Su capacidad en el movimiento de esa mano no está realmente en cuestión, es sólo si realmente lo haría así o no).

TABLA DE TODAS LAS ABERRACIONES POSIBLES

JUNIO DE 1951

(Conferencia del 4 de junio de 1951, Todas las Aberraciones Posibles)

Hay ocho dinámicas. Cada una es un Triángulo de ARC. Cualquiera de estas dinámicas o cualquiera de los temas de estas dinámicas puede suprimir o hacer obedecer aberrativamente a las restantes en cualquier persona.

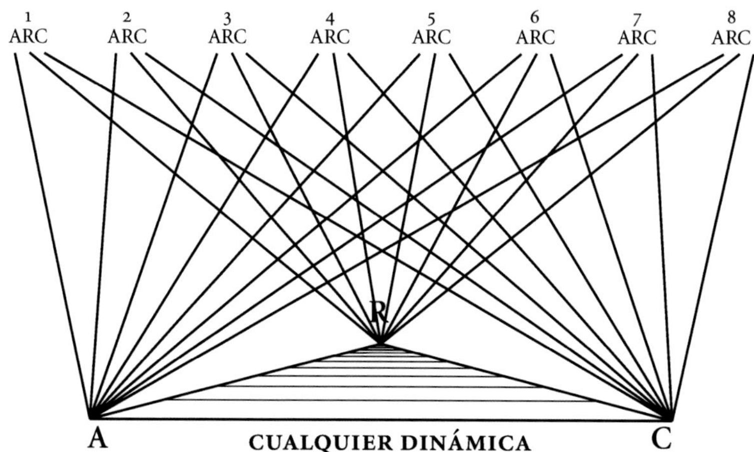

CICLO DE LA CONQUISTA DE MEST

JULIO DE 1951

(Conferencia del 9 de julio de 1951, Procesamiento MEST)

TONO	DESCRIPCIÓN
	Theta empieza una conquista armoniosa de MEST, después empieza a impactar un poco más fuerte y un poco más fuerte y un poco más fuerte sobre el MEST.
2.5	Realmente no es divertido tener MEST, pero el MEST no está provocando nada muy duro.
2.0	Theta no la está pasando bien con este MEST, pero ha llegado al punto en que va a tener que hacer algo drástico para retener la posesión de este MEST.
1.5	Trata de destruir el MEST.
1.0	Se da cuenta de que va a perder el MEST.
0.5	Entonces lo pierde.

LISTA DE PERCÉPTICOS

JULIO DE 1951

(Conferencia del 30 de julio de 1951, La Razón Básica: Parte II)

1. Tiempo
2. Vista
3. Percepción de Color
4. Percepción de Profundidad
5. Tamaños Relativos Externos
6. Sonido
7. Tono
8. Timbre
9. Volumen
10. Ritmo
11. Olfato
    (cuatro divisiones)
12. Tacto
    (cuatro divisiones)
13. Emoción Personal
14. Estados Endocrinos
15. Consciencia de Consciencia
16. Tamaño Personal
17. Sensación Orgánica
18. Hambre

19. Pulsaciones
20. Circulación Sanguínea
21. Posición Celular y Bacterial
22. Gravedad
    (de uno mismo y de otros pesos)
23. Movimiento de Uno Mismo
24. Movimiento Exterior
    (subdivisión del tiempo)
25. Posición del Cuerpo
26. Posición de las Articulaciones
27. Temperatura Interna
28. Temperatura Externa
29. Equilibrio
30. Tensión Muscular
31. Contenido Salino de las Células
32. Campos/Magnéticos
    (incluiría el fenómeno del choque eléctrico)
33. Movimiento de la Línea Temporal
34. Energía Física
    (cansancio y demás)
35. Auto-determinismo
    (relativo en cada dinámica)
36. Humedad
    (de uno mismo)
37. Dirección del Sonido
38. Estado Emocional de Otros Organismos
39. Posición Personal en la Escala Tonal
40. Afinidad
    (de uno mismo y de otros)
41. Comunicación
    (de uno mismo y de otros)

42. Realidad
    (de uno mismo y de otros)
43. Estado Emocional de los Grupos
44. Orientación Cardinal
45. Nivel de Consciencia
46. Dolor
47. Percepción de Conclusiones
    (pasada)
48. Percepción de la Computación
    (pasada)
49. Percepción de la Imaginación
    (pasada, presente, futura)
50. Percepción de Haber Percibido

Hay muchas de ellas. Incluso la cinestesia (movimiento de uno mismo), tiempo, vista, percepción del color, percepción de la profundidad, sonido (tono, timbre, volumen), olfato y emoción personal apenas cubren lo que el auditor tiene que tener. Tiene que tener el movimiento de sí mismo y el movimiento de otros, por supuesto, también. Pero eso más o menos abarca lo que se tiene que rehabilitar, porque *activas* todas esas y el resto de ellas comenzarán a aparecer.

LISTA DE PERCÉPTICOS

JULIO DE 1978

*(HCOB del 23 de julio de 1978R
Lista de Percépticos)*

Esto se investigó y data de 1951.

Son las 57 percepciones humanas.

1. Tiempo
2. Vista
3. Gusto
4. Color
5. Profundidad
6. Solidez
   (barreras)
7. Tamaños Relativos (externos)
8. Sonido
9. Tono
10. Timbre
11. Volumen
12. Ritmo
13. Olfato
    (el sentido del olfato tiene cuatro subdivisiones que son categorías del tipo de olor)

14. Tacto
    a. Presión
    b. Fricción
    c. Calor o Frío
    d. Oleosidad
15. Emoción Personal
16. Estados Endocrinos
17. Consciencia de Consciencia
18. Tamaño Personal
19. Sensación Orgánica (incluyendo el hambre)
20. Pulsaciones
21. Circulación Sanguínea
22. Posición Celular y Bacterial
23. Gravitacional
    (peso de uno mismo y de otros pesos)
24. Movimiento de Uno Mismo
25. Movimiento (exterior)
26. Posición Corporal
27. Posición Articular
28. Temperatura Interna
29. Temperatura Externa
30. Equilibrio
31. Tensión Muscular
32. Contenido Salino de las Células
33. Campos/Magnética
34. Movimiento de la Línea Temporal
35. Energía Física
    (cansancio personal, etc.)

36. Auto-determinismo
(relativo en cada dinámica)

37. Humedad (de uno mismo)

38. Dirección del Sonido

39. Estado Emocional de Otros Organismos

40. Posición Personal en la Escala Tonal

41. Afinidad
(de uno mismo y de otros)

42. Comunicación
(de uno mismo y de otros)

43. Realidad
(de uno mismo y de otros)

44. Estado Emocional de Grupos

45. Orientación Cardinal

46. Nivel de Consciencia

47. Dolor

48. Percepción de Conclusiones
(pasadas y presentes)

49. Percepción de Computación
(pasada y presente)

50. Percepción de Imaginación
(pasada, presente y futura)

51. Percepción de Haber Percibido
(pasada y presente)

52. Consciencia de No-Saber

53. Consciencia de Importancia, Falta de Importancia

54. Consciencia de Otros

55. Consciencia de Ubicación y Colocación

    a. Masas

    b. Espacios

    c. Ubicación en sí misma

56. Percepción de Apetito

57. Cinestesia

ESCALA TONAL DE ESFUERZO

SEPTIEMBRE DE 1951

(Conferencia del 20 de septiembre de 1951, Procesamiento de Esfuerzo Auto-determinado)

La Escala Tonal es una gráfica que demuestra cuánto se ha girado y se ha apuntado hacia sucumbir el vector de 4.0 dirigido a la supervivencia.

Tono	Descripción
4.0	Esfuerzo individual reconocido, bien dirigido, controlado que se encuentra con el esfuerzo de otros en las inmediaciones.
3.5	Más o menos sigue yendo en la misma dirección.
2.5	Se han invertido algunos vectores de fuerza de manera que una persona no está segura de cuál es la dirección en la que se supone que tiene que ir. Se le ha inhibido y se le ha obligado lo suficiente, sólo de forma analítica en la sociedad, hasta que él desciende a un punto de aburrimiento. Esto podría corresponder a cualquier acción singular o podría corresponder a una vida.
2.0	Los vectores han comenzado a ir en la otra dirección. Ahora descendemos a randomity y de repente tus esfuerzos comienzan a hacer sentir su peso en dirección a sucumbir.
1.5	Todavía tienes magnitud de esfuerzo. La magnitud en sí no está empezando a descender de forma muy marcada todavía, hasta que desciendes hasta aquí.

ACCIÓN RESPECTO AL DOLOR

OCTUBRE DE 1951

(Notas de Investigación de LRH)

1. Lo lanza de vuelta y lo usa como un esfuerzo conquistado, transformado.
2. Lo lanza de vuelta con su acción amortiguada.
3. Lo sujeta y lo amortigua. Sin represalias.
   Lo deja entrar pero lo canaliza.
4. Trata de igualarse con él. Aguanta.
5. Lo sufre de modo localizado y deja que destruya.
6. Sucumbe a su ritmo de vibración.
   (se pone de acuerdo con el movimiento de contra-esfuerzo)

ESCALA DE GRADIENTE DE CAUSA A EFECTO

NOVIEMBRE DE 1951

(Procedimiento Avanzado y Axiomas)

Una rápida inspección de las emociones demuestra que una escala de gradiente que parte de Causa cae hasta Efecto.

Causa es el Estático de Vida en sí.

Efecto Total sería MEST, o un cuerpo muerto.

Un organismo procura ser Causa sin volverse Efecto.

Causa está por encima de 20.0.

Efecto está en 0.0.

La escala de gradiente va hacia abajo de la siguiente manera: Uno es Causa. Empieza un movimiento y es capaz de cambiarlo. Está dedicado al movimiento y se vuelve menos capaz de cambiarlo. Entra en un ámbito de ser el efecto del movimiento. Trata de contener movimiento para evitar ser un efecto en 1.5. Es incapaz de contener movimiento y empieza a temer al movimiento en 1.1, propiciándolo. Se arrepiente de cualquier cosa acerca del movimiento y está en Pesar, como efecto, en 0.5. Se vuelve y reconoce que se ha vuelto Efecto en 0.1.

ESCALA DE RESPONSABILIDAD

NOVIEMBRE DE 1951

(Procedimiento Avanzado y Axiomas)

	Responsabilidad Total
20.0	Soy Responsable y Debo Hacer Algo Al Respecto
	No Seré Responsable
	Temo Ser Responsable Por Ellos
	No Me Importa
	No Sirve de Nada Ser Responsable
0.0	Responsabilidad Total de Otros, Ninguna Responsabilidad Por Nada

ESCALA DE GRADIENTE DE RESPONSABILIDAD

NOVIEMBRE DE 1952

(Scientology 8-8008)

Tono	Descripción
40.0	La responsabilidad se manifiesta como voluntad y puede ser tan penetrante que no haya randomity. Esto sería Responsabilidad Total.
20.0	La responsabilidad se manifestaría como acción, donde más o menos la mitad del entorno o el espacio de la persona se hubiera seleccionado como randomity y por la cual ella no asumiría responsabilidad. En 20.0, la responsabilidad sería el 50 por ciento del total de la energía existente.
4.0	Encontramos al *Homo sapiens* en su entorno limitado expresando desacuerdo con una situación existente (mediante la emoción de Entusiasmo) y dirigiendo la energía hacia la corrección de esa situación. Aun así, la responsabilidad es baja en este nivel.
2.0	La culpa entra en la Escala Tonal como un factor de suma importancia. Este es el nivel de la Escala Tonal en que la culpabilidad se concibe por primera vez. Por encima de este nivel hay suficiente amplitud de comprensión para ver que las interdependencias y las randomities pueden existir sin culpabilidad y sin culpar. En 2.0, con la emoción de Antagonismo, un individuo asigna culpa por falta de responsabilidad, en vez de tratar de imponer responsabilidad.

TONO	DESCRIPCIÓN
1.5	Culpar es casi la única actividad del individuo y aunque no asume ninguna responsabilidad real, culpa de todo a su entorno y lo hace con violencia.
1.1	La persona finge asumir algo de responsabilidad con el fin de demostrar que los demás son culpables, pero no tiene ninguna responsabilidad real.
0.9	O cerca del nivel de Miedo, uno no piensa desde el punto de vista de la responsabilidad, pero está dispuesto a aceptar toda la culpa en un esfuerzo por escapar de todo castigo.
0.5	En Pesar, el individuo se culpa a sí mismo y acepta la culpa por lo que ha ocurrido.
0.05	En Apatía, ni siquiera se plantea la cuestión de la culpa ni de la responsabilidad. En este nivel, uno se ha convertido en MEST.

ESCALA DE GRADIENTE DE RESPONSABILIDAD

ENERO DE 1960

(Conferencia del 5 de enero de 1960, Procesar con un E-Metro)

El Hombre es básicamente bueno y cuando se da cuenta de que está haciendo algo muy, muy malo, se refrena de la acción.

Pasa de simplemente no ser tan capaz, de no hacer tanto, o de no alcanzar tanto, a volar de cualquier lugar en que esté.

Cuando no pueden volar, se trituran ellos mismos.

Cuando no pueden confiar en sí mismos y no pueden volar y no pueden ejecutarse ellos mismo, entonces bajamos a un nivel inferior, donde se sustituyen por una máquina a la que hacen mock-up como algo fiable.

Después de que se ponen en una máquina o algo por el estilo, y no pueden confiar en sí mismos en absoluto, entonces se arreglan ellos mismos de manera que no puedan hacer nada, lo cual deja todo lo que alguna vez hayan montado antes en automático total. Ahora no son responsables.

El individuo ni siquiera puede morir, así que se vuelve demente. Ese es el nivel por debajo de morir. La persona ya no está ahí. No hay nadie responsable de ser cosa alguna. Y ella espera que por esta falta de dirección no va a ser destructiva.

Catatónico. La persona que sólo está tumbada ahí todo el tiempo, totalmente inmóvil, totalmente demente.

ESCALA DE RESPONSABILIDAD

ENERO DE 1962

(HCO PL del 17 de enero de 1962 II, Responsabilidad Otra Vez)

Esto es un deterioro del Pan-determinismo sobre un juego hasta "No Responsabilidad", como sigue:

Sin Contacto Previo ni Actual	=	No Responsabilidad ni obligaciones
Pan-determinismo	=	Plena Responsabilidad por ambos lados del juego
Otro-determinismo	=	No Responsabilidad por el otro lado del juego
Auto-determinismo	=	Plena Responsabilidad por uno mismo No Responsabilidad por el otro lado del juego
Valencia (Circuito)	=	No Responsabilidad por el juego, por ninguno de los lados del juego ni por un uno mismo anterior

ESCALA DE RAZÓN Y SINRAZÓN

NOVIEMBRE DE 1951

(Boletín del Auditor de Dianética, Volumen 2, Nº 5, noviembre de 1951, Un Ensayo sobre el Autoritarismo)

A los individuos, en lo que respecta a su razón o sinrazón, se les podría situar en una escala de gradiente entre theta como razón pura y MEST como sinrazón total. Se podría decir que la cantidad de MEST enturbulado en el individuo mide su posición en tal escala.

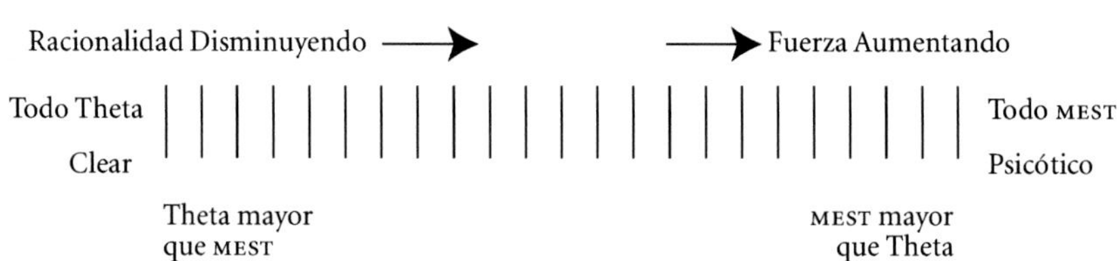

ESCALA DEL AUTORITARISMO

NOVIEMBRE DE 1951

(Boletín del Auditor de Dianética, Volumen 2, Nº 5, noviembre de 1951, Un Ensayo sobre el Autoritarismo)

Las acciones autoritarias (arbitrarias) son necesarias para comenzar los grupos. Si el grupo sigue siendo racional o se Limpia, la acción autoritaria se revierte en la evolución natural del grupo. De otra manera, sus ideales, su principio fundamental y su ética sufrirán y el grupo se reducirá.

Al examinar estos diversos postulados y ejemplos, uno comienza a tener algún concepto del autoritarismo. Una acción que no sea razonable, que no produzca nada creativo, que permanezca sin explicación y sea respaldada por una amenaza del uso de la fuerza, como privar de poco o mucho MEST, es lo máximo en cuanto a acciones autoritarias. A medida que estos factores se van abandonando, la acción es menos autoritaria. Así, el autoritarismo es una escala graduada, no un absoluto:

Arbitrario, sin buen razonamiento, respaldado por una amenaza de fuerza, no creativa, sin explicación.	Entheta, tratando con enMEST.
Arbitrario, buen razonamiento, respaldado por la fuerza. Sin explicación.	Breve tiempo de duración disponible. Entheta, pero hay theta presente.
Arbitrario, buen razonamiento, respaldado por la fuerza. Con explicación.	Más tiempo disponible. Más theta, menos entheta.
Buen razonamiento. (Supresor para el grupo existente). Con explicación.	Orden theta.

Esta es una escala rudimentaria, pero sirve para señalar que el enMEST y la entheta están activos en un grupo cuando el autoritarismo está presente.

EL TRIÁNGULO DE ARC EN NIVELES PROGRESIVOS

DICIEMBRE DE 1951

(Manual para Preclears)

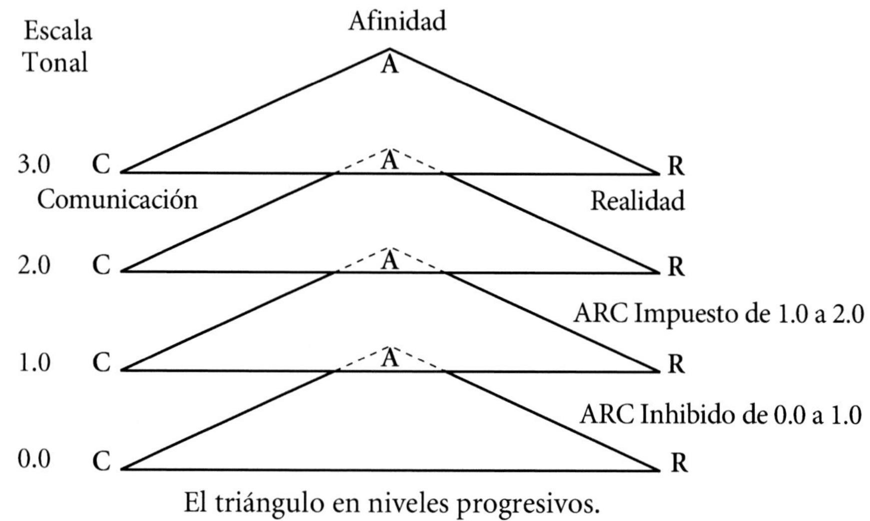

El triángulo en niveles progresivos.

LA TABLA HUBBARD DE ACTITUDES

DICIEMBRE DE 1951

(Manual para Preclears)

Tiempo	Tono	EMOCIÓN	1 SOBREVIVE	2 CORRECTO	3 TOTALMENTE RESPONSABLE
	27 a 40				
Puede Vivir en Cualquier Tiempo	22.0	*Júbilo*	Viviré para siempre.	Mis acciones son correctas de manera natural.	Tengo responsabilidad total y actúo con libertad basándome en ella.
Vive en el Futuro	16.0				
	11.0	*Entusiasmo*	¿Qué otra cosa podría hacer aparte de vivir mucho?	Me alegro de estar en lo correcto.	Seré responsable de eso.
Vive en el Presente y Planea el Futuro	7.0				Puedo cambiar a voluntad.
		Valor			Las cosas no son serias.
	4.0	*Alegría*	Estoy vivo y me gusta.		
Apenas en el Presente		*Aburrimiento* *Antagonismo*	A veces no sobrevives.	Supongo que todos estamos más o menos en lo correcto. Pequeña irresolución. Más vale que estés en lo correcto.	No me importa la responsabilidad. Quizás sea serio.
	2.0				Más vale que tomes EN SERIO la responsabilidad.
	1.5	*Dolor* *Enojo*	Más vale que todo sucumba excepto yo.	¡Siempre que me equivoco estoy en lo correcto! ¡Estás equivocado!	¡Eres responsable! ¡Qué serias son las cosas!
	1.0		Supongo que sucumbiré, pero es posible que te lleve conmigo.	Temo estar en lo correcto.	
Vive en el Pasado		*Miedo* *Cobardía* *Bochorno* *Vergüenza* *Pesar*	No puedo sobrevivir a esto.	No me atrevo a estar equivocado. Duda. Indecisión.	Si tuviera responsabilidad se me lastimaría. Es terriblemente serio. Lo fui y fracasé.
	0.5			¡Estaba equivocado!	
		Apatía	Estoy esperando para sucumbir.	Todo está más allá de lo correcto y lo incorrecto.	Ni siquiera soy responsable de mí mismo.
	0.0		MUERTO	INCORRECTO (Muerto)	NO RESPONSABILIDAD

	Tono	Emoción	4 POSEE TODO	5 TODOS	6 SIEMPRE
	27 a 40				
Puedo Vivir en Cualquier Tiempo	22.0	*Júbilo*	Puedo poseerlo, pero también es de ellos.	Soy un individuo como me parece.	El futuro es interminablemente hermoso.
Vive en el Futuro	16.0				
	11.0	*Entusiasmo*	No me importaría poseer algunas cosas.	Me gusta mi individualidad.	Puedo contribuir mucho al futuro.
Vive en el Presente y Planea el Futuro	7.0				
	4.0	*Valor* *Alegría*	Disfruto las posesiones.	Soy yo mismo y le sacaré el mayor provecho.	Hay mucho que aguarda en el futuro.
		Aburrimiento *Antagonismo*	A menudo las posesiones causan problemas.	De alguna manera tengo que ser yo mismo.	
Apenas en el Presente	2.0		Poseo a pesar de ellos.		Apenas se puede hacer frente al futuro.
	1.5	*Dolor* *Enojo*	¡Es MÍO! POSEO gente y destruyo material.	Soy alguien. Detesto cualquier cosa que me amenace.	El presente es malo.
Vive en el Pasado	1.0		Temo perderlo.	Quizás ni siquiera sea yo.	Es posible que no haya ni futuro ni presente.
		Miedo *Cobardía* *Bochorno* *Vergüenza* *Pesar*	Tengo que esconderlo. Lo he perdido.	Más me valdría ser otro.	
	0.5			Soy demasiado desagradable.	El pasado es todo lo que hay.
		Apatía	Más vale que no posea.	¿Hay alguien? No soy nadie.	Ni siquiera puedo encarar el pasado.
			NO POSEE NADA	NADIE	NUNCA
	0.0				

OBSERVACIÓN: Aunque esta tabla está escrita en la primera y la tercera persona, es válida para cualquier dinámica

7 FUENTE DE MOVIMIENTO	8 VERDAD	9 FE*	*Estático (Espíritu)*	Tono	
			Sereno	27 a 40	
				22.0	
Comienzo y paro cualquier movimiento a voluntad.	Puedo hacer que cualquier cosa buena sea real.	Confío en todas las dinámicas y así actúo.	*Júbilo*		
				16.0	
	Construye una realidad futura constructiva y actúa para hacerla verdad. La realidad futura es buena.				
Controlo y uso movimiento.		Confío en mí mismo. Puedo enderezar aquello en lo que no confío.	*Entusiasmo*	11.0	
	Metas constructivas e imaginativas para entusiasmar a otros.			7.0	*Aceptable*
Me adapto según sea necesario. Puedo soportarlo.	Casi siempre me gusta la realidad. La realidad presente se puede soportar.	Se puede confiar en las cosas la mayor parte del tiempo.	*Valor* *Alegría*	4.0	
Lo pararé si me amenaza y lo lanzaré de vuelta.	La realidad es una amenaza.	No puedes confiar en las cosas.	*Aburrimiento* *Antagonismo*	2.0	*Neurótico*
Tengo que detener el movimiento. Controlaré a la gente o moriré.	Toda realidad está desvirtuada. Chismorreo.	Odio a la gente. Soy demasiado bueno para ellos.	*Dolor* *Enojo*	1.5	
ESPERAR.	Más vale que no sea real. Lo mejor son las mentiras. He perdido mis ilusiones. La realidad es muy dolorosa.	La vida es amenazadora. Traicionaré.	*Miedo* *Cobardía* *Bochorno* *Vergüenza* *Pesar*	1.0	*Seriamente Aberrado*
El movimiento pasa a través de mí. Soy impotente ante cualquier movimiento.	Las cosas nunca son reales.	Me han traicionado.	*Apatía*	0.5	
PARADO	ALUCINACIÓN	DESCONFIANZA	*Estático (Muerto)*	0.0	

*Esta columna también puede llamarse la columna de CONFIANZA-DESCONFIANZA o CREER-NO CREER.

y es la actitud hacia cualquier entidad o cualquier dinámica.

10 SÉ	11 CAUSA	12 SOY	*Estático (Espíritu)*		
			Sereno	27 a 40	
Sé y uso lo que sé.				22.0	
	Estoy causando efectos maravillosos.	SOY YO MISMO.	*Júbilo*		
				16.0	
Comprendo.	Es maravilloso causar acción.	Soy y ellos me necesitan.	*Entusiasmo*	11.0	
				7.0	*Aceptable*
Puedo comprender.	La vida tiene un buen efecto sobre mí.	Soy junto con ellos.	*Valor* *Alegría*	4.0	
Podría comprender.					
Si lo averiguo, yo haré…	No vas a hacerme un efecto.	SERÉ aunque no me gusten.	*Aburrimiento* *Antagonismo*		
Sólo quiero saber lo suficiente para destruir.	Causaré un efecto aunque tenga que destruir todo.	Seré aunque tenga que destruirlos.	*Dolor* *Enojo*	2.0	*Neurótico*
	¡OBEDECE!	Soy importante.		1.5	
Estoy tratando de no saber pero…	Puede hacerme un efecto permanentemente.	Sería si pudiera sortearlos.		1.0	
Cándido, crédulo sobre cosas aterradoras.			*Miedo* *Cobardía* *Bochorno* *Vergüenza* *Pesar*		
Saber cualquier cosa es doloroso.					
	La vida me ha afectado terriblemente.	No soy porque no me dejan.		0.5	*Seriamente Aberrado*
No puedo saber.		Estoy perdido.	*Apatía*		
		No soy importante.			
NO SÉ	EFECTO TOTAL	NO SOY			
			Estático (Muerto)	0.0	

LA TABLA DE ACTITUDES

NOVIEMBRE DE 1952

(Scientology 8-8008)

Con el fin de realizar Procesamiento de Escala Ascendente, el auditor debería conocer muy bien su Tabla de Actitudes y las razones en que se basa cada columna.

1) Sobrevive Muerto	2) Correcto Incorrecto	3) Totalmente Responsable No Responsabilidad	4) Posee Todo No Posee Nada
5) Todos Nadie	6) Siempre Nunca	7) Fuente de Movimiento Parado	8) Verdad Alucinación
9) Fe Desconfianza	10) Sé No Sé	11) Causa Efecto Total	12) Soy No Soy
Ganar Perder	Comenzar Parar	Diferencias Identificación	Ser Tuvo

Esta tabla en la línea superior de cada par anterior representa de 27.0 al 40.0. La línea inferior debajo de cada par representa 0.0.

Cada uno de estos es una escala de gradiente con muchos puntos intermedios. Al recorrer Escala Ascendente, se busca la actitud del preclear que esté más cerca del extremo inferior de esta escala y se le pide que haga una "escala ascendente" para ver hasta qué nivel puede cambiar su postulado en dirección al extremo superior de la escala.

Las últimas líneas son por supuesto una repetición, sin las posiciones intermedias de las interdependencias anteriores de la experiencia.

ESCALA DE DEI

DICIEMBRE DE 1951

(Conferencia del 29 de diciembre de 1951, Causa en Todas las Dinámicas)

Causa	**Tono**	**Efecto**
	20.0	
Causa Deseada	4.0	Efecto Deseado
	2.0	
Causa Impuesta (culpa)	1.5	Efecto Impuesto
Causa Inhibida	0.5	Efecto Inhibido
	0.0	

ESCALA DE DEI

DICIEMBRE DE 1952

(Conferencia del 10 de diciembre de 1952, Flujos: Acuerdo Básico y ¡Demuéstralo!)

Tono	**Descripción**
40.0	
	Deseo
18.0	
1.5	Imponer
0.0	Inhibir
-8.0	

ESCALA DE DEI

DICIEMBRE DE 1952

(Conferencia del 12 de diciembre de 1952, Procesamiento de Juego)

Desear, Imponer e Inhibir pueden existir muy arriba, y luego no tan arriba, y luego volver a empezar el DEI otra vez.

Puedes haber estado pensando sólo en ciclos globales. Si lo has estado haciendo, enmiéndalo. Las escalas de gradiente tienen la *totalidad* como la secuencia de sus partes: eso es una afirmación adecuada al respecto. La secuencia de la totalidad es similar a la secuencia de cualquier parte de la totalidad.

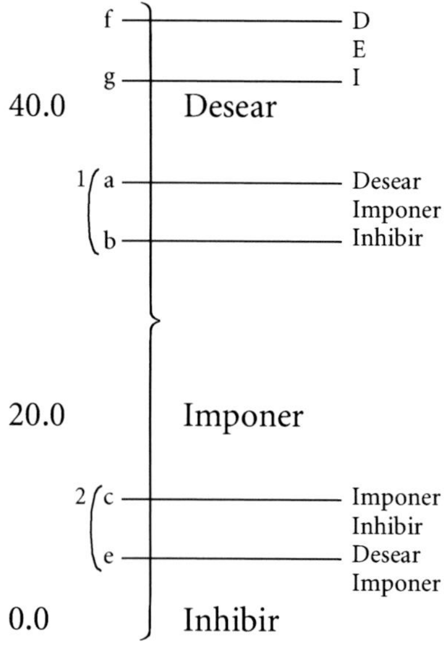

Miremos esto otra vez y encontremos el ciclo de la parte (a) a la parte (b), ¿y qué encontramos? Encontramos Desear, Imponer e Inhibir. Ahora, tienes otra parte pequeña, y eso sería desde el punto (c) hasta el punto (e). Y tal vez sea Imponer, Inhibir, Desear, Imponer: la misma secuencia. Puedes tomar esta secuencia en cualquier lugar, y podría empezar con Inhibir y luego empezar en Desear e Imponer.

ESCALA DE EXIGENCIA DE ATENCIÓN

JUNIO DE 1953

(Diario de Scientology 16-G, 1 de junio de 1953, Esto Es Scientology, La Ciencia de la Certeza)

Tono	Descripción
40.0	
	Curiosidad
	Deseo
1.5	Imposición
1.1	Inhibición
	Inhibición de la atención hacia *cualquier otra parte*

ESCALA DE OCULTAR A CURIOSIDAD

JULIO DE 1954

(La Creación de la Habilidad Humana)

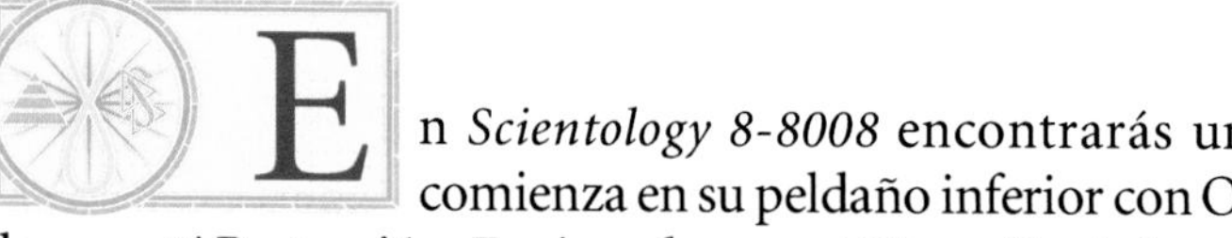

En *Scientology 8-8008* encontrarás una escala que comienza en su peldaño inferior con Oculto. Encima de eso está Protección. Encima de eso está Posesión (véase *La Escala Tonal por Debajo de Cero,* agosto de 1952). Recientemente he descubierto que el ciclo de DEI y la escala inferior antes mencionada se unen para hacer que la escala sea:

Curiosidad

Deseo

Imposición

Inhibición

Propiedad

Protección

Oculto

Y he descubierto que el camino ascendente a través de esta escala es la comunicación.

ESCALA DE CDEI

ENERO DE 1957

(Conferencia del 4 de enero de 1957,
Havingness en General y de Cuerpos en Particular)

Se encontró que la Escala de DEI tenía una C por encima de ella. Así que era CDEI, en realidad, y a esa escala probablemente se la debería llamar la Escala de CDEI. La curiosidad lo pone a uno en un estado de deseo, el deseo lo pone a uno en un estado de imposición, la imposición lo pone a uno en un estado de inhibición.

Utilizamos esta escala un poco más ampliamente y encontramos que debe de ser, entonces, el postulado de no saber que se sitúa inmediatamente por encima de C.

No Saber

Curiosidad

Desear

Imponer

Inhibir

ESCALA DE CDEI

JULIO DE 1957

(Conferencia del 26 de julio de 1957, La Mente: su Estructura en Relación con el Thetán y Mest)

Curiosidad

Desear

Imponer

Inhibir

ESCALA DE DEI EXPANDIDA

OCTUBRE DE 1959

(HCOB del 13 de octubre de 1959, Escala de DEI Expandida)

La escala original:

4.0 Desear

1.5 Imponer

0.5 Inhibir

se expandió en 1952 a:

Curiosidad

Desear

Imponer

Inhibir

En 1959 he encontrado otro punto vital en esta escala, que nos da un nuevo punto de entrada al caso.

Curiosidad

Desear

Imponer

Inhibir

Desconocido

También sospecho que "Esperar" encaja entre Desconocido e Inhibir.

Para lograr que concuerden con respecto a la intención, se convertirían en:

Interesar

Desear

Imponer

Inhibir

Desconocer

Me he dado cuenta de que esta escala también se invierte de forma similar a las dinámicas y por debajo de cordura en cualquier tema:

Desconocer

Inhibir

Imponer

Desear

Interesar

Yendo hacia abajo, especialmente en la escala invertida, el fracaso hace que estos puntos bajen. Cada paso inferior es una explicación para justificar el haber fracasado con el nivel superior.

Uno trata de no saber algo y fracasa. Luego trata de inhibirlo y fracasa. Por lo tanto, trata de imponerlo y fracasa. Así que lo explica deseándolo, y fracasa. Y al no ser realmente capaz de tenerlo, muestra de ahí en adelante un interés obsesivo en ello.

La inversión anterior es, por supuesto, completamente reactiva.

ESCALA DE CDEI

AGOSTO DE 1963

(Conferencia del 8 de agosto de 1963, Assessment de R2H)

Conocido

Desconocido

Curiosidad acerca de

Desear

Imponer

Inhibir

No Hacer Nada

Falsificar

Después de que has descendido por toda esta escala, ¿cómo la empiezas de nuevo? Tu K en la parte superior, Conocido (en inglés Known), se vuelve Falso. Y entonces, claro, no sabes acerca de la falsedad y luego, claro, sientes curiosidad por las falsificaciones, y demás. Y esta escala da vueltas y vueltas de esa manera, pero es sólo la misma escala. Ahora alcanza nivel tras nivel, tras nivel, tras nivel, hasta abajo, simplemente a base de recorrer este único punto. Así que esto es lo que hace que la escala se invierta.

ESCALA DE CDEI EXPANDIDA

AGOSTO DE 1978

(HCOB del 11 de agosto de 1978, Rudimentos: Definiciones y Fraseología)

Curiosidad acerca de

Deseado

Impuesto

Inhibido

No hubo

Rechazado

ESCALA DE CUIDADO DEL CUERPO

1952

(Notas de Investigación de LRH)

Esta es la periferia en contracción del cuidado del MEST:

Ningún cuidado de los cuerpos

Cuidado de otros
Olvido del propio

Cuidado del de otros y del propio

Cuidado del propio
Incapaz de afrontar cuidar de otros

Cuidado de una parte del propio
Daño de otros

Inhibición de otros
Abandono del propio

Muerte

ESCALA DE GRADIENTE DE BEINGNESS

MAYO DE 1952

(Conferencia del 19 de mayo de 1952, Beingness)

∞	Máximo beingness (vida plena) Capacidad de ser todas las dinámicas
32.0	Estamos comenzando a entrar en el beingness por todas las dinámicas
8.0	Beingness con identidad
4.0	Supervivencia
0.0	No-beingness (muerto)

ESCALA TONAL DE DECISIÓN

MAYO DE 1952

(Conferencia del 20 de mayo de 1952, Decisión)

Toma de decisiones que
pueden llevarse a efecto

Toma de decisiones que
no se pueden llevar a efecto

Indecisión

Decisión irracional para forzar
que se lleven a efecto decisiones irracionales

Indecisión

Decisión de no ser

ESCALA DE INVALIDACIÓN

JUNIO DE 1952

(Scientology: Una Historia del Hombre)

LA CRÍTICA Y LA CONTRA-CRÍTICA son invalidaciones con acto hostil e invalidaciones con motivador al nivel del pensamiento.

LA EMOCIÓN EQUIVOCADA Y LA CONTRA-EMOCIÓN EQUIVOCADA son invalidaciones con acto hostil e invalidaciones con motivador al nivel de emoción.

LA FUERZA FÍSICA Y LA CONTRA-FUERZA FÍSICA son invalidaciones con acto hostil e invalidaciones con motivador al nivel del esfuerzo.

ÉXITO RELATIVO EN ESTIMAR ESFUERZOS

JUNIO DE 1952

(Una Clave para el Inconsciente, Procesamiento Simbológico)

Hay una escala de tonos emocionales que el auditor debería saber, pues puede encontrar a cualquiera que procese, fijado bastante sólidamente en algún punto arriba o abajo en esta escala. La Escala Tonal se podría decir que es una escala de éxito Relativo en la Estimación de Esfuerzos. Y se le podría llamar Escala de Supervivencia Potencial. Esta escala tiene una auténtica serie de longitudes de onda medidas con precisión, pero a cada nivel se le da un valor numérico arbitrario.

4.0	Felicidad	Pocas computaciones en conflicto	Usa bien el esfuerzo
3.0	Conservadurismo	Muchos conflictos conocidos	Usa el esfuerzo con cautela
2.5	Aburrimiento	Conflictos conocidos pero con oposición	Usa mal el esfuerzo
2.0	Antagonismo	Los conflictos se consideran peligrosos	Devuelve el golpe
1.5	Enojo	Conflictos desconocidos equilibrados	Retiene y destruye
1.1	Hostilidad Encubierta	Muchos desconocimientos	Usa el esfuerzo encubiertamente
1.0	Miedo	Fijado marcadamente en lo desconocido La atención se desfija	Usa el esfuerzo para retirarse
0.75	Pesar	Retiene dolores desconocidos	Se ha dado por vencido
0.5	Apatía	No sabe o no le importa	El esfuerzo lo usa a él

ESCALA DE ATENCIÓN

JUNIO DE 1952

(Conferencia del 24 de junio de 1952, Recorrido de Unidades de Atención)

Este ciclo de unidades inmóviles, unidades gradualmente en movimiento, unidades enturbuladas, unidades igualadas y yendo hacia afuera, es un ciclo continuo hasta lo más alto de la Escala Tonal. Por esto es por lo que podrías, en realidad, confundir a un 4.0 y a un 2.0, por lo que un sujeto parece estar simultáneamente en dos posiciones en una Escala Tonal. Antagonismo y Entusiasmo son ambos flujos hacia afuera. La diferencia entre los dos es sólo la longitud de onda y la característica. De manera que una persona que es capaz de gran entusiasmo es también capaz de gran antagonismo.

Eso debería explicarte algo acerca de la Escala Tonal. Él no sólo tiene *dos* posiciones en ella, potencialmente tiene varios cientos, porque tendría armónicos, armónicos graduales y armónicos medios, hasta lo más alto de la escala, repetitivamente.

Tono	Nivel de Tono	Unidades de Atención
4.0	Entusiasmo	Dirección hacia fuera.
3.0	Conservadurismo	Acción de sujeción. El conservadurismo está muy enturbulado. Es bastante sólido y está sujetando.
2.5	Aburrimiento	Tenemos otro flujo de salida.
		Unidades de atención como girando ociosamente. Y justo por encima de esto tienes la acción del aburrimiento. La gente que está en esta banda muy a menudo irá por ahí y harán las cosas más increíbles. Fluctúan desde esta inactividad de aburrimiento y enseguida pasan a actividades sin sentido, moviéndose de un lado a otro desaforadamente, sin hacer prácticamente nada, siguiendo cualquier tipo de moda pasajera. Esto es un escape. Así que el escape y el aburrimiento están justo ahí, uno al lado del otro.
2.0	Antagonismo	Tenemos un flujo de salida.
1.5	Enojo	Tienes aquí la sensación de sujetar. Enojo es, en realidad, una confusión terrible. Enojo es sólido.
1.0	Miedo	Disperso. Las unidades de atención están fluyendo afuera.
0.5	Pesar	Tienes la otra sensación de sujetar. Pesar y Enojo están íntimamente interrelacionadas. El Pesar es sólido muy a menudo.

Tono	Nivel de Tono	Unidades de Atención
		Se deduce, entonces, que debe de haber una emoción aquí abajo debajo de pesar, que es una emoción de flujo de salida o una emoción de flujo de entrada. Debe de haber una emoción directa. Aquí abajo hay algo que se parece a un paro completo. Y en efecto, existe. No tenemos un nombre para ella, pero la encontrarás en auditación. Encontrarás su comportamiento en la auditación. Si sigues descendiendo por debajo de pesar, piensas que estás inmediatamente en apatía. No, la apatía no está inmediatamente debajo de pesar. Hay varios matices de diferencia.
0.05	Apatía	Las unidades de atención están muy dispersas. Está recibiendo flujo de entrada. Es una persona que no está en confusión especialmente, sino que sólo reacciona y se mueve con cualquier movimiento que pase por ahí. Justo por encima de 0.0 tenemos dirección hacia adentro.
0.0		Cero theta es donde tienes esta inmovilidad. Esta es sólo una inmovilidad *aparente.* No se está moviendo porque está todo tan errático que se ha cancelado a sí misma. Y esa es apatía real. Es el nivel más bajo en que se puede tolerar la vida. Y es sólido.

ESCALA TONAL DE LONGITUDES DE ONDA

JULIO DE 1952

(Scientology 8-80)

Aquí hay algunas estimaciones aproximadas de longitudes de onda que producen reacciones en la mente. (Aquí no se dan longitudes exactas).

Tono	**Longitud de Onda**
θ	l. de o. ∞ ó l. de o. 0.0
39.0	.0000000000000000000000002 cm
Estética	
8.0	.0000002 cm
Pensamiento Analítico	
1.5	.024 cm
Emoción	

LAS DICOTOMÍAS

AGOSTO DE 1952

(Scientology 8-80)

Las dicotomías son:

1. Sobrevivir
   Sucumbir
2. Afinidad
   No afinidad
3. Comunicación
   No comunicación
4. Estar de acuerdo
   No estar de acuerdo
5. Comenzar
   Parar
6. Ser
   No ser
7. Saber
   No saber
8. Causa
   Efecto
9. Cambio
   No cambio
10. Ganar
    Perder
11. Soy
    No soy
12. Fe
    Desconfianza
13. Imaginarse
    Verdad
14. Creer
    No creer
15. Siempre
    Nunca
16. Futuro
    Pasado
17. Todos
    Nadie
18. Posee todo
    No posee nada
19. Responsable
    No responsable
20. Correcto
    Incorrecto
21. Permanecer
    Escapar
22. Belleza
    Fealdad
23. Razón
    Emoción
24. Emoción
    Esfuerzo
25. Esfuerzo
    Apatía
26. Aceptación
    Rechazo
27. Cuerdo
    Demente
28. No-compasión
    Compasión
29. Compasión
    Propiciación

    Y el estado de Estático, una inmovilidad que a veces es necesario recorrer.

ESCALA DE ACUERDO

AGOSTO DE 1952

(Conferencia del 7 de agosto de 1952,
Línea Directa: Técnica 88)

Tono	**Descripción**
	Creatividad.
	Menos y menos creatividad.
	Más y más onda del universo MEST.
	Más y más fuerza.
8.0	Fuerza tan pesada, ondas tan pesadas, que un individuo comienza a luchar contra ellas. Comenzará a luchar contra ellas y a hacer retroceder cualquier onda de entrada antes de que lo alcance. Cualquier onda pesada que él vea aproximándose a él, instintivamente él la guía de regreso.
4.0	El concepto de que si él saca una onda de salida ninguna onda puede entrar y golpearlo. Eso es entusiasmo.
3.0	El individuo está sujetando esta onda de aquí.
2.0	Conseguiré que esas ondas se aparten de aquí. (Banda de esfuerzo).
1.5	Pararé este movimiento.
1.0	De 1.0 hacia abajo él está de acuerdo con el universo físico. El universo físico acepta este nivel de acuerdo porque está en apatía.

ESCALA DE GRADOS DE ENERGÍA

SEPTIEMBRE DE 1952

(Conferencia del 4 de septiembre de 1952, En Dónde Estamos)

Estático

Línea Estética

Razón

Emoción

Esfuerzo

Materia

ESCALA DE ENERGÍA

NOVIEMBRE DE 1952

(Scientology 8-8008)

Las emociones humanas se manifiestan en flujos, dispersiones y riscos de energía. Conforme las emociones descienden desde un nivel elevado en la escala a un nivel bajo, se encuentra que siguen un ciclo de dispersiones, flujos y riscos. Cada dispersión tiene un armónico en la escala, cada flujo tiene un armónico y cada risco tiene un armónico.

Tono	Nivel de Tono	Descripción
4.0	Entusiasmo	Flujo
3.0	Conservadurismo	Risco
2.5	Aburrimiento	Dispersión Ociosa
2.0	Antagonismo	Flujo Hacia Fuera
	(Emoción a la que no se ha dado nombre)	Dispersión
1.5	Enojo	Risco Sólido
1.1	Hostilidad Encubierta	Flujo
1.0	Miedo	Dispersión (Un retraerse)
	(Emoción a la que no se ha dado nombre)	Flujo
0.5	Pesar	Risco (Lo ocasiona la pérdida)
	(Emoción a la que no se ha dado nombre)	Dispersión Similar al Miedo
	(Emoción a la que no se ha dado nombre)	Flujo
0.05	Apatía	Risco
0.0	Muerte	

EXPERIENCIAS RELACIONADAS

NOVIEMBRE DE 1952

(Scientology 8-8008)

Existe una tabla de relaciones que el auditor debe tener. Se dividen en tres columnas generales. Cualquiera de estas columnas se puede abordar primero, pero las tres deben abordarse en cualquier tema. Se puede considerar que los niveles verticales de la columna son términos sinónimos.

40.0	20.0	0.0
Comenzar	Cambiar	Parar
Espacio	Energía	Tiempo
Beingness	Doingness	Havingness
Positivo	Actual	Negativo
Creación	Alteración	Destrucción
Concepción	Vivir	Muerte
Diferenciación	Asociación	Identificación

El ARC se relaciona con cada columna, o a cualquiera de las declaraciones de experiencia antes mencionadas.

Las ocho dinámicas se relacionan con cada columna y por lo tanto, a cualquiera de las declaraciones de experiencia antes mencionadas.

ESCALA DEL CICLO-DE-ACCIÓN

NOVIEMBRE DE 1952

(Scientology 8-8008)

Puede hacerse un assessment de un caso utilizando la siguiente gráfica. En ella vemos Creación, con una flecha que apunta directamente hacia abajo, y encontramos ahí la palabra Demente. Y bajo ella, enumeramos las dinámicas. En cualquier lugar, a lo largo de cualquiera de estas dinámicas, donde el individuo no pueda concebir que es capaz de crear, se encontrará que está aberrado en ese nivel en la medida en que no se crea capaz de crear. Podría pensarse que esto introduce un imponderable, pero no es así. Porque donde más aberrado está el individuo es en la Primera Dinámica y con razón o sin ella, concibe que no podría crearse a sí mismo. En el *Homo sapiens* esto llega al grado de creer que no puede crear un cuerpo y con razón y sin ella, donde uno está entonces más aberrado es en el tema de su cuerpo.

En potencia, debido al carácter de theta en sí, un individuo en un estado absoluto y posiblemente inalcanzable debería ser capaz de crear un universo. Sin duda es cierto que todo hombre es su propio universo y posee dentro de sí todas las facultades de un universo.

En el extremo derecho de la gráfica, tenemos la palabra Destrucción y una flecha que apunta hacia abajo hacia Demente. Y debajo de esto, está la lista de las dinámicas. Podría decirse que el individuo que sólo puede destruir en cualquiera de estas dinámicas, y no puede o no quiere crear, está aberrado en esa dinámica. Está aberrado en la medida en que destruiría esa dinámica.

CREACIÓN		DESTRUCCIÓN
DEMENTE	CUERDO	DEMENTE
CREAR	CRECER CONSERVAR DETERIORAR	DESTRUIR
Comenzar Diferenciar Ser Espacio	Cambiar Asociar Hacer Energía	Parar Identificar Tener Tiempo
40.0	20.0	0.0
Dinámica 1	Dinámica 1	Dinámica 1
Dinámica 2	Dinámica 2	Dinámica 2
Dinámica 3	Dinámica 3	Dinámica 3
Dinámica 4	Dinámica 4	Dinámica 4
Dinámica 5	Dinámica 5	Dinámica 5
Dinámica 6	Dinámica 6	Dinámica 6
Dinámica 7	Dinámica 7	Dinámica 7
Dinámica 8	Dinámica 8	Dinámica 8

ESCALA DE GRADIENTE DE KNOWINGNESS

NOVIEMBRE DE 1952

*(Conferencia del 6 de noviembre de 1952,
Métodos de Investigación: El Thetán como Unidad de Energía)*

Conocer la Ilusión

Conocer el MEST

Conocer la Delusión

ESCALA TONAL PARABÓLICA

NOVIEMBRE DE 1952

(Conferencia del 17 de noviembre de 1952, El Auto-determinismo y la Creación de Universos)

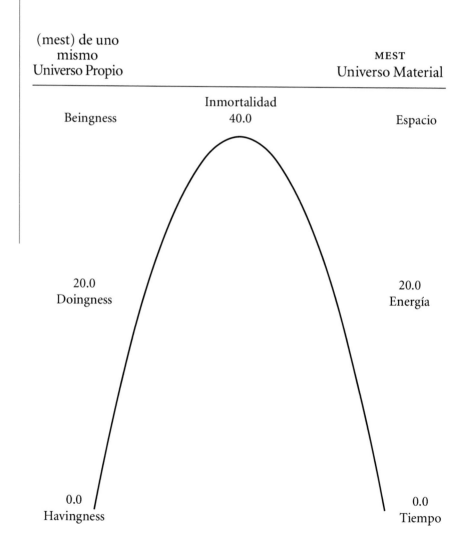

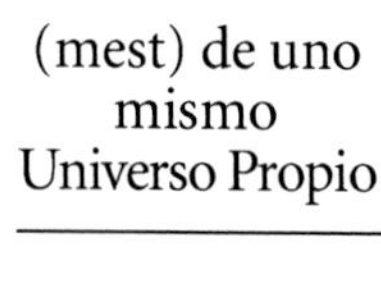

MEST

Inmortalidad
40.0

Beingness

Espacio

20.0
Doingness

20.0
Energía

0.0
Havingness

0.0
Tiempo

ESCALA DE GRADIENTE DE CULPA

NOVIEMBRE DE 1952

(Conferencia del 19 de noviembre de 1952, Responsabilidad)

Tono	**Descripción**
4.0	Hay un montón de causa mala por aquí. Pero tú y yo somos causa buena, y vamos a salir ahí, y vamos a darle al asunto. Si todos nos juntamos en esto, podemos hacer que sea una causa buena. Y la forma de ser responsable de todo el asunto es simplemente meterse ahí y darle al asunto y conseguir un buen montón de movimiento de avance. Consigues un montón de movimiento de avance, vas a conseguir que sea una causa buena a partir de esto.
3.0	Probablemente sea causa buena si lo examinas cuidadosamente y descubres y te aseguras de que no es causa mala. Y probablemente compartan eso por igual tú y otros. Pero tienes que ser más bien cuidadoso al respecto con el fin de iniciar acción al respecto. Y puedes hacerlo perfectamente si eres cauto.
2.5	Probablemente no haya ninguna causa buena, y probablemente no haya causa mala tampoco. Hay tolerancia. Nada tiene la culpa. Todas las cosas tienen más o menos la culpa. Pero no es muy grave. Simplemente no hay nada de qué preocuparse.
2.0	Estoy siendo responsable, y voy a forzarte a que tú también lo seas. ¿Estás seguro de que estás siendo responsable? Ahora, probablemente vas a ser una causa mala. Pero, si te fuerzo a serlo, podrías ser una causa buena. Pero sólo si te fuerzo a serlo.

Tono	Descripción
1.5	*Tú tienes* la culpa. *Tú eres* causa mala. No hay ninguna causa buena. Hay que pararlo todo porque todo es causa mala, y fuiste *tú* quien lo hizo.
1.1	Fui causa mala, pero ellos fueron causa mala también.
	Lo admito. Fui causa mala. Tengo la culpa. Causé todas estas cosas malas. Las cosas que causo son malas. Si causo alguna cosa, será mala. Las cosas que causo son malas. Cada vez que hago algo, simplemente parece acabar mal.
	Tengo la culpa de todo lo que pasó.
	No fue culpa mía. Yo no he sido. La culpa fue de *ellos.*
0.0 a -0.8	Glee de demencia, irresponsabilidad, apatía, acabado, no querer tener nada que ver con ello.

ESCALA DE GRADIENTE DE LA MATERIA

DICIEMBRE DE 1952

(Conferencia del 4 de diciembre de 1952,
Las Lógicas: La Lógica de Valores Infinitos)

La escala de gradiente de acuerdo se refleja en las escalas de gradiente que se encuentra que existen a lo largo de toda la materia.

Flujos

Gases

Gases más y más Pesados

Líquidos

Líquidos más y más Espesos

Sólidos

ESCALA DE GRADIENTE DEL COLOR

DICIEMBRE DE 1952

(Conferencia del 4 de diciembre de 1952, Las Lógicas: La Lógica de Valores Infinitos)

Esta escala de gradiente significa la brillantez de color e iría de nada a brillante.

Podría haber una escala de gradiente dentro de la escala de gradiente dentro de la escala de gradiente. Puedes tener las graduaciones más diminutas imaginables.

Ninguna percepción

1, 2, 3, 4, 5

1

2

3

4

5

6

Progresión geométrica

PERCEPCIÓN BRILLANTE

BRILLANTEZ DEL COLOR

ESCALA DE SENSACIÓN

DICIEMBRE DE 1952

(Conferencia del 4 de diciembre de 1952, Espaciación: Puntos de Anclaje, Origen)

La sensación tiene mucho que ver con el ARC. Es bastante rudimentario cuando la puedes definir como ARC. Al principio es meramente sensación. Es bastante no-diferenciativa. Todavía es un flujo, los riscos que tiene son más bien menores, y luego los riscos empiezan a volverse más pesados a medida que la persona baja por la Escala Tonal.

(*siguiente página*)

	Escala de Emoción	Ciclo de Acción	Experiencia Emocional/ Sensación	Ciclo de Creación, Cambio, Destrucción
40.0	Espacio	Comenzar	Serenidad	Creación
20.0	Acción	Cambiar	Júbilo muy elevado	Cambiar
			Júbilo disminuye. Bajamos directamente abajo a lo que el *Homo sapiens* y los seres de bajo nivel en general experimentan como emoción: Entusiasmo Cautela Aburrimiento Antagonismo Enojo Miedo Pesar Apatía	
0.0	Materia	Parar		Destrucción

La Escala de Sensación y la Escala de Emoción pueden considerarse como escalas coincidentes.

ESCALA DE DIFERENCIACIÓN, ASOCIACIÓN, IDENTIFICACIÓN

DICIEMBRE DE 1952

(Conferencia del 6 de diciembre de 1952, El Estado Formativo de Scientology: La Definición de Lógica)

Tono	Descripción
40.0	Diferenciación
20.0	Asociación
0.0	Identificación
-8.0	

ESCALA DE AUTO-DETERMINISMO

DICIEMBRE DE 1952

(Conferencia del 8 de diciembre de 1952,
Más Acerca del Automatismo)

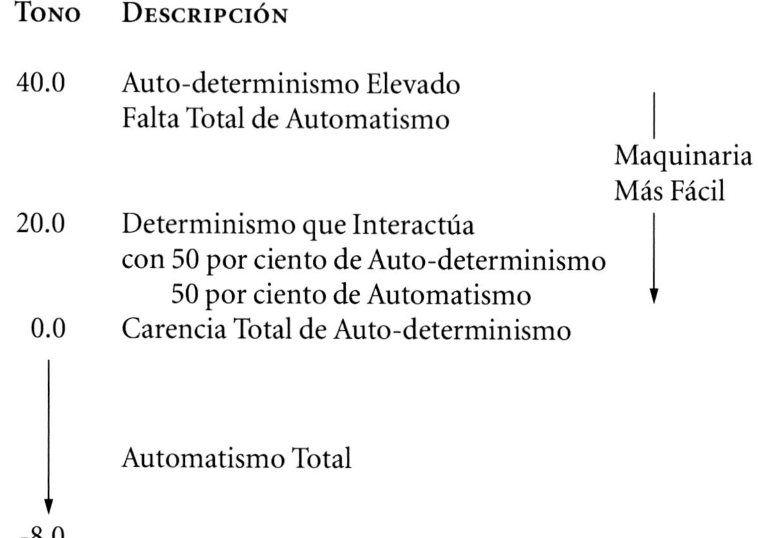

TONO
DESCRIPCIÓN
40.0
Auto-determinismo Elevado
Falta Total de Automatismo
Maquinaria
Más Fácil
20.0
Determinismo que Interactúa
con 50 por ciento de Auto-determinismo
50 por ciento de Automatismo
0.0
Carencia Total de Auto-determinismo
Automatismo Total
-8.0

ESCALA DE GRADIENTE DE ESPACIO

DICIEMBRE DE 1952

(Conferencia del 9 de diciembre de 1952, Flujos: La Función que el Espacio Desempeña en el Clearing)

Tono			
40.0	Diferenciación	Comenzar	Espacio (objetos muy diferentes)
22.0	Asociación	Cambiar	Espacios más Amplios (con objetos más o menos relacionados dentro de ellos u objetos no relacionados)
0.0	Identificación	Parar	Ningún Espacio (espacio condensado, como por ejemplo un objeto)
-8.0			Espacio Negativo (dentro del espacio de alguna otra persona, y esparcido)

LA ESCALA DE CAUSALIDAD

DICIEMBRE DE 1952

(Conferencia del 13 de diciembre de 1952, Procedimiento Operativo Estándar [SOP])

Causalidad por postulado

Entrar en acción y hacer que suceda,
y entonces ocurriría

Desear que sucediera,
y entonces no ocurriría

Alguien debería...

MEST

LA ESCALA DE PENSAMIENTO, EMOCIÓN Y ESFUERZO

DICIEMBRE DE 1952

(Conferencia del 18 de diciembre de 1952, Cómo Hablarle de Scientology a los Amigos)

	+	**Banda de Pensamiento**
	40.0	
		Postulados
		Acuerdos
Los flujos van como se les dirigió		**(Emoción)**
		Banda de Sensación
	22.0	Esfuerzo
	20.0	**Acción**
		Sensación Emocional
Los flujos van en la dirección contraria a como se les dirigió		Pensamiento
		Esfuerzo
		Emoción
		Pensamiento
		Emoción
	0.0	Esfuerzo
	–	

ESCALA TONAL DE UN POSTULADO

ENERO DE 1953

(Conferencia del 12 de enero de 1953, Estar de Acuerdo y No Estar de Acuerdo: Tener y No Tener)

Un Postulado.

Órdenes.

Cooperación.

Asociación. Razonar con las cosas para conseguir que algo se lleve a cabo.

Forzar la Acción. Usar la fuerza para conseguir que un postulado se lleve a cabo.

ESCALA TONAL DE ADMIRACIÓN

MARZO DE 1953

(Notas de Investigación de LRH)

Existe una Escala Tonal de Admiración

Certeza

Certeza del aplauso sin tener aplauso

Certeza en aplauso

Confianza en aplauso

Aplauso

Retardo en aplauso

Esperando aplauso

Ningún aplauso

Darse cuenta de que nunca habrá ningún aplauso

Esta es una Escala de Confianza y también es la Escala del Tiempo ya que, según uno desciende por la escala, uno entra en una interacción (acción recíproca) que lo clava a uno en el estrato de tiempo de otros.

ESCALA DE EFECTO

JUNIO DE 1953

(El Diario de Scientology 16-G, 1 de junio de 1953, Esto es Scientology, La Ciencia de la Certeza)

Uno sabe que está causando el efecto.

Dice que no está causando el efecto (aunque está causando el efecto, sólo *él* sabe que lo causa).

Causa un efecto y cree inmediatamente que otra cosa causó el efecto, en lugar de él, y que él es el efecto del efecto.

ESCALA DE EFECTO

ABRIL DE 1957

(Conferencia del 14 de abril de 1957, La Escala de Realidad y la Escala de Efecto)

Escala de Efecto sobre Otros

Satisfecho con efectos diminutos sobre otros

↑ A medida que sube por la escala, el efecto aceptable sobre otro es más ligero, y más ligero, y más ligero, y más ligero, y más ligero, y más ligero hasta que no es necesario

Tremendo efecto sobre otros

Escala de Efecto sobre Uno mismo

Capaz de tolerar efectos tremendos sobre uno mismo

↑ Efecto tolerable mayor y mayor, puede soportar efectos mayores y mayores, efectos mayores y mayores, efectos mayores y mayores

Ningún efecto de ningún tipo en uno mismo

ESCALA DE EFECTO

JULIO DE 1957

(Conferencia del 25 de julio de 1957, Escalas [Escala de Efecto])

Tono	**Efecto**
40.0	Cualquier efecto es aceptable, ya sea recibido o impartido
22.0	Sólo debe ser causa, nunca es seguro ser efecto
	Un individuo *no* debe recibir ningún efecto en sí mismo y debe ejercer un efecto *total* sobre cualquier cosa y cualquier otra persona (la categoría de "el único")
0.0	Todas las causas serían todas efectos y todos los efectos serían todos causas
	Cualquier causa, cualquier lugar, causaría un efecto total sobre él

ESCALA DE EFECTO

1957

(Notas de Investigación de LRH)

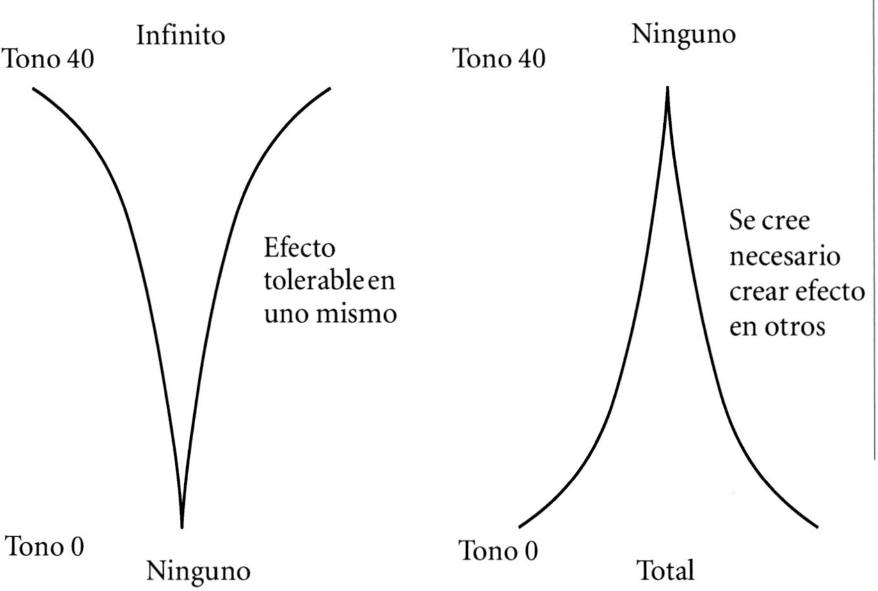

ESCALA DE EFECTO

JULIO DE 1958

(Conferencia del 15 de julio de 1958, Procedimiento Resumido del ACC: TRs del E-Metro)

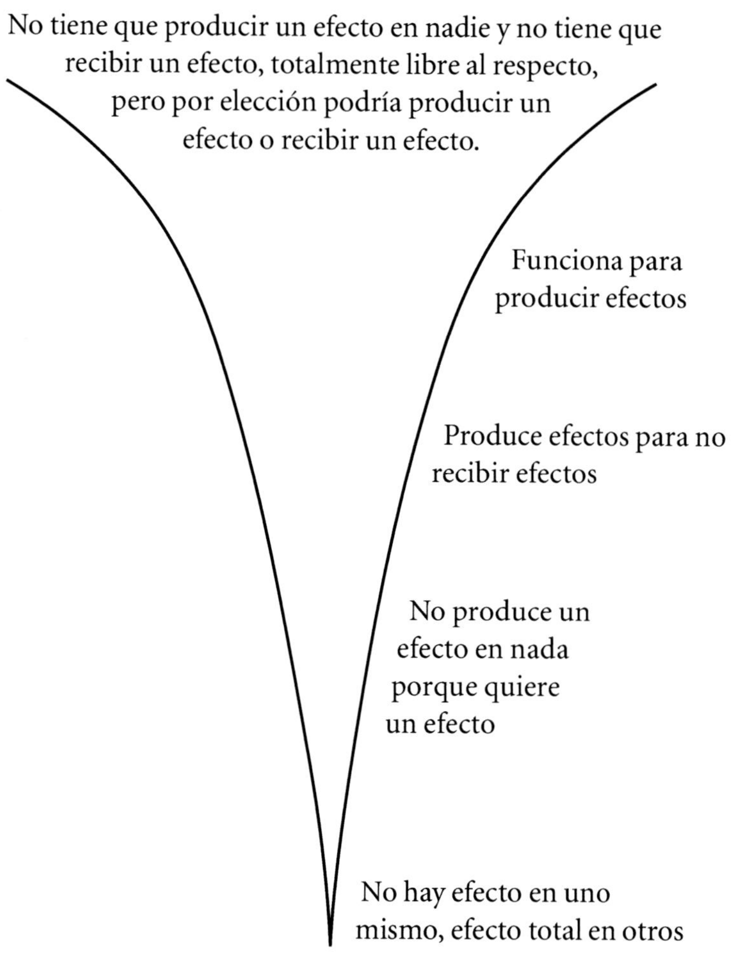
No tiene que producir un efecto en nadie y no tiene que recibir un efecto, totalmente libre al respecto, pero por elección podría producir un efecto o recibir un efecto.
Funciona para producir efectos
Produce efectos para no recibir efectos
No produce un efecto en nada porque quiere un efecto
No hay efecto en uno mismo, efecto total en otros

ESCALA DE EFECTO

NOVIEMBRE DE 1958

(Conferencia del 13 de noviembre de 1958, La Actitud de un Auditor)

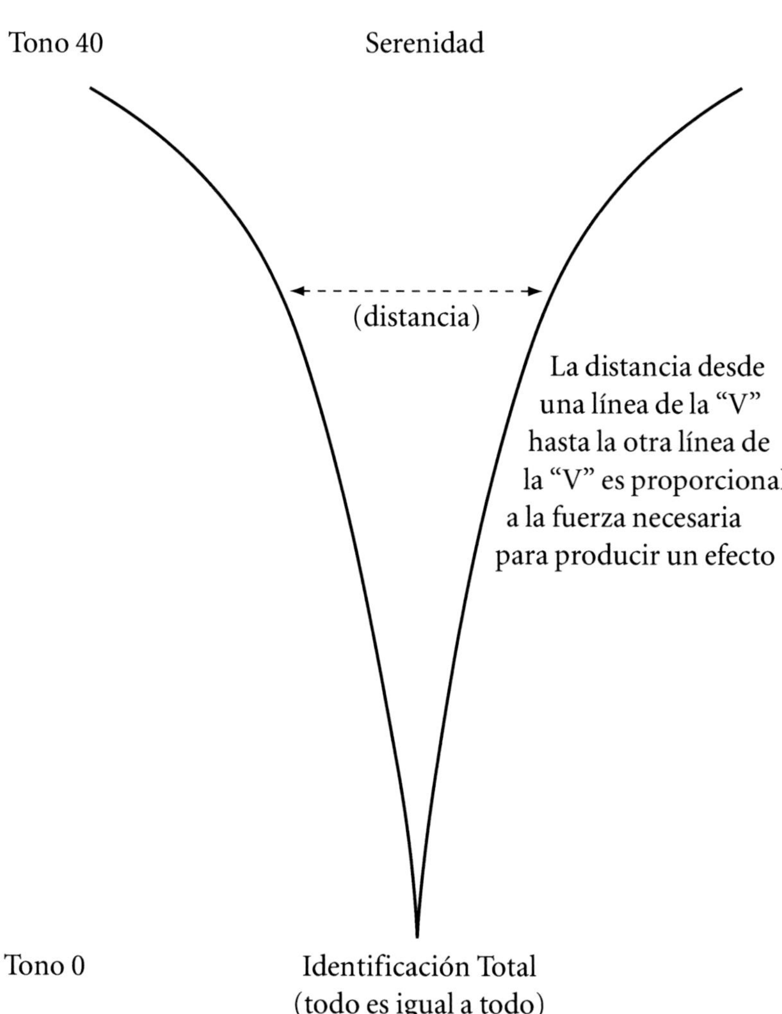
Tono 40
Serenidad
(distancia)
La distancia desde una línea de la "V" hasta la otra línea de la "V" es proporcional a la fuerza necesaria para producir un efecto
Tono 0
Identificación Total
(todo es igual a todo)

ESCALA DE EFECTO

ABRIL DE 1959

(Conferencia del 8 de abril 1959, Escalas)

Cualquier cosa o lo que sea, para ser dañado, tiene que dar primero su consentimiento. Así que la Escala de Efecto es una medida de cuántos consentimientos ha dado un individuo para ser dañado. Esto es con qué frecuencia y cuántas veces ha accedido a que ciertas cosas sean dañinas.

Va desde simplemente alguna cosita de nada que sea dañina, para hacer un juego, escala abajo hasta que cualquier cosa o lo que sea es dañino.

> El individuo puede dar o recibir cualquier efecto.
>
> El individuo podría dar o recibir bastantes efectos. Podría causar un montón de cosas; a él se le podrían causar un montón de cosas. (Este es más o menos el plano en el que actúa la vida. La vida que tiene mucho éxito actúa dando y recibiendo efectos selectivamente).
>
> No puede recibir ningún efecto, pero aun así siente que debe proporcionar un efecto total. Identificación total. Todo es dañino en todas partes. El caso extremo es que el individuo no se atreve a confrontar las cosas porque si las confrontara, recibiría un efecto de ellas simplemente percibiéndolas. Sabe que son totalmente nocivas, así que no debe verlas.

EL TRIÁNGULO DE CERTEZA DE CONSCIENCIA

JUNIO DE 1953

(El Diario de Scientology 16-G, 1 de junio de 1953, Esto Es Scientology, La Ciencia de la Certeza)

Se podría sospechar que la simplicidad sería la idea básica de cualquier proceso, de cualquier sistema de comunicaciones que pusiera en las manos de una persona el mando de su propio beingness. La simplicidad consiste en la observación de tres universos.

El primer paso es la observación del universo propio y lo que ha ocurrido en ese universo en el pasado.

El segundo paso sería la observación del universo material y consultarlo directamente para descubrir sus formas, profundidades, vacíos y solideces.

El tercer paso sería la observación de los universos de los demás o su observación del universo MEST, pues hay una multitud de puntos de vista de estos tres universos.

Cuando se suprime, se oculta o se niega la observación de uno de estos tres universos, el individuo no puede elevarse, hacia la certeza más allá de cierto punto.

Aquí tenemos un triángulo, que no es diferente del de Afinidad, Realidad, Comunicación de Dianética. Estos tres universos son interactivos en la medida en que los tres se elevan, elevando uno. Pero puedes elevar dos sólo hasta cierto punto antes de que lo refrene la incertidumbre acerca del tercero. Así, cualquier punto de este triángulo es capaz de suprimir los otros dos puntos y cualquier punto de este triángulo es capaz de elevar los otros dos puntos.

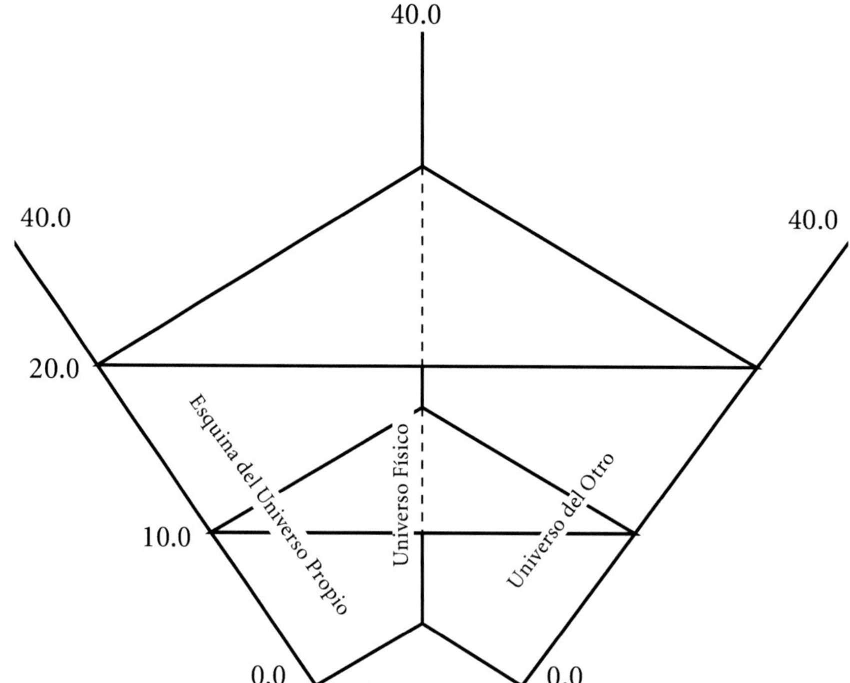

A este dibujo se le podría llamar Escala de Consciencia. También es la Escala de Acción y el Ciclo-de-Acción.

ESCALA TONAL DE CONSCIENCIA

JUNIO DE 1953

(El Diario de Scientology 16-G, 1 de junio de 1953, Esto Es Scientology, La Ciencia de la Certeza)

Hay una espiral descendente y una espiral ascendente en la Escala Tonal. Estas espirales se caracterizan por la reducción de la consciencia o el aumento de la consciencia. Para subir en la escala, uno debe aumentar su poder para observar con certeza. Para descender por la escala uno debe disminuir su poder para observar.

Aquí hay dos certezas. Una es una certeza completa de la *consciencia* total, que estaría en 40.0 en la Escala Tonal. Y la otra es una certeza de la *inconsciencia* total que estaría en 0.0 en la Escala Tonal (o casi). Sin embargo, ninguno de los dos extremos es en sí un absoluto para la mente analítica, y la mente analítica puede descender por debajo del 0.0 de la mente reactiva. Sin embargo, estas dos clases de certeza están muy lejos de cumplir los requisitos de una certeza. Como los dos extremos de la escala son ceros en lo que se refiere a espacio, es posible confundir el uno con el otro y por lo tanto hacer que parezca que la consciencia total sería la inconsciencia total. La experiencia y la observación pueden desengañarnos de esta idea. La escala no es circular.

(*siguiente página*)

40.0	Certeza completa *de consciencia* total	Creación ilimitada Flujo de salida Certeza La acción de alejarse Explosión Mantener separado Extender Dejar ir Alcanzar Metas de naturaleza causativa Espacio que se amplía Libertad con respecto al tiempo Separateness (Condición de estar Separado) Diferenciación Condición de impartir sensación Condición de vaporización Condición de resplandecer Condición de ligereza Condición de blancura Condición de de-solidificación Consciencia total Comprensión total ARC total
36.5		
	Acción	
3.5		

0.0	Certeza de la *inconsciencia* total (o casi)	Muerte Flujo de entrada Certeza Condición de regresar Implosión Dejar-que-se-junte Juntar Mantener junto Retirarse Metas de efecto (ambición por ser un efecto en lugar de una causa) Contraer el espacio Nada de tiempo o tiempo infinito en un momento Condición de estar conectado Identificación Identidad Condición de recibir sensación Condensación Negrura Solidificación No-consciencia Ninguna comprensión Ningún ARC

Estas diferentes características o intenciones pueden observarse en cualquier dinámica y en cualquier universo.

Entre estos dos extremos está el término medio de la acción donde se ejerce la libertad completa de hacer cualquiera de estas cosas (de lo más alto o lo más bajo de la escala). Por lo tanto, en alguna parte entre 3.5 y 36.5 en la Escala Tonal, hay acción.

Las condiciones antes mencionadas de lo más alto y lo más bajo de la escala, desde luego, se alejan de los extremos y se acercan entre sí.

LA ESCALA DE APLAUSO

JUNIO DE 1953

(El Diario de Scientology 16-G, 1 de junio de 1953, Esto Es Scientology, La Ciencia de la Certeza)

Uno actúa para buscar un efecto y sabe que es un efecto, haya o no atención o admiración, es decir, aplauso.

Uno desea un asentimiento o la sustancia real de la admiración. Si no llega, uno no se preocupa.

El individuo invita y solicita activamente el aplauso.

Se Enoja cuando no recibe aplauso.

Muestra Miedo, Pesar y Apatía cuando le falta el aplauso. La Apatía es el darse cuenta de que nunca habrá ningún aplauso por ningún efecto.

ESCALA DE CAUSA A EFECTO

AGOSTO DE 1953

(Boletín del Auditor Profesional Nº 8, agosto de 1953, Procesamiento de Punto de Vista)

Tono	Descripción
40.0	Causa (emanando)
30.0	Principalmente Causa, algunas veces Efecto
20.0	Mitad Causa, mitad Efecto
4.0	Más Efecto que Causa (hombre alto de tono)
2.0	Principalmente Efecto, Causa destructiva
0.0	Todo Efecto

ESCALA DE GRADIENTE DE CASOS

AGOSTO DE 1953

(Boletín del Auditor Profesional Nº 8, agosto de 1953, Procesamiento de Punto de Vista)

Punto de vista Clear (hecho Clear en)

Punto de vista de los facsímiles

Punto de vista parcialmente ocluido (el caso promedio)

Punto de vista enteramente ocluido

Punto de vista parcialmente ocluido, parcialmente delusorio

Punto de vista de facsímiles delusorios (el caso de dub-in)

LA ESCALA DE CONTENCIÓN

NOVIEMBRE DE 1953

(Boletín del Auditor Profesional Nº 14, noviembre de 1953, Sobre el Carácter Humano)

Hay otra escala que uno debería tener si uno tiene que comprender el carácter humano.

El Pensamiento, como el Hombre lo concibe, no es el nivel más elevado de la escala; sino el nivel más bajo.

Tono	Descripción
Lo más elevado en la escala, por encima de 20.0	Pensamiento plenamente creativo (con lo que se quiere decir la capacidad para crear energía verdadera), emoción libre y un knowingness amplio en oposición a comprensión, que está abajo en la escala
20.0	Fuerza Fuerza Contenida Gesto Manifiesto Gesto Manifiesto Contenido Emoción Manifiesta
Las últimas van bajando hasta 0.0 y a su alrededor	Emoción Manifiesta Contenida Pensamiento Manifiesto Pensamiento Manifiesto Contenido

ESCALA DE GRADIENTE DE ATENCIÓN

NOVIEMBRE DE 1953

(Conferencia del 28 de noviembre de 1953, Procesamiento de Grupo: Escala de Gradiente de Atención)

Mira, no pienses

Mira, no sientas

Siente, no uses esfuerzo

No uses esfuerzo, piensa

ESCALA DE KNOWINGNESS

DICIEMBRE DE 1953

(Conferencia del 30 de diciembre de 1953, Procesamiento de Grupo)

Knowingness

Lookingness

Sentir

Esfuerzo

Thinkingness

Un Símbolo

ESCALA DE KNOWINGNESS

ENERO DE 1954

(Conferencia del 14 de enero de 1954, Beingness, Justicia, Identidad)

Knowingness

Beingness

Lookingness

Expresar Emoción

Esfuerzo

Thinkingness

Simbolización

Comer

Sexo

ESCALA DE SABER A SEXO

ABRIL DE 1954

*(Curso Avanzado: Hoja de Datos
10 de abril de 1954)*

Existe una escala de comportamiento, que sigue la pauta de la Escala Tonal, y que comienza con Saber en la parte más alta y continúa hacia abajo (de la siguiente manera). Es también una Escala de Tolerancia de Puntos de Vista, de Tolerancia de Espacio, o de Interiorización en Universos, y proporciona un diagnóstico rápido.

SABER: puede crear espacio.

MIRAR: está creando espacio.

EXPRESAR EMOCIÓN: está combinando espacio y energía.

ESFUERZO: está condensando espacio.

PENSAR: está vagando en espacios condensados.

SÍMBOLOS: ha sistematizado espacios transformándolos en palabras y otras significaciones.

COMER: está conforme con los espacios ya condensados, pero que pertenecen a otros.

SEXO: ningún espacio le parece tolerable para el beingness actual, sino que recurre a otros beingnesses y a beingnesses futuros como la única posibilidad de universos.

ESCALA DE SABER A SEXO

MAYO DE 1954

(Conferencia del 28 de mayo de 1954, Escala de Saber a Sexo)

Saber

Mirar

Expresar Emoción

Esfuerzo

Pensar

Símbolos

Comer

Sexo

Not-Knowingness

ESCALA DE SABER A SEXO MÁS MISTERIO

JULIO DE 1954

(La Creación de la Habilidad Humana)

Saber

Mirar

Expresar Emoción

Esfuerzo

Pensar

Símbolos

Comer

Sexo

Misterio

ESCALA DE KNOWINGNESS CONDENSADO

JULIO DE 1954

(La Creación de la Habilidad Humana)

Intentar saber

Mirar para saber

Expresar emoción para saber

Esfuerzo para saber

Pensar para saber

Símbolos para saber

Comer para saber

Actividad sexual para saber

Olvido del saber o "misterio"

ESCALA DE SABER A SEXO

JULIO DE 1954

(Conferencia del 28 de julio de 1954, Relación con las dinámicas: Thetán Operante)

La escala superior de saber a sexo es predominantemente *buena:*

Saber

Mirar

Expresar Emoción

Esfuerzo

Pensar

Símbolos

Comer

Sexo

La misma escala invertida es predominantemente *mala:*

Sexo

Comer

Símbolos

Pensar

Esfuerzo

Emoción

Mirar y Ser Buscado

Misterio

ESCALA DE SABER A MISTERIO

ENERO DE 1955

(Conferencia del 7 de enero de 1955, Material Elemental: Escala de Saber a Misterio)

Knowingness

Lookingness

Emoción

Esfuerzo

Thinkingness

Símbolos

Comer

Sexo

Misterio

Escrutar

Emoción Equivocada

Horror ante el Esfuerzo

Un circuito

Símbolos incomprensibles

Indigestión

Esterilidad e impotencia

Inconsciencia

ESCALA DE SABER A MISTERIO

AGOSTO DE 1956

(Conferencia de agosto 1956, Knowingness)

Saber
(Saber una totalidad)

No-Saber

Mirar
(Percibir)

Emoción

Esfuerzo

Sólidos

Pensar

Símbolos
(un símbolo tiene masa, significado y movilidad)

Comer

Sexo

Misterio
(lo contrario de Saber)

ESCALA DE SABER A MISTERIO EXPANDIDA

MAYO DE 1959

(HCOB del 20 de mayo de 1959, Línea Directa de Saber a Misterio para Casos Extremos)

La Escala de Saber a Misterio expandida:

No-Saber

Saber

Mirar

Emoción

Esfuerzo

Pensar

Símbolos

Comer

Sexo

Misterio

Esperar

Inconsciencia

ESCALA DE SABER A MISTERIO

SEPTIEMBRE DE 1971

(HCOB 25 de septiembre de 1971RB, Escala Tonal Completa)

Tono	Descripción
40.0	Saber
30.0	No-Saber
22.0	Saber Acerca de
20.0	Mirar
8.0	Emoción Positiva
2.0	Emoción Negativa
- 1.5	Esfuerzo
- 3.0	Pensar
- 4.0	Símbolos
- 5.0	Comer
- 6.0	Sexo
- 8.0	Misterio
- 10.0	Esperar
- 20.0	Inconsciente
- 40.0	Incognoscible

ESCALA DE GRADIENTE DE SENSACIÓN

DICIEMBRE DE 1953

(Conferencia del 3 de diciembre de 1953,
Tiempo: Causa y Efecto, Parte II)

Dios, o lo que el Hombre llama Dios

Espíritu

MEST

Emoción que sería una especie de vida

Sentimiento de un beingness benevolente

Sentimiento de amistad

Formas leves de sensación sexual

Gusto, o incomodidad física debido al gusto

TABLA DE PROCESAMIENTO DE CARÁCTER

DICIEMBRE DE 1953

(Boletín del Auditor Profesional Nº 16, diciembre de 1953, Procesamiento de Nivel de Aceptación)

	Nivel de Aceptación Agarrar	(Nivel de compasión)
	Nivel de Disuasión Alejarse	
	Nivel de Privación Dejar ir	Dolor
	Nivel de Interés Alcanzar	Sensación Sexual
	Nivel de Intención	Ética (honestidad)
	Nivel de Entusiasmo	
	Nivel Espiritual	(Duplicación, resistir, aceptar, soltar, aferrarse)
	Nivel de Aplauso	
	Nivel de Muerte	Siempre algo nuevo (original)
Percepción	Nivel Sónico	Aceptación de la Demencia
Percepción	Nivel de Visión	
Percepción	Nivel Táctil	Inconsciencia
	Nivel de Amistad	Acuerdo
	Nivel de Enemistad	Comunicación

Fuerza	Nivel de Fuerza Física	Afinidad
	Nivel de Fuerza Emocional	Mest, Acepta Mest Dios acepta Mest
	Nivel de Ayuda de Mest	
	Nivel de Obediencia	Lista de Objetos Mest
	Nivel de No-compasión	Por qué asumirán *Responsabilidad*
	Nivel de Miedo	
	Nivel de Propiciación	
	Nivel de Pesar	
	Nivel de Apatía	

Un auditor que conoce su Scientology, podría dibujar esta tabla sin muchas dificultades usando como guía la tabla de *La Ciencia de la Supervivencia* o *Autoanálisis*. En el procesamiento, sólo estamos tratando de elevar el nivel de aceptación del individuo lo suficientemente alto para que finalmente pueda aceptarse a sí mismo en las ocho dinámicas.

ESCALA DE DOTACIÓN DE VIDA

FEBRERO DE 1954

(Conferencia del 8 de febrero de 1954, Resumen de los Datos del Curso)

Tomar cosas que son obviamente inanimadas
y animarlas

Tomar cosas que están vivas
y volverlas más vivas

Sanar, tratar médicamente

ESCALA DE GRADIENTE DE KNOWINGNESS

ABRIL DE 1954

(Conferencia del 9 de abril de 1954, Condiciones de la Mente y Remedios)

Knowingness puro que no está influenciado por el espacio ni la energía

Knowingness que ya está influenciado y reducido por el espacio

Knowingness que está reducido por el espacio y la energía

Knowingness al que se baja hasta un punto en el que está reducido prácticamente a nada por medio de la existencia continua de prácticamente ningún espacio y tremendas cantidades de energía (estupidez)

GRÁFICO DE LA COMUNICACIÓN

ABRIL DE 1954

(Curso Avanzado: Hoja de Datos 10 de abril de 1954)

El gráfico de la comunicación es:

Causa a Efecto

o

Causa, Distancia, Efecto

o

C Distancia E

ESCALA DE GRADIENTE DE EXTERIORIZACIÓN

JULIO DE 1954

(La Creación de la Habilidad Humana)

Hay una Escala de Gradiente de Exteriorización que se podría describir así:

Primero, el thetán sin contacto con un universo;

Luego, un thetán en contacto completo con un universo;

Luego, un thetán en contacto con parte de un universo, que considera que el resto del universo está prohibido para él;

Luego, un thetán en un universo sin ningún contacto con ninguna parte del universo;

Luego, un thetán en contacto con una gran parte de un universo sin saberlo.

La primera condición sería un verdadero estático. La última condición se llama, coloquialmente, en Scientology "esparcido por todo el universo".

Lo mismo que ocurre en un universo como el universo físico, también ocurre en los cuerpos físicos. El thetán, que ya ha pasado por el ciclo en cuanto al propio universo, puede estar en contacto con un cuerpo físico de la misma forma:

Al principio, no estaría asociado con un cuerpo físico;

Luego, tendría contacto ocasional con cuerpos;

Luego, un contacto fijo en un cuerpo pero exteriorizado;

Luego, interiorizado en un cuerpo pero fácil de exteriorizar;

Luego, en contacto con un cuerpo e interiorizado en él, pero retirado de las diversas partes del cuerpo;

Luego, obsesivamente "esparcido por todo el cuerpo";

Luego, atraído obsesiva e inconscientemente por una pequeña porción del cuerpo, y así sucesivamente.

Esta es la escala de gradiente que incluye inversión y luego inversión de la inversión.

ESCALA DE SUSTITUTIVOS

JULIO DE 1954

(La Creación de la Habilidad Humana)

Esta es la Escala de Sustitutivos Adquiridos a Causa de las Pérdidas:

Espiral Acumulativa
Tiempo Detenido

Objeto
Pérdida

sustitutivo del Objeto poseído
Pérdida

sustitutivo del Objeto de otros
Pérdida

sustitutivo Mock-up
Pérdida

sustitutivo Mock-up poseído
Pérdida

sustitutivo Mock-up de otros
Pérdida

Problema sustitutivo
Pérdida < Perdido por solución / Perdido por oclusión

sustitutivo Problema poseído
Pérdida

sustitutivo Problemas de otros
Pérdida

Negrura sustitutiva
(¿algo en ella?)
Pérdida

sustitutivo Negrura poseída
Pérdida

sustitutivo Negrura de otros
Pérdida

sustitutivo Inconsciencia
Pérdida

sustitutivo Inconsciencia propia
Pérdida

sustitutivo Inconsciencia de otros
Pérdida

sustitutivo Inconsciencia propia
Pérdida

sustitutivo Inconsciencia
Pérdida

sustitutivo Negrura de otros
Pérdida

sustitutivo Negrura propia

Alucinación

ESCALA DE COMPRENSIÓN

OCTUBRE DE 1954

(Conferencia del 20 de octubre de 1954, Sobre Comprender lo Incomprensible)

Tono	Descripción
40.0	Enorme comprensión.
20.0	Simplemente sabrías aquello de lo que habla el otro tipo. En otras palabras, una comprensión tremendamente alta.
4.0	La comprensión se ha vuelto por lo menos fija en sílabas y señales, y sólo una pequeña parte se está transmitiendo de forma espontánea.
2.0	La comprensión casi ha desaparecido, a menos que sea comprensión de 2.0, que es: "¡Alguien debería hacer algo! ¡Te…!". Un fuerte antagonismo. Tenemos una "situación antagonista comprensible". Ninguna otra situación comprensible.
1.5	Lo único que comprende un 1.5 es que está enfadado. Está irritado con algo por algo y va a destruir algo, y estas son las cosas que puede comprender.
0.5	Pesar. Le dices a esta persona que está en pesar: "Qué precioso día soleado, qué agradable es todo aquí fuera. Mira a los niñitos jugando". Y ella diría: "¿No te hace pensar en ataúdes?".

Tono	Descripción
0.0	De 0.5 hacia abajo hasta 0.0, hay armónicos en la Escala Tonal tan fuertemente compactados que son casi imposibles de distinguir. Hay un enojo apático. Hay un pesar apático, muy, muy apático, y en realidad hay varias bandas de ello. Una persona en apatía en realidad está llevando a cabo alguna pequeña porción de apatía, y está haciendo eco de la escala superior y, sin embargo, es no-comprensión.

A medida que bajamos por la escala, estamos observando la reducción del knowingness convirtiéndose en comprensión, y la reducción de la comprensión convirtiéndose en incomprensión, que es adonde se llega al llegar por debajo de cero. (MEST)

REDUCCIÓN DEL KNOWINGNESS

OCTUBRE DE 1954

(Conferencia del 20 de octubre de 1954, Sobre Comprender lo Incomprensible)

Knowingness acerca de la vida
y de su capacidad

Knowingness acerca de las formas de vida

Comprensión en el entorno de estas formas
de vida en particular, y entre estas

Mal entendimiento en el entorno de
estas formas de vida en particular

Física nuclear

TABLA DE PROCESOS

DICIEMBRE DE 1954

(¡Dianética 55!)

ónde están en la Escala de ARC:

↑		
	Exteriorizado	
	Localiza Puntos en el Espacio	4.0
	Localiza Puntos en el Espacio	3.6
	Remedio del Havingness	3.5
	Remedio del Havingness	3.1
	Procedimiento de Apertura por Duplicación	3.0
	Procedimiento de Apertura por Duplicación	2.6
	Procedimiento de Apertura de 8-C	2.5
	Procedimiento de Apertura de 8-C	
	Línea Directa Elemental	1.8
	Línea Directa Elemental	1.1
	Comunicación en Dos Direcciones	1.0
	↕	
	Comunicación en Dos Direcciones	-8.0

↑		
	"Clear de Un Solo Golpe"	4.0
	"Clear de Un Solo Golpe"	2.5

LA ESCALA QUE DESCIENDE DESDE PAN-DETERMINISMO

DICIEMBRE DE 1954

(¡Dianética 55!)

La Escala que Desciende desde Pan-determinismo es:

Pan-determinismo

Luchar

Debe y No Debe Suceder Otra Vez

Reparación

Asociación

Un individuo en un nivel de Pan-determinismo puede *crear.*

Un individuo en Asociación, como he dicho, sólo puede *destruir.*

Un individuo en Reparación y Debe y No Debe Suceder Otra Vez, está haciendo un esfuerzo enorme (y realmente quiero decir esfuerzo) por *sobrevivir.*

ESCALA DE REALIDAD

ABRIL DE 1955

(Conferencia del 4 de abril de 1955, Conferencia para los Auditores del Staff)

Consciente de ser consciente.

Consciente de un entorno es suficiente comunicación.

Sabe de la existencia de la comunicación.

Comunicación con la intención de comunicar.

Comunicación con significación con algún otro.

Comunicación con significación

Comunicación con uno mismo con significación. Preocupación.

Alguna pequeña consciencia de que está pensando un pensamiento y comunicándose con el pensamiento.

Inconsciencia.

ESCALA DE REALIDAD

OCTUBRE DE 1956

(Conferencia del 22 de octubre de 1956, Escala de Realidad)

Tono	**Descripción**
22.0 (y por encima)	La realidad ocurre por postulado. Realidad de lo que fuera la realidad del otro individuo.
5.0	Necesidad de un acuerdo para que ocurra una realidad.
3.5	El acuerdo debe adoptar la forma de un contrato.
2.0	Desde 2.0 hacia abajo, la única realidad que hay es *sólida* y no hay acuerdo asociado con ella. Ahora estamos tratando con *masas.*
1.0	Los terminales empiezan a desaparecer como reales. Las líneas empiezan a hacerse cargo de algo más que un vacío. Las líneas en sí se vuelven elásticas, palpables, perceptibles.
0.7	Los terminales han desaparecido por completo y sólo está ahí la línea. La línea en sí es *sólida* y los terminales no lo son. Ni siquiera están ahí. La realidad es una confusión de líneas de comunicación para las que no hay conector de terminales. En la banda realmente psicótica empezamos a darle a toda la materia el carácter de una confusión de líneas de comunicación. Y ninguna materia tiene ningún carácter de terminal. La materia consiste en un haz de líneas de comunicación.

ESCALA DE REALIDAD

ENERO DE 1957

(Conferencia del 3 de enero de 1957, Escala de Realidad en Acción)

Un postulado.

Un acuerdo.

Convicción y reafirmación de una realidad por un terminal. Ninguna realidad sin un terminal.

Intolerancia de ese espacio y necesidad de tener un vínculo de conexión entre los dos terminales.

Una línea. No hay terminales.

No hay consciencia de una comunicación, una intención, una línea, un terminal, un acuerdo o un postulado. Ninguna de estas cosas existe con respecto a la realidad.

ESCALA DE REALIDAD

FEBRERO DE 1957

(Conferencia del 26 de febrero de 1957,
El Triángulo de ARC y las Escalas Relacionadas)

Postulado

Consideración
(un postulado continuado)

Acuerdo
(una consideración compartida)

Masa (La Escala de Havingness
encaja aquí en "Masa")
(terminal)

Línea
(línea de comunicación sólida)

Ningún Terminal, Ninguna Línea

ESCALA DE REALIDAD

ABRIL DE 1957

(Conferencia del 14 de abril de 1957, La Escala de Realidad y la Escala de Efecto)

Postulado

Postulado Continuado
(una consideración)

Acuerdo
(postulado continuado especial)

Terminales

Líneas

Ningunas Líneas, Ningunos Terminales

ESCALA DE REALIDAD

FEBRERO DE 1958

(Conferencia del 12 de febrero de 1958, Havingness, Anatén, Flujos en Relación con el Clearing)

Postulado

Consideración
(un postulado continuado)

Acuerdo

Terminales

Línea

Nada

ESCALA DE REALIDAD

NOVIEMBRE DE 1958

(Conferencia del 17 de noviembre de 1958, Cómo Auditar un Engrama: Periodo de Preguntas y Respuestas)

Postulado

Acuerdo

Terminal

Línea de Comunicación

Ninguna parte

ESCALA DE REALIDAD

ABRIL DE 1959

(Conferencia del 8 de abril de 1959, Escalas)

El Triángulo de ARC, visto desde la gran distancia de todos estos años, es todavía tan válido como siempre lo ha sido, pero como mejor lo vemos es a través de la Escala de Efecto. (Véase *Escala de Efecto,* abril de 1959).

El miedo de un individuo a crear malos efectos, el miedo de un individuo a recibirlos, todas estas cosas se mezclan formando comunicación, formando realidad y formando su actitud general hacia el mundo, a la que llamamos afinidad.

La Escala de Afinidad está graduada en emociones.

La Escala de Realidad está graduada en manifestaciones.

Niveles emocionales elevados	Permite experiencia. Un individuo puede experimentar un terminal, puede experimentar ser algo.
	Puede simplemente confrontarlo, usualmente con cierta inquietud. Puedes pasar fácilmente de confrontar a experimentar.
	Hace not-is de ello hasta un punto en que se vuelve invisible. Cuando ya no puede hacerlo invisible, lo vuelve negro. Cuando ya no puede volverlo negro, pone otra cosa en su lugar. A eso lo llamamos dub-in.
2.0	Todo es dub-in. El individuo mira una pared, ve un castillo. Mira un engrama, ve un rinoceronte. Mira un pajarito que vuela por un cuadro, y de inmediato especula desesperadamente sobre un sándwich de jamón.

Hay también una Escala de Comunicación; cómo maneja una persona la comunicación.

NO POSTAGE
NECESSARY
IF MAILED
IN THE
UNITED STATES

BUSINESS REPLY MAIL

FIRST-CLASS MAIL PERMIT NO. 62688 LOS ANGELES CA

POSTAGE WILL BE PAID BY ADDRESSEE

BRIDGE PUBLICATIONS, INC.
4751 FOUNTAIN AVE
LOS ANGELES CA 90029-9949

ESCALA DE REALIDAD VIEJA Y NUEVA

ABRIL DE 1959

(HCOB del 22 de abril de 1959, Escala de Realidad Vieja y Nueva)

Tono	**"Vieja" Escala de Realidad**	**"Nueva" Escala de Realidad**
40 – 20	Postulados	Creación Pan-determinada
20 – 4.0	Consideraciones	Creación Auto-determinada
4.0 – 2.0	Acuerdos	Experiencia
1.5	Terminales Sólidos	Confrontar
1.1	Terminales *demasiado* Sólidos Líneas Sólidas	Estar en otra parte
1.0 – 0.5	No Terminal Línea Sólida	Invisibilidad
0.5 – 0.1	No Terminal Línea menos Sólida	Negrura
0.1	No Terminal Auténtica No Línea Sólida Terminal Sustitutivo	Dub-in
0.0	No Terminal No Línea	Inconsciencia

ESCALA DE CONDICIÓN DE CRÍTICA

ABRIL DE 1955

(Conferencia del 13 de abril de 1955, Las Ocho Dinámicas)

Puede mirar, ver lo que está mal, darse cuenta de su remedio y actuar para poner remedio a esa incorrección.

No sólo mira, sino que sabe que puede hacer algo correcto acerca de ello.

Puede mirar y ver lo que está mal.

Tiene el indicio de que algo está mal y está decidido a dar con la verdadera cosa que está mal.

Habla de cosas que se imagina que están mal. Montones de cosas mal, pero él no muestra dónde.

Ni siquiera se quejará de las cosas que se imagina que están mal. Él es auténtica apatía.

LA ESCALA DE REPRESENTACIÓN DE LOS TONOS

JUNIO DE 1955

(Conferencia del 5 de junio de 1955, Cómo localizar al Preclear en la Tabla: Knowingness y Desconocimiento)

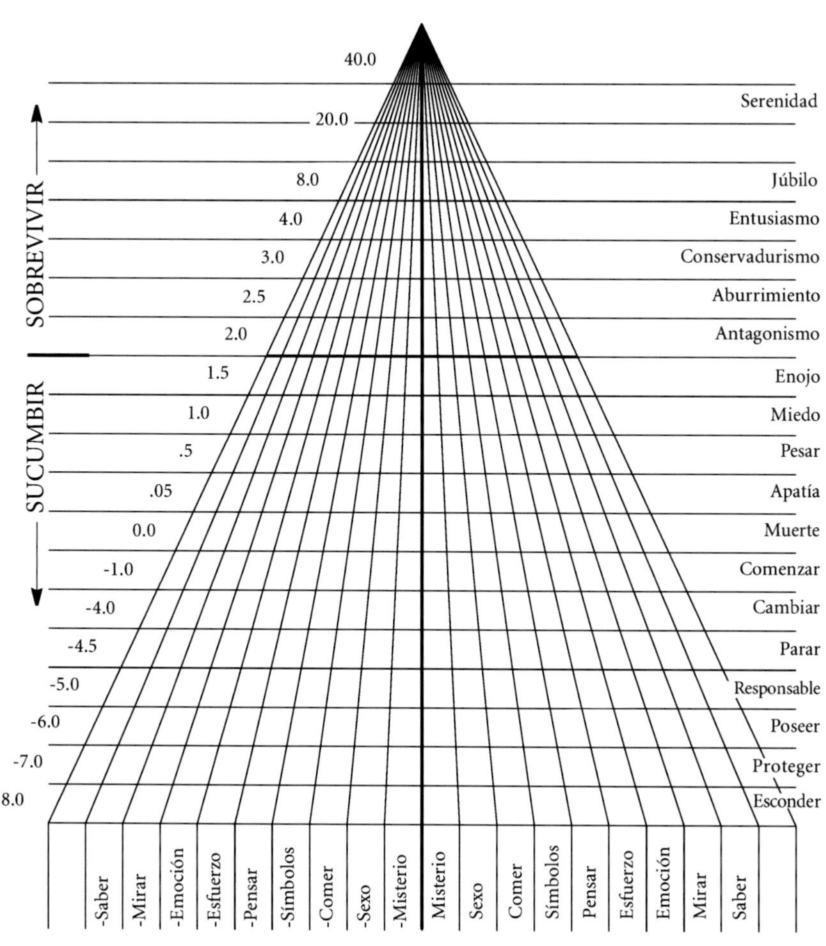

ESCALA DE POSTULADOS

OCTUBRE DE 1955

(Conferencia del 3 de octubre de 1955, Los Fundamentos de Scientology y los Rudimentos de Auditación, Parte II)

Estado Nativo:	Sabe todo
Primer Postulado:	No sé
Segundo Postulado:	Sé algo
Tercer Postulado:	Olvídalo
Cuarto Postulado:	Recuérdalo

ESCALA DE POSTULADOS

OCTUBRE DE 1955

(Conferencia del 21 de octubre de 1955, El Estado Nativo y La Comunicación)

Estado Nativo:	Potencialidad de un gran Knowingness o un Knowingness de Algo y Todo
Primer Postulado:	No-Saber
Segundo Postulado:	Saber
Tercer Postulado:	Olvidar
Cuarto Postulado:	Recordar
Quinto Postulado:	Ocluir

LA ESCALA DE LA TERCERA DINÁMICA

OCTUBRE DE 1955

(Conferencia del 20 de octubre de 1955, Una Comprensión del Procesamiento Creativo)

Número de personas que
participarán en el juego.

Número de personas que activamente
se sentarán a observar el juego.

Número de personas que
hablarán de cosas.
No irán al juego;
hablarán de él.

LA ESCALA DE LA COMUNICACIÓN DE TERMINALES

OCTUBRE DE 1955

(Conferencia del 20 de octubre de 1955, Una Comprensión del Procesamiento Creativo)

Terminales que podrías utilizar activamente en la comunicación

Gente que transmitiría con certeza las comunicaciones para ti o acerca de ti

Gente que hablaría de ti, bien o mal

ESCALA DE PODER DE DECISIÓN

OCTUBRE DE 1955

(Conferencia del 29 de octubre de 1955, La Maquinaria de la Mente)

Knowingness

Knowingness por Decisión

Decisión

Comunicar

LA ESCALA DE RANDOMITY

NOVIEMBRE DE 1955

(Conferencia del 2 de noviembre de 1955, Randomity y Automaticidad)

Nivel de Randomity	**Movimiento**
Randomity Excesiva	Demasiado movimiento para su tolerancia.
Randomity Óptima	Su idea de movimiento inesperado necesario para vivir una vida. Cuánto movimiento inesperado o al azar tiene que tener para vivir.
Randomity Deficiente	Muy poco movimiento para su tolerancia.
Ninguna Randomity de ninguna clase	Ninguna partícula, ningún espacio.

NIVELES DE COMPRENSIÓN

NOVIEMBRE DE 1955

(Conferencia del 9 de noviembre de 1955, Seis Niveles de Procesamiento, Publicación 5, Nivel Tres)

Saber

Postulado

Decisión

Elección

Capaz de Pensar un Pensamiento Claro

Incapaz de Pensar

ESCALA DE KNOWINGNESS A INCONSCIENCIA

DICIEMBRE DE 1955

(Conferencia del 1 de diciembre de 1955, Los Fundamentos del Estilo de Auditación)

Knowingness

Not-Knowingness

Understandingness
(Condición de Comprensión)

ARC

Estupidez sobre Algo

Understandingness Inexistente
(Estupidez)

Inconsciencia

ESCALA DE MOCK-UP

ENERO DE 1956

(Conferencia del 3 de enero de 1956, Solución para el Comportamiento del Cuerpo, Parte I)

Acuerdo Puro	Estoy de acuerdo
Contratos	Un acuerdo complicado, conocido como contrato
Problemas	Un problema, que es un contrato al que no se puede hacer as-is (un buen problema es uno que jamás se resuelve)
Mock-ups, Cuadros	El mock-up, lo sólido
Vida Real	Universo sólido, real, que es el acuerdo del tiempo de todos nosotros

CONDICIÓN DE JUEGOS Y CONDICIÓN SIN JUEGOS

AGOSTO DE 1956

(Boletín de Información, agosto de 1956, Congreso de Juegos, Hotel Shoreham, Washington D.C.)

Condición de Juegos a Sabiendas o Sin Conocimiento	**Condición de Sin Juegos a Sabiendas o Sin Conocimiento**
No-Saber Olvidar	Saber Recordar
Interés	
Desinterés	
Atención	No Atención
Auto-determinismo	Pan-determinismo
Identidad Individualidad	Anonimato
Problemas	Soluciones
No Poder Tener (los juegos tienen algo de havingness)	Tener
Vivo	Ni vivo ni muerto
Adversarios	Amigos-Solo
Facsímiles	Ni Cuadros ni Universos
Solidez Continua	Ni Espacios ni Sólidos

CONDICIÓN DE JUEGOS A SABIENDAS O SIN CONOCIMIENTO	CONDICIÓN SIN JUEGOS A SABIENDAS O SIN CONOCIMIENTO
Apego Continuo Lealtad, deslealtad traición, ayuda	Ni Enemigos ni Amigos
Movimiento	No Movimiento
Emoción	Serenidad
Acción Continua	Inmóvil
Calor Frío	No temperatura
Pensar	Sabiendo
Odio (algo de amor)	
Duda Continua sobre los Resultados (esperando una revelación)	Ganar–Perder
No-Efecto en Uno Mismo	Efecto en Uno Mismo
Efecto en Otros	No-Efecto en Otros
Parar Comunicación	No ARC
Cambiar Comunicación	No No-ARC
Dentro de ello	Fuera de ello
Agitación	Quietud
Ruido (algo de silencio)	Silencio
Control	No Control
Comenzar-Cambiar-Parar (cambio más importante)	
Responsabilidad	No Responsabilidad

CONDICIONES DE JUEGO Y SIN JUEGO

SEPTIEMBRE DE 1956

(Scientology: Los Fundamentos del Pensamiento)

Condiciones de Juego

Las CONDICIONES DE JUEGO son:

Atención

Identidad

Efecto en los adversarios

No-efecto en uno mismo

No poder tener respecto a los adversarios, las metas y sus áreas

Tener respecto a uno mismo, los instrumentos para jugar, las metas y campo propios

Propósito

Problemas del juego

Auto-determinismo

Adversarios

La posibilidad de perder

La posibilidad de ganar

Comunicación

No-llegada

Control

Condiciones Sin Juego

LAS CONDICIONES SIN JUEGOS son:

Saberlo todo

No-saberlo todo

Serenidad

Anonimato

No-efecto en el adversario

Efecto en uno mismo o en el equipo

Los demás lo tienen todo

Uno no puede tener

Soluciones

Pan-determinismo

Amistad con todos

Comprensión

Comunicación total

Ninguna comunicación de ningún tipo

Ganar

Perder

Ningún universo

Ningún campo de juego

Llegada

Muerte

ESCALA BÁSICA DE LA VIDA

AGOSTO DE 1956

(Conferencia de agosto de 1956, Escalas, Movimiento)

Esta es la escala básica, simplemente la representación gráfica de la esperanza del individuo de alcanzar la eternidad. Esa es la Escala Básica de la Vida.

Sabe que va a vivir todo el camino hasta la salida.

Completamente seguro de que está bien avanzado en el camino de conseguirlo

Sabe que no puede lograrlo

Sabe que no lo ha logrado

Desde luego, estas cosas son básicamente diferencias de consideración. Pero se representan gráficamente frente al juego continuado de la vida, y eso es todo lo que es esta eternidad.

ESCALA DE ATASCAMIENTO

AGOSTO DE 1956

(Conferencia de agosto de 1956, Escalas, Curiosidad y No-Saber)

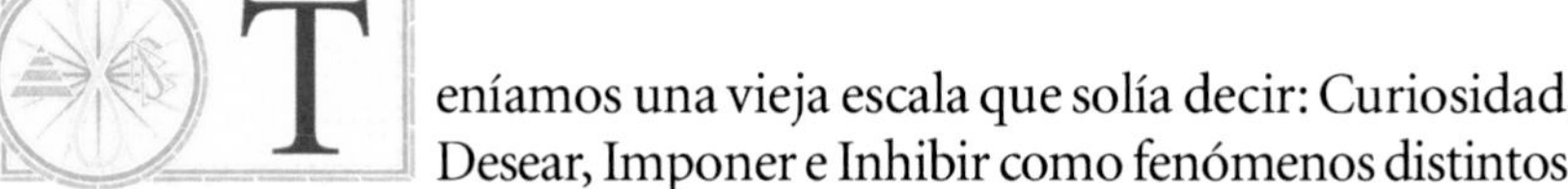

Teníamos una vieja escala que solía decir: Curiosidad, Desear, Imponer e Inhibir como fenómenos distintos. Esa escala todavía prevalece, pero encontramos algo muy interesante: que el paso de No-Saber y Curioso ahora se mete en muchísimos otros factores. El thetán los interpretará todos ellos en cuanto a interés o curiosidad.

Saber

No-Saber

Interés

Curioso

Duda

Sospecha

No totalmente seguro de

Esta escala va desde Saber, No-Saber, Interés, Curioso, y luego bajamos hasta otras manifestaciones y gradientes de Curioso y esa es la escala de atascamiento. Y concuerda justo ahí con la escala emocional.

Así que en realidad recogimos, como mecanismos de la curiosidad, todas esas reacciones mentales y emocionales que forman las complejidades de la personalidad y la “adhesividad” de los engramas.

ESCALA DE HAVINGNESS

NOVIEMBRE DE 1956

(Conferencia del 29 de noviembre de 1956, La Escala de Havingness)

Crear

Contribuir A

Confrontar

Sustituir

Tener

Desperdiciar

ESCALA DE HAVINGNESS

DICIEMBRE DE 1956

(HCOB del 3 de diciembre de 1956, Técnicas de BScn/HAA)

Crear

Contribuir A

Confrontar

Tener

Sustituir

Desperdiciar

Sustituido

Tenido

Confrontado

Contribuido A

Creado

ESCALA DE HAVINGNESS

DICIEMBRE DE 1956

(Conferencia del 31 de diciembre de 1956,
Escala por Debajo de Cero: Relación con la Escala de Consciencia)

Crear

Contribuir A

Confrontar

Tener

Desperdicio
(de la cosa en sí)

Sustituir

Desperdiciar
(el substituto)

Tenido

Debe Ser Confrontado

Debe Ser Contribuido A

Creado

ESCALA DE HAVINGNESS

ENERO DE 1957

(Conferencia del 24 de enero de 1957,
Técnicas de Auditación: Alteración de Casos)

Crear

Contribuir A

Confrontar

Tener

Sustituir

Desperdiciar

Sustituir

Desperdiciado

Tenido

Debe Ser Confrontado

Contribuido A

Creado

ESCALA DE HAVINGNESS

FEBRERO DE 1957

(Conferencia del 26 de febrero de 1957, El Triángulo de ARC y las Escalas Relacionadas)

Crear

Contribuir A

Confrontar

Tener

Desperdiciar

Sustituir

ESCALA DE HAVINGNESS

JULIO DE 1957

(Conferencia del 25 de julio de 1957, Escalas [Escala de Efecto])

Crear

Contribuir A

Confrontar

Manejar

Tener

Desperdiciar

ESCALA DE CREATIVIDAD

NOVIEMBRE DE 1956

(Conferencia del 7 de noviembre de 1956, Creación)

Creación de un mecanismo

Creación de un pensamiento

Creación de masas, espacios, partículas

Mentiras
(el nivel más bajo de creatividad)

LA ESCALA DE CREAR

1956

(Notas de Investigación de LRH)

No-Crear	40.0 Serenidad	
Crear		
Crear-Crear-Crear		
	4.0 2.0	
Crear–Contra-Crear		
	Pesar	
		Confusión
No-Crear Deja de Crear Deja de Existir	Apatía	

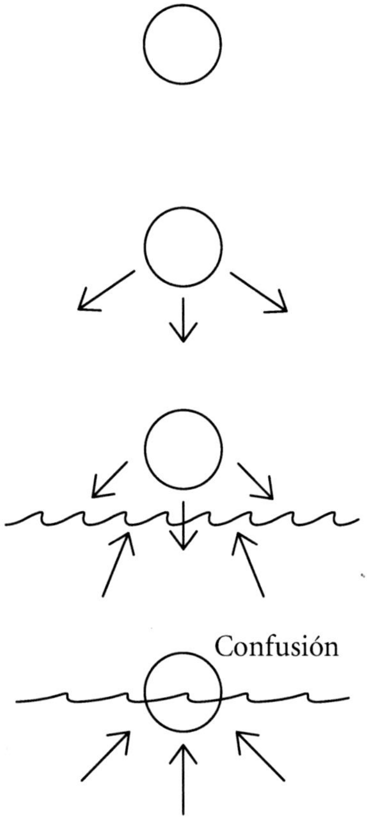

LA ESCALA DE AFINIDAD

JULIO DE 1957

(Conferencia del 17 de julio de 1957, Teoría y Definición de la Auditación)

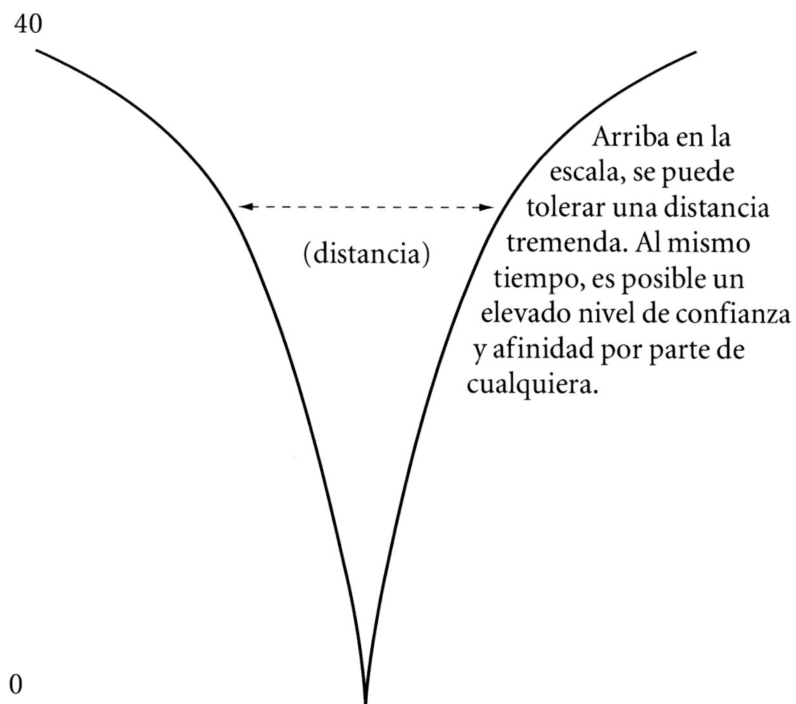

40
0
(distancia)
Arriba en la escala, se puede tolerar una distancia tremenda. Al mismo tiempo, es posible un elevado nivel de confianza y afinidad por parte de cualquiera.

Ninguna distancia es tolerable.
La distancia que él puede tolerar es ninguna distancia, ¡y él no puede tolerar eso! Y él funciona más o menos según una inversión de la distancia.

La capacidad de una persona para manejar las cosas siempre tiene que ver con su capacidad de manejar la distancia. Se interioriza en aquellas cosas de las que desconfía. Cuanto más desconfía de ellas, más se acerca a ellas hasta que, al final, ella *es la cosa.*

ESCALA DE SUEÑO

JULIO DE 1957

(Conferencia del 31 de julio de 1957, ¡Sorpresa!: La Anatomía del Sueño)

Sueño

No Sueño

Agotamiento

Estado Maníaco

Degradación
(un armónico del Agotamiento)

Muerte

ESCALA DE GRADIENTE DEL PENSAMIENTO A LOS SÓLIDOS

AGOSTO DE 1957

(Conferencia del 6 de agosto de 1957, La Escala de la Ocultación)

Pensamiento

Pequeñas Energías
(como la estética)

Emociones Francas

Emociones Equivocadas

Menos Sólidos

Sólidos

LA ESCALA DE CONTROL

ENERO DE 1958

(Notas de Investigación de LRH)

Control

No puede controlar

Impide que otros controlen

Protege la cosa que no puede controlar

Da razones con respecto a lo bien que
está la cosa; por qué debería
estar sin control

Deifica la cosa que no puede controlar

LA ESCALA DE DESTRUCCIÓN

ENERO DE 1958

(Notas de Investigación de LRH)

Puede destruir: acción

No puede destruir: no acción

Impide que otros destruyan

Protege la cosa que no puede destruir

Le dice a la gente lo buena que es la cosa y la suerte que tenemos de tenerla cerca

Deifica la cosa que no puede destruir

LA ESCALA DE VALENCIA

ENERO DE 1958

(Notas de Investigación de LRH)

Puedo controlar a Mamá

Esfuerzo histérico para controlar a Mamá = psicosomáticos

No puedo controlar a Mamá (no toma ninguna medida en absoluto) (ninguna comunicación con Mamá)

Impide a otros manejar a Mamá: "¡No trates de razonar con Mamá o saldrás malparado!"

Protege a Mamá de todo

Le dice a las personas que Mamá es muy buena y que tenemos suerte de tenerla cerca

Deifica a Mamá

ESCALA DE GRADIENTE DE AYUDA

FEBRERO DE 1958

(Conferencia del 11 de febrero de 1958, Los Procesos Claves del Clearing)

Ayuda

Destrúyelo pero podríamos dejar que parte de ello viviera

Destrúyelo completamente

Destruir encubiertamente

Propiciar

ESCALA DE LA CREACIÓN DE LA FORMA

JULIO DE 1958

(Conferencia del 21 de julio de 1958, Las Palabras Clave [Botones] del Clearing de Scientology: Periodo de Preguntas y Respuestas)

Nothingness:	Potencial del thetán
Postulado Uno:	Mock-up perfecto, forma perfecta en espacio perfecto
Postulado Dos:	Fragmentación y caos inhibiendo el mock-up perfecto o como resultado del mock-up perfecto
Postulado Tres:	Recomposición de los fragmentos en un todo sólido
Postulado Cuatro:	Desintegración o inhibición de esta tercera forma
Postulado Cinco:	Recomposición de la forma
Postulado Seis:	Desintegración de esa forma

Puedes seguir hacia abajo con el cinco, seis, siete, ocho, nueve, diez. Esto por sí solo te dirá por qué es tan difícil hacer as-is al MEST. Es una recomposición del caos.

ESCALA DE PROBLEMAS DE SUCUMBIR

OCTUBRE DE 1958

(HCOB del 15 de octubre de 1958, Procedimiento de Clear del ACC)

Cómo vivir mejor

Cómo vivir

Cómo mejorar

Cómo persistir

Cómo no preocuparse

Cómo librarse de responsabilidades de modo que uno pueda morir

Cómo morir

Cómo escapar

Cómo enloquecer

Cómo no sentir nada

Cómo quedarse inconsciente

ESCALA DE DETERIORO DE UN CASO

ENERO DE 1959

(HCOB del 22 de enero de 1959, Línea Directa del Not-is)

Los preclears se dividen en tres clases generales:

1. Los que tienen cuadros tridimensionales y buen sentido del tiempo.

2. Los que están ocluidos, con campos negros, de color o invisibles y mal sentido del tiempo.

3. Los que hacen dub-in y no tienen sentido del tiempo.

Primero hay copias tridimensionales del universo real, después está la acción de hacer not-is de estos cuadros (mientras todavía están ahí) y finalmente, mientras se hace not-is, se substituyen por cuadros falsos.

ESCALA DE CONFRONT

FEBRERO DE 1959

(Conferencia del 16 de febrero de 1959, Conferencia para los Auditores Staff)

Beingness

Experimentar o Participar

Capacidad de Confrontar

Cualquier otro lugar

Invisible

Negro

Dub-in

Esta es la Escala de Confront y es la escala de realidad en desintegración. Es cómo una persona maneja terminales o una situación.

ESCALA DE REALIDAD DEL CONFRONTAR

MARZO DE 1959

(Revista Ability Número 92 Mayor, marzo de 1959, El Tema del Clearing)

Ninguna necesidad de Experimentar una Realidad

Dispuesto a Experimentar una Realidad

Dispuesto a Confrontar una Realidad

Dispuesto a estar en Otra Parte respecto a una Realidad Específica

Dispuesto a Hacer Not-is a una Realidad (campo invisible)

Dispuesto a Tapar una Realidad (pone una cortina negra sobre ello o sobre uno mismo)

Dispuesto a Hacer Dub-in a una Realidad

Dispuesto a Imaginar-Imaginar sobre una Realidad

Dispuesto a Imaginar-Imaginar sobre una Realidad a la que se le ha hecho Dub-in

ESCALA DE GRADIENTE DE CONFIANZA

ENERO DE 1960

(HCOB del 8 de enero de 1960, Procedimiento OT para cursos HCS/BScn)

La idea fundamental es *aumentar la confianza* aumentando la capacidad. La escala de gradiente es:

a. Confianza en ser auditado

b. Confianza en la existencia presente (línea temporal inmediata)

c. Confianza en la vida presente

d. Confianza en recuperar la salud recorriendo el somático crónico hasta agotarlo

e. Confianza en recuperar la memoria de las últimas vidas pasadas y recuperarse de ellas, especialmente la última

f. Confianza en la línea temporal completa mediante la eliminación de los actos hostiles y el restablecimiento de la capacidad de ocultar/refrenar en la línea temporal completa

ESCALA DE PRE-HAVINGNESS

ENERO DE 1961

(Conferencia del 22 de enero de 1961, Evolución de las Primeras Investigaciones: Escala de Pre-Hav)

Puedes emplear esta tabla para interesar a la gente en Dianética y Scientology:

Interés
    Interés Fallido

Comunicación
    Comunicación Fallida

Control
    Control Fallido

Ayuda
    Ayuda Fallida

Actos Hostiles
    Actos Hostiles Fallidos

Ocultaciones
    Ocultaciones Fallidas

Marcharse
    Marcharse Fallido

Proteger
    Protección Fallida

Abandono
    Abandono Fallido

Ayuda Invertida
    (ayuda es igual a traición)

Control Invertido

(todo control es mal control)

Comunicación Invertida

(toda comunicación es igual a mentiras, comunicarse es mentir)

Interés Invertido

(perversiones, prendas extrañas, asociaciones extrañas)

ESCALA DE PRE-HAVINGNESS

ENERO DE 1961

(HCOB del 28 de enero de 1961, Nueva Escala de Assessment)

Havingness
    Havingness Fallido

Interés
    Interés Fallido

Comunicación
    Comunicación Fallida

Control
    Control Fallido

Ayuda
    Ayuda Fallida

Actos Hostiles
    Actos Hostiles Fallidos

Ocultaciones
    Ocultaciones Fallidas

Importancia
    Importancia Fallida

Marcharse
    Marcharse Fallido

Proteger
    Proteger Fallido

Abandono
Abandono Fallido

Ayuda Invertida

Control Invertido

Comunicación Invertida

Interés Invertido

No Poder Tener Obsesivo

ESCALA AUXILIAR DE PRE-HAV 3D

NOVIEMBRE DE 1961

(En 1961, LRH refinó la Escala de Pre-Havingness basada en una aplicación e investigación continuas. La escala final y actualizada, emitida el 23 de noviembre de 1961 como el HCOB Escala Auxiliar de Pre-Hav 3D, se proporciona aquí).

65.	Fe En
64.	Causa
63a.	Impedir Saber
63.	No Efecto En
62.	Efecto
61.	No Poder Tener Obsesivamente
60a.	Hacer Algo De
60.	Crear
59.	Pensar Acerca De
58.	Interés Peculiar En
57.	Dispersar
56.	Tener la Intención de No Comunicarse
55.	Controlar Mal
54.	Traicionar
53.	Reunir Para
52.	Sustituir A
51.	Retirarse De
50.	Duplicar
49.	Entrar

48. Inhibir
47. Estar en Desacuerdo Con
46. Imponer Sobre
45. Estar de Acuerdo Con
44. Deseo
43. Saber
42. Fracasó en Persistir
41. Persistir
38. Abandono
36. Desperdiciar
35. Fracasó en Proteger
34. Proteger
33a. Anular A
32. Marcharse
30. Sobrevivir
27. Fracasado en Importancia Para
26. Importante Para
25. Propiciar
24. Atención Para
23. Separar De
22. Fracasado en Ocultar De
21. Ocultar De
19. Destruir
18. Movimiento De
17. Fracasado en Atacar
16. Atacar

15. Desagradar
14. Gustar
13. Competir Con
12. Fracasado en Ayudar
11. Ayudar
10. Fracasado en Controlar
9. Controlar
7. Fracasado en Comunicar
6. Comunicar
5. Fracasado en Interesar
4. Interesar
3. Conectar Con
1. Tener

Fallar

Razonar Con

Desafiar

Postular

Embellecer

Torturar

Afear

Alarmar

Aterrorizar

Horrorizar

Hacer Sucumbir

Sentir Afinidad Por

Sin Afinidad Por

Comenzar

Tratar de Parar

Cambiar

Tratar de No Cambiar

Calmar

Ganar

Minar

Perder

Civilizar

Desconfiar

Imaginar

Mostrar Desprecio Por

Hacer Válido

Creer

No Creer

Poseer Todo

Negar

No Poseer Nada

Hacer Responsable

No Responsable De

Dar la Razón

Quitar la Razón

Tratar de Permanecer con

Escapar De

Hacer Perder el Control

Aceptar

Rechazar

Volver Loco

Desequilibrar

Degradar

Intentar Hacer Culpable

Violentar

Exhibir

Enterrar

Dolor

Herir

Volver Apático

Lamentar

Suplicar

Idolatrar

Elevar

Dejar Caer

Empujar

Atraer

Alzar

Rebajar

Enfrentarse Con

Desenmascarar

Despreciar

Castigar

Aplastar

Poner Ansioso

Hacer Receptivo

Contentar

Escandalizar

Ser Indiferente

Amar

Desdeñar

Desatender

Implorar

Evadir

Identificar

Asociar Con

Impresionar

No Conseguir Respuesta De

Matar

Revivir

Resistir

Contribuir A

Contactar

Privar

Mover

Humillar

Arruinar

Ennoblecer

Confundir

Incapacitar

Educar

Enfermar

Rehuir

Difamar

Perjudicar

Estar Con

Quitar De

Separar

Continuar

Criticar

Apiadarse

Evitar

Preservar

Perder

Encontrar

Usar

Desafiar

Ajustar

Amenazar

Volver Serio

Dañar

Volver Irresoluto

Dudar

Considerar

Acordarse

Ocluir

Recibir

Hacer Inconsciente

Diferenciar

Identificar

Disociar De

Comer

Satisfacer Sexualmente

Excitar Sexualmente

Reprimir Sexualmente

Crear Misterio Para

Inquietar

Preocupar

Engañar

Entrar

Salir

Acercar

Forzar

Vigorizar

Liberar

Soñar Con

Asociar Con

Saciar
(Satisfacer)

Mirar A

Convencer

Mentir A

Fijar

Cautivar

Embelesar

Sentir

Tocar

Oler

Percibir

Oír

Hablar A

Disfrutar

Mantener a Distancia

Atraer

Defender

Acosar

Fastidiar

Sanar

Desconfiar

Menospreciar

Problema Acerca De

Trastocar

Negar

Desconocido

Olvidar

No-Saber

Esconder

Necesitar

Aprobar

Poseer

Avergonzar

Culpar

Lamentar

Fallar

Hacer Enmiendas

Afligir

Compadecerse De

Temer

Molestarse

No Sentir Compasión Por

Enojar

Causar Antagonismo

Aburrir

Conservar

Entusiasmar

Causar Júbilo

Confiar

Serenar

LA ESCALA DE CAMBIO

MAYO DE 1961

(Notas de Investigación de LRH)

Alterar
Cambiar
Convertir
Derretir
Girar
Modificar
Desplazar
Eliminar
Resistir
Suplantar
Reemplazar
Sustituir
Variar
Mover
Cambiar de sitio
Trocar
Invertir
Revertir
Reformar
Temperatura
  Calor
  Frío
Vibrar
  Vibración
Energizar
Exaltar
Degradar

ESCALA DE GRADIENTE DE EFECTO

AGOSTO DE 1961

(Conferencia del 4 de agosto de 1961, Metodología de la Auditación: No Doingness y Oclusión)

Hacer algo y tener un efecto sobre las cosas

Tener un efecto sobre las cosas al no hacer

No estar ahí

Olvídalo (Eso aún tiene un efecto sobre las cosas)

RUTA HACIA EL CRITERIO

ENERO DE 1962

(Conferencia del 24 de enero de 1962, Entrenamiento: Duplicación)

Pan-determinado respecto a los datos.
Capacidad para juzgar algo.

Apercibimiento, totalmente auto-determinado, de la existencia de los datos.

Comprensión de los datos.

Duplicación de los datos.

FLUJOS BÁSICOS

FEBRERO DE 1962

(HCOB del 1 de febrero de 1962, Flujos Básicos)

Un flujo es un avance de energía entre dos puntos. Los puntos pueden tener masas. Los puntos están fijos y el carácter fijo de los puntos y su oposición producen los fenómenos de los flujos.

Existen dos flujos, cuando se ven desde un punto.

a. Flujo de salida

b. Flujo de entrada

Estos flujos se modifican al ser acelerados y refrenados.

La aceleración y el refrenamiento, según los aplica un thetán, se pueden clasificar mediante muchas actitudes. Las actitudes básicas están contenidas en la Escala de CDEI: Curiosidad, Deseo, Imponer, Inhibir.

Para los fines del procesamiento, estas actitudes se vuelven:

1. Permisible
2. Impuesto
3. Prohibido
4. Inhibido

Esta escala se invierte de flujo de salida a flujo de entrada de manera que tienes:

Permisible

Impuesto

Prohibido

Inhibido

Inhibido

Prohibido

Impuesto

Permisible

Para todos los fines en general, estos son entonces los flujos ordenados que de hecho usa el auditor en listas, órdenes, etc.

Flujo de Salida Permisible

Flujo de Entrada Permisible

Flujo de Salida Impuesto

Flujo de Entrada Impuesto

Flujo de Salida Prohibido

Flujo de Entrada Prohibido

Flujo de Salida Inhibido

Flujo de Entrada Inhibido

ÍNDICE DE LAS OCULTACIONES

FEBRERO DE 1962

(Conferencia del 20 de febrero de 1962, ¿Qué Es Una Ocultación?)

Si el pc no lo considera muy peligroso, te lo da directamente y con honestidad.

Si el pc considera que es un poco peligroso, te dará explicaciones de los factores secundarios que lo rodean.

Si el pc piensa que es terriblemente peligroso, que eso se está poniendo algo sombrío, que quizás está en el límite de la cárcel en esa cadena, el pc criticará.

Si es tan peligroso que el pc *cree* que se encuentra justo en el punto en que la patrulla llega haciendo sonar la sirena, los agentes toman un ariete, derriban la puerta, irrumpen con esposas y grilletes y se lo llevan a rastras y gritando, te da el motivador.

La persona prefiere morir antes que ponerse al descubierto.

LA ESCALA DE PRE-CLEARING

OCTUBRE DE 1962

(HCOB del 29 de octubre de 1962, Intensivo de Pre-Clearing)

Auditación
Auto-auditación
Clearing
Diseminación
Práctica
Enseñar
Aprender
Vivir
Intención
Sesiones
Cursos
Entrenamiento
Procesos
Organizaciones
Procesamiento
Funcionamiento
Preclears
Auditores
Hablar
Metas
Esperanzas
Ayudar
Finanzas
Problemas
Sexo
Dianética
Scientology

ESCALA DEL ESTADO DEL CASO

JUNIO DE 1963

(HCOB del 8 de junio de 1963R, La Línea Temporal y el Recorrido de Engramas por Cadenas, Boletín 2)

La carga, las cantidades de energía almacenadas en la línea temporal, es lo único que el auditor alivia o elimina de la línea temporal.

Cuando esta carga está presente en grandes cantidades, la línea temporal abruma al pc y le empuja por debajo de la observación de la verdadera línea. Esta es la Escala del Estado del Caso. (Todos los niveles que se mencionan son niveles principales. Entre ellos existen niveles secundarios).

Nivel	Línea Temporal	Carga
1.	No hay Línea Temporal	No hay carga
2.	Línea Temporal Totalmente Visible	Alguna carga
3.	Visibilidad Ocasional de la Línea	Algunas zonas fuertemente cargadas
4.	Línea Invisible (Campo Negro o Invisible)	Existen zonas muy fuertemente cargadas
5.	Dub-in	Algunas zonas de la línea tan fuertemente cargadas que el pc está por debajo de la inconsciencia en ellas
6.	Dub-in de Dub-in	Muchas zonas de la línea tan fuertemente cargadas que el dub-in está sumergido
7.	Sólo Consciente de las Propias Evaluaciones	Línea demasiado cargada para verse en grado alguno
8.	Inconsciente	Pc insensible, a menudo en coma

ESCALA DE DETERIORO DEL SENTIDO DEL TIEMPO

JULIO DE 1963

*(HCOB del 28 de julio de 1963,
El Tiempo y el Brazo de Tono)*

El sentido del tiempo se deteriora en la medida en que uno depende de la materia, energía y espacio para calcular el tiempo.

La espiral descendente va como sigue:

Estado A	Sentido del tiempo
Estado B	Sentido del tiempo que depende de la materia, energía y espacio
Estado C	Rupturas de ARC con la materia, la energía, el espacio y otros seres
Estado D	Sentido del tiempo deteriorado

Identificación (A=A=A) está presente con más facilidad cuando el sentido del tiempo está mal, por lo tanto el grado en que una persona identifica diferentes cosas establece el grado de aberración.

LA ESCALA DE FORMAS DE TENER RAZÓN

AGOSTO DE 1963

(Conferencia del 27 de agosto de 1963, Lo Correcto y Lo Equivocado)

Realmente en lo correcto

Un método de supervivencia

Un método de dominar

Un método de estar en lo correcto para hacer que otros estén equivocados

Lo que era correcto respecto a ello ahora está equivocado respecto a ello, pero lo que estaba equivocado respecto a ello ahora es correcto respecto a ello

ESCALA DE CÓMO UNA META SE PERVIERTE

ENERO DE 1964

(Conferencia del 9 de enero de 1964, Malos Indicadores)

Existe la escala de cómo una meta del individuo se pervierte:

Se convierte en un acto hostil

Se convierte en una ocultación

Se convierte en ignorancia

Se convierte en inconsciencia

Se convierte en humanoide

LAS CARACTERÍSTICAS DE LA CONSCIENCIA

MAYO DE 1965

(Tabla de Niveles y Diplomas de Clasificación, Gradación y Consciencia y el Organigrama de Siete Divisiones de mayo de 1965)

Nivel	Característica de Consciencia
21	Fuente
20	Existencia
19	Condiciones
18	Apercibimiento
17	Clearing
16	Propósitos
15	Capacidad
14	Revisión
13	Resultado
12	Producción
11	Actividad
10	Predicción
9	Cuerpo
8	Ajuste
7	Energía
6	Ilustración
5	Comprensiones
4	Orientación
3	Percepción
2	Comunicación
1	Reconocimiento
-1	Ayuda
-2	Esperanza
-3	Demanda de Mejora

Niveles por debajo de "Necesidad de Cambio" desde Humano a la Materialidad

-4	Necesidad de Cambio
-5	Miedo a Empeorar
-6	Efecto
-7	Ruina
-8	Desesperación
-9	Sufrimiento
-10	Insensibilidad
-11	Introversión
-12	Desastre
-13	Irrealidad
-14	Delusión
-15	Histeria
-16	Choque
-17	Catatonia
-18	Olvido
-19	Separación
-20	Dualidad
-21	Secreto
-22	Alucinación
-23	Sadismo
-24	Masoquismo
-25	Euforia
-26	Glee
-27	Fijación
-28	Erosión
-29	Dispersión
-30	Disociación
-31	Criminalidad
-32	No causativo
-33	Desconexión
-34	No Existencia

ESCALA DE FILOSOFÍAS POLÍTICAS

MARZO DE 1969

(HCOB del 17 de marzo de 1969, Política)

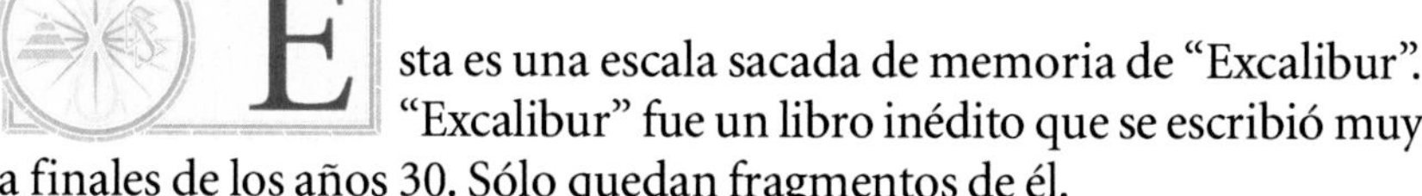

Esta es una escala sacada de memoria de "Excalibur". "Excalibur" fue un libro inédito que se escribió muy a finales de los años 30. Sólo quedan fragmentos de él.

Contrastándolo con la Escala Tonal, desarrollada a finales de 1950, se estiman mejor algunas filosofías políticas actuales. Buscando después estas características de tono en *La Ciencia de la Supervivencia,* se puede aprender mucho y las ideologías se vuelven así más fáciles de predecir o de manejar.

3.0 República

2.5 Democracia

2.0 Democracia Social

1.5 Fascismo

1.1 Comunismo

0.0 Anarquismo

El ciclo de una nación desciende en espiral por esta escala.

Aquellos separados por dos tonos no es probable que luchen. Aquellos separados un tono rara vez luchan. Aquellos separados medio tono están en conflicto continuo.

ESCALA DE MOTIVACIÓN

NOVIEMBRE DE 1969

(HCO PL del 11 de noviembre de 1969 II, Promoción y Motivación)

La escala de motivación de la más alta a la más baja es la siguiente:

Deber: La más alta

Convicción Personal

Beneficio Personal

Dinero: La más baja

LA ESCALA DE ADMIN

DICIEMBRE DE 1970

(HCO PL del 6 de diciembre de 1970, La Desaberración de La Tercera Dinámica)

He desarrollado una escala para usarse, que da una secuencia (y precedencia relativa) de temas relacionados con la organización.

Metas

Propósitos

Política

Planes

Programas

Proyectos

Órdenes

Escenarios Ideales

Estadísticas

Productos Finales Valiosos

Esta escala se trabaja de abajo hacia arriba y de arriba hacia abajo HASTA QUE ESTÉ (CADA ELEMENTO) EN TOTAL ACUERDO CON LOS ELEMENTOS RESTANTES.

En resumen, para conseguir el éxito todos estos elementos en la escala tienen que estar de acuerdo con todos los demás elementos de la escala en cuanto al mismo tema.

LA ESCALA DE CORDURA DE GRUPO

DICIEMBRE DE 1970

(HCO PL del 14 de diciembre de 1970, Cordura de Grupo)

Los puntos del éxito y del fracaso, los elementos que significan el éxito o la ruina de una organización, son los siguientes:

1. Contratación
2. Entrenamiento
3. Aprendizajes
4. Utilización
5. Producción
6. Promoción
7. Ventas
8. Entrega
9. Finanzas
10. Justicia
11. Moral

Estos once elementos *deben concordar y estar en conformidad con las líneas de la Escala de Administración.*

En donde estos temas no se manejen bien y en donde uno o más de estos muestren una disconformidad enorme, la organización sufrirá una aberración de la Tercera Dinámica.

Esta es, entonces, una *Escala de Cordura* para la Tercera Dinámica de un grupo.

ESCALA DE LÍNEAS Y TERMINALES

FEBRERO DE 1971

(HCO PL del 16 de febrero de 1971, Las Líneas y los Terminales)

Hay una escala con respecto a las Líneas y los Terminales.

TERMINALES ASOCIADOS

Manejo de flujos y cambio de partículas correctamente

TERMINALES AGRUPADOS

LÍNEAS

PARTÍCULAS

SIGNIFICACIONES

TERMINALES FALSOS

LÍNEAS MAL DIRIGIDAS

PARTÍCULAS EQUIVOCADAS

SIGNIFICACIONES FALSAS
(rumores)

TERMINALES MISTERIOSOS

LÍNEAS CAÓTICAS

PARTÍCULAS AMENAZADORAS

IMPRESIONES PELIGROSAS

TERMINALES INEXISTENTES

LÍNEAS INEXISTENTES

PARTÍCULAS INEXISTENTES

IMPULSOS INCONSCIENTES

EL CAOS DE UN NOTHINGNESS DESDICHADO

Toda organización y todo miembro del staff de la misma, considerado individualmente está en algún lugar en esta escala.

La clave de la escala es el factor de consciencia. En una posición en la escala, el ser o la org NO es CONSCIENTE de los niveles de la escala por encima de sí.

Así pues, una organización *en* "Terminales Misteriosos" no es consciente de "Significaciones Falsas" ni de ninguna otra cosa por encima de "Terminales Misteriosos". Así pues, una org o individuo en "Terminales Misteriosos" no es consciente de ninguna falsedad ni de ninguna cosa extraña en las significaciones o las ideas.

Todo nivel es el efecto de cualquier nivel por encima de sí.

Todo nivel está ligeramente en causa sobre cualquier nivel por debajo de él.

Así pues, un grupo bien organizado no está en efecto, y puede causar un efecto sobre cualquier grupo por debajo de él en la escala en cuanto a consciencia.

LA ESCALA DE ROBOTISMO

MAYO DE 1972

(HCOB del 10 de mayo de 1972, Robotismo)

El individuo que tiene un propósito maligno tiene que contenerse, porque puede cometer actos destructivos.

Cuando no logra contenerse, comete actos hostiles contra compañeros u otras dinámicas, y a veces pierde el control y lo hace así.

Esto, por supuesto, causa que sea muy inactivo.

Para superar esto, rechaza toda responsabilidad por sus propias acciones.

Todo movimiento que realiza tiene que ser bajo la responsabilidad de otros.

Así, actúa sólo cuando se le dan órdenes.

Por lo tanto, *debe* tener órdenes para actuar.

Por consiguiente, podrías llamar a esta persona un *robot.* Y la enfermedad se podría llamar *robotismo.*

Hay una escala que muestra la banda de robot:

	Pan-determinado
	Auto-determinado
banda de Robot	Otro-determinado
	Inconsciente
	Demente

Capítulo Ocho

CÓDIGOS Y PRINCIPIOS DE CONDUCTA

EL CÓDIGO DEL AUDITOR

1948

(Dianética: La Tesis Original)

No porque sea agradable hacerlo ni porque sea una idea noble, el auditor siempre tiene que tratar a un *preclear* de una cierta manera concreta que se puede esbozar como el *Código del Auditor.*

Aun cuando él mismo no sea Clear, el auditor tiene que actuar como un Clear hacia el preclear. El Código del Auditor es el comportamiento natural de un Clear.

El código es casi como "a imagen y semejanza de Cristo".

> El auditor tiene que estar *seguro de sí mismo,* pues tiene que tranquilizar continuamente al preclear cuando los engramas reestimulados le provoquen abatimiento al preclear. Una presencia alegre, optimista, alienta al preclear durante sus experiencias más dolorosas.
>
> El auditor tiene que ser *valiente,* nunca permitir que lo intimide ni la agresión ni la hostilidad del preclear.
>
> El auditor tiene que ser *amable,* nunca caer en hostilidades o prejuicios personales.
>
> El auditor tiene que ser *digno de confianza,* no traicionando nunca a un preclear o negándole algo caprichosamente y por encima de todo, nunca faltando a la palabra dada al preclear.
>
> Un auditor tiene que ser *limpio,* pues los olores corporales o el mal aliento pueden actuar como reestimuladores para el preclear o pueden molestarlo.
>
> El auditor tiene que tener mucho cuidado de *no ofender* las ideas o herir los sentimientos del preclear.

El auditor tiene que ser *persistente,* nunca debe permitir que el caso del preclear se le resista o permanezca sin resolver hasta llevarlo a un Tono 4 adecuado, ya que la reestimulación de engramas es en sí una enfermedad, a menos que se estén extinguiendo adecuadamente.

El auditor tiene que ser *sosegado* y nunca meter prisa o acosar al preclear, excepto lo necesario para provocar que un engrama salga a la vista. Tiene que estar dispuesto a trabajar siempre que haga falta, durante el tiempo que sea necesario para extinguir el engrama que esté en proceso de eliminación.

Además de estas cosas, debe recalcarse que durante el tiempo de auditación se establece una clara afinidad entre el auditor y el preclear. En el caso de sexos opuestos, esta afinidad puede convertirse en un encaprichamiento. El auditor tiene que permanecer consciente de esto y saber que puede y debería desviar dicho encaprichamiento hacia una persona que no sea él o hacia una actividad diferente, cuando la auditación llegue a su fin. No hacerlo significa ocasionar una situación en la que finalmente se tenga que rechazar al preclear, con los problemas que eso conlleva para el auditor al final de la terapia.

EL CÓDIGO DEL AUDITOR

MAYO DE 1950

(Dianética: La Ciencia Moderna de la Salud Mental)

El Código del Auditor no debe violarse *jamás*. La práctica en Dianética ha demostrado que la violación del Código del Auditor por sí sola puede interrumpir el avance de los casos.

El auditor debe ser *cortés* en el trato con todos los preclears.

El auditor debe ser *amable,* no permitiéndose ninguna crueldad hacia los preclears, ni rindiéndose a ningún deseo de castigar.

El auditor debe estar *callado* durante la terapia, no siendo dado a hablar más de lo que es absolutamente esencial en Dianética durante una sesión real.

El auditor debe ser *digno de confianza,* manteniendo su palabra cuando la haya dado, cumpliendo los horarios de sus citas y sus compromisos de trabajo, y no contrayendo ningún tipo de compromiso si tiene la más mínima razón para creer que quizá no lo pueda cumplir.

El auditor debe ser *valiente,* nunca cediendo terreno o violando los fundamentos de la terapia porque un preclear piense que debiera hacerlo.

El auditor debe ser *paciente* en su trabajo, nunca inquietándose o molestándose a causa del preclear, sin importar lo que haga o diga el preclear.

El auditor debe ser *concienzudo*, no permitiendo jamás que se influya en su plan de trabajo o que se eluda una carga.

El auditor debe ser *persistente,* no desistiendo jamás hasta haber logrado resultados.

El auditor debe ser *reservado,* jamás debe darle al paciente información alguna sobre su caso, incluyendo evaluaciones de datos o estimaciones adicionales de tiempo en la terapia.

EL CÓDIGO DEL AUDITOR

ENERO DE 1951

(La Ciencia de la Supervivencia)

Lo primero que cualquier auditor debería saber y saber bien sobre el procesamiento es el Código del Auditor. Se le ha llamado el código de cómo ser civilizado. Saber bien qué actitud se debería tener hacia un preclear es mucho más importante que conocer las técnicas mecánicas. Esto no es por cortesía, sino por eficiencia. Ningún preclear responderá a un auditor que no se atenga al Código del Auditor.

El auditor debe permitirse adoptar el Código del Auditor, y mantener estos principios tan sagrados como si fueran los votos del sacerdocio:

> El auditor se conduce de manera que mantenga *afinidad, comunicación* y *acuerdo* óptimos con el preclear.
>
> El auditor es *digno de confianza.* Comprende que el preclear ha confiado al auditor su esperanza de un nivel más alto de cordura y felicidad y que esa confianza es sagrada y jamás se debe traicionar.
>
> El auditor es *cortés.* Respeta al preclear como ser humano. Respeta el auto-determinismo del preclear. Respeta su propia posición como auditor. Expresa este respeto con una conducta cortés.
>
> El auditor es *valiente.* Nunca retrocede ante su deber para con un caso. Nunca deja de usar el procedimiento óptimo, a pesar de cualquier conducta alarmante del preclear.
>
> El auditor *nunca evalúa* el caso por el preclear. Se abstiene de ello, sabiendo que computar por el preclear es inhibir la computación propia del preclear. Sabe que refrescar la mente del preclear acerca de lo que sucedió antes supone causar que el preclear dependa en gran medida del auditor, y de ese modo minar el auto-determinismo del preclear.

El auditor *nunca invalida* ninguno de los datos ni la personalidad del preclear. Sabe que de hacerlo, enturbularía gravemente al preclear. Se abstiene del criticismo y de la invalidación, sin importar cuánto se alteren o perturben el propio sentido de la realidad del auditor con los incidentes o declaraciones del preclear.

El auditor usa sólo técnicas diseñadas para reestablecer el *auto-determinismo* del preclear. Se abstiene de toda conducta autoritaria o dominante, guiando siempre más que obligando. Se abstiene de usar hipnotismo o sedantes con el preclear, sin importar cuánto los pueda exigir el preclear debido a su aberración. Nunca abandona al preclear por pusilanimidad en relación con la capacidad de las técnicas para resolver el caso, sino que persevera y continúa restableciendo el auto-determinismo del preclear. El auditor se mantiene informado sobre cualquier destreza nueva que haya en la ciencia.

El auditor se *cuida a sí mismo* como auditor. Trabajando con otras personas, mantiene su propio procesamiento a intervalos regulares para poder mantener o elevar su propia posición en la Escala Tonal a pesar de la reestimulación propia en el proceso de auditar a otros. Sabe que dejar de atender su propio procesamiento, hasta que él mismo sea Liberado o Clear, en el más estricto sentido de estos términos, va a costarle a su preclear el beneficio del máximo rendimiento del auditor.

PRECAUCIONES

NOVIEMBRE DE 1951

(Procedimiento Avanzado y Axiomas)

1 *No audites a un preclear con una técnica por encima de su nivel en la Escala Tonal.*

2 *No audites a un preclear con técnicas amplias hasta que no hayas resuelto la inaccesibilidad que ese preclear pueda tener.*

3 *No audites a un preclear cuando esté muy cansado.*

4 *No audites a un preclear que tenga hambre.*

5 *Audita a preclears que aparentemente tengan una carencia nutricional únicamente cuando les des suplementos nutricionales. (Esto se aplica a Línea Directa y a cualquier otro proceso).*

6 *No audites a preclears tarde por la noche.*

7 *No evalúes los datos de tu preclear por él.*

8 *Nunca te eches atrás de un proceso que hayas comenzado.*

9 *Nunca des a un preclear una segunda orden mientras esté todavía intentando realizar la primera que le diste.*

10 *Sé siempre metódico y regular en tus órdenes.*

11 *Nunca dejes que tu preclear te controle. Mantente siempre en un nivel de fuerza un poco por debajo de su punto de objeción.*

12 *Actúa como un centro de control. Nunca estés confuso, indeciso ni desconcertado.*

EL CÓDIGO DEL AUDITOR

1954

(La Creación de la Habilidad Humana)

1 *No evalúes por el preclear.*

2 *No invalides ni corrijas los datos del preclear.*

3 *Usa los procesos que mejoran el caso del preclear.*

4 *Cumple con todas las citas una vez que hayan sido acordadas.*

5 *No proceses a un preclear después de las 10:00 P.M.*

6 *No proceses a un preclear que se haya alimentado de forma inadecuada.*

7 *No permitas un cambio frecuente de auditores.*

8 *No te compadezcas del preclear.*

9 *Nunca permitas que el preclear finalice la sesión por su propia decisión independiente.*

10 *Nunca abandones al preclear durante una sesión.*

11 *Nunca te enojes con un preclear.*

12 *Reduce siempre todo retardo de comunicación que encuentres, mediante el uso continuado de la misma pregunta o proceso.*

13 *Continúa siempre un proceso mientras produzca cambio y no más.*

14 *Estate dispuesto a otorgar beingness al preclear.*

15 *Nunca mezcles los procesos de Scientology con los de otras prácticas diversas.*

16 *Mantén comunicación en dos direcciones con el preclear.*

El Código del Auditor de 1954 se desarrolló después de cuatro años de observar el procesamiento. Es el código técnico de Scientology. Contiene los errores importantes que dañan a los casos. Se le podría llamar el código moral de Scientology.

EL CÓDIGO DEL AUDITOR DE GRUPO

JULIO DE 1954

(Conferencia del 28 de julio de 1954, Procesamiento de Grupo)

El Código del Auditor de Grupo incluye el Código del Auditor pero tiene más aspectos:

1 *La gente nunca llega tarde a una sesión de Auditación de Grupo.*

2 *El Auditor de Grupo no audita con procesos que establezcan largos retardos de comunicación.*

3 *El Auditor de Grupo audita ante todo con técnicas que harán que cada persona del grupo esté más alerta al cabo de una hora de procesamiento.*

4 *El Auditor de Grupo tiene que estar dispuesto a otorgarle beingness al grupo.*

5 *El Auditor de Grupo da sus órdenes con una voz clara y nítida.*

6 *Si el Auditor de Grupo se da cuenta de que hay gente que de repente lo mira desde una u otra parte de la sala después de dar la orden, o lo miran inquisitivamente, simplemente repite la orden para todo el grupo.*

7 *La misión del Auditor de Grupo es hacer llegar esa orden y que se perciba.*

8 *El Auditor de Grupo reconoce, y tiene que reconocer, que la gente con la que está hablando en este grupo no es una audiencia. Son una cantidad de personas que, en mayor o menor medida, están ocupadas en reconocer, mirar o resolver problemas relacionados con sus beingnesses y, como tales, por supuesto, están ligeramente fuera de comunicación con el Auditor de Grupo. El Auditor de Grupo tiene que reconocer esto, justo como en una sesión individual.*

9 *El Auditor de Grupo tiene que tomar unas precauciones enormes (de hecho, unas precauciones muy exageradas) para asegurarse de que cada palabra que dice la percibe claramente la persona que esté más anatén en todo el grupo.*

10 *El Auditor de Grupo también tiene que tener cuidado de dar sus órdenes de tal forma que no le dé una serie de fracasos a uno o más individuos del grupo.*

11 *Si el Auditor de Grupo está dispuesto a que el grupo se ponga bien, se pondrán bien; si está interesado en si se pondrán bien, se pondrán bien; si está interesado en tener un grupo, tendrá uno.*

EL CÓDIGO DEL AUDITOR

SEPTIEMBRE DE 1956

(Scientology: Los Fundamentos del Pensamiento)

1 *No evalúes por el preclear.*

2 *No invalides ni corrijas los datos del preclear.*

3 *Usa los procesos que mejoran el caso del preclear.*

4 *Cumple con todas las citas una vez que hayan sido acordadas.*

5 *No proceses a un preclear después de las 10 P.M.*

6 *No proceses a un preclear que se haya alimentado de forma inadecuada.*

7 *No permitas un cambio frecuente de auditores.*

8 *No te compadezcas del preclear.*

9 *Nunca permitas que el preclear finalice la sesión por su propia decisión independiente.*

10 *Nunca abandones al preclear durante una sesión.*

11 *Nunca te enojes con un preclear.*

12 *Reduce siempre todo retardo de comunicación que encuentres, mediante el uso continuado de la misma pregunta o proceso.*

13 *Continúa siempre un proceso mientras produzca cambio y no más.*

14 *Estate dispuesto a otorgar beingness al preclear.*

15 *Nunca mezcles los procesos de Scientology con los de otras prácticas diversas.*

16 *Permanece siempre en buena comunicación en dos direcciones con el preclear durante las sesiones.*

EL CÓDIGO DEL AUDITOR

JULIO DE 1957

(HCOB del 1 de julio de 1957, Adición al Código del Auditor, revisado para ampliar el Nº 11 del código y para añadir el Nº 17 al código)

1 *No evalúes por el preclear.*

2 *No invalides ni corrijas los datos del preclear.*

3 *Usa los procesos que mejoran el caso del preclear.*

4 *Cumple con todas las citas una vez que hayan sido acordadas.*

5 *No proceses a un preclear después de las 10 P.M.*

6 *No proceses a un preclear que se haya alimentado de forma inadecuada.*

7 *No permitas un cambio frecuente de auditores.*

8 *No te compadezcas del preclear.*

9 *Nunca permitas que el preclear finalice la sesión por su propia decisión independiente.*

10 *Nunca abandones al preclear durante una sesión.*

11 *Nunca te enojes con un preclear. (Tampoco te pongas nunca apático con uno).*

12 *Reduce siempre todo retardo de comunicación que encuentres, mediante el uso continuado de la misma pregunta o proceso.*

13 *Continúa siempre un proceso mientras produzca cambio y no más.*

14 *Estate dispuesto a otorgar beingness al preclear.*

15 *Nunca mezcles los procesos de Scientology con los de otras prácticas diversas.*

16 *Permanece en comunicación en dos direcciones con tu preclear.*

17 *Nunca uses Scientology para obtener favores personales e inusuales o cumplimiento inusual del preclear para el propio beneficio del auditor.*

EL CÓDIGO DEL AUDITOR

AGOSTO DE 1958

(HCOB del 28 de agosto de 1958, Cambio del Código del Auditor, revisado para ampliar el Nº 6 del código y para añadir el Nº 18 al código)

1 *No evalúes por el preclear.*

2 *No invalides ni corrijas los datos del preclear.*

3 *Usa los procesos que mejoran el caso del preclear.*

4 *Cumple todas las citas una vez que hayan sido acordadas.*

5 *No proceses a un preclear después de las 10:00 P.M.*

6 *No proceses a un preclear que se haya alimentado de forma inadecuada o que no haya tenido suficiente descanso.*

7 *No permitas un cambio frecuente de auditores.*

8 *No te compadezcas del preclear.*

9 *Nunca permitas que el preclear finalice la sesión por su propia decisión independiente.*

10 *Nunca abandones al preclear durante una sesión.*

11 *Nunca te enojes con un preclear.*

12 *Reduce siempre todo retardo de comunicación que encuentres mediante el uso continuado de la misma pregunta o proceso.*

13 *Continúa siempre un proceso mientras produzca cambio y no más.*

14 *Estate dispuesto a otorgar beingness al preclear.*

15 *Nunca mezcles los procesos de Scientology con los de otras prácticas diversas.*

16 *Permanece en comunicación en dos direcciones con tu preclear.*

17 *Nunca uses Scientology para obtener favores personales e inusuales o cumplimiento inusual del preclear para el propio beneficio del auditor.*

18 *Estima con realidad el caso actual de tu preclear y no proceses otro caso imaginario.*

EL CÓDIGO DEL AUDITOR

FEBRERO DE 1959

(HCOB del 19 de febrero de 1959, Nº 19 del Código del Auditor, revisado para añadir el Nº 19 al código)

1 *No evalúes por el preclear.*

2 *No invalides ni corrijas los datos del preclear.*

3 *Usa los procesos que mejoran el caso del preclear.*

4 *Cumple todas las citas una vez que hayan sido acordadas.*

5 *No proceses a un preclear después de las 10:00 P.M.*

6 *No proceses a un preclear que se haya alimentado de forma inadecuada o que no haya tenido suficiente descanso.*

7 *No permitas un cambio frecuente de auditores.*

8 *No te compadezcas del preclear.*

9 *Nunca permitas que el preclear finalice la sesión por su propia decisión independiente.*

10 *Nunca abandones al preclear durante una sesión.*

11 *Nunca te enojes con un preclear.*

12 *Reduce siempre todo retardo de comunicación que encuentres mediante el uso continuado de la misma pregunta o proceso.*

13 *Continúa siempre un proceso mientras produzca cambio y no más.*

14 *Estate dispuesto a otorgar beingness al preclear.*

15 *Nunca mezcles los procesos de Scientology con los de otras prácticas diversas.*

16 *Permanece en comunicación en dos direcciones con tu preclear.*

17 *Nunca uses Scientology para obtener favores personales e inusuales o cumplimiento inusual del preclear para el propio beneficio del auditor.*

18 *Estima con realidad el caso actual de tu preclear y no proceses otro caso imaginario.*

19 *No expliques, justifiques ni des excusas por ninguno de los errores de auditor ya sean reales o imaginarios.*

EL CÓDIGO DEL AUDITOR

OCTUBRE DE 1968

(El Auditor Nº 43, 1968 y la HCO PL del 14 de octubre de 1968, El Código del Auditor, AD 18)

Este es el Código del Auditor de 1968.

Sustituye a cualesquiera códigos anteriores. Se desarrolló como parte del Programa de Tecnología Estándar. Es el Código del Auditor oficial.

Se requiere de los auditores y estudiantes en entrenamiento que sepan este código de memoria, que sepan lo que significa y que lo practiquen mientras procesan. Una cosa es saberlo; otra es practicarlo. Un buen auditor hace ambas. No es algo que se deba leer, estar de acuerdo con él y olvidarlo.

Seguirlo significa éxito en los casos. Descuidar cualquier parte de él significa fracasos. Combina las experiencias ganadas arduamente y recopiladas durante dieciocho años de la práctica de miles de auditores.

Queremos éxitos.

EL CÓDIGO DEL AUDITOR
AD 18

En celebración del 100 por ciento de ganancias que se pueden alcanzar con la Tecnología Estándar, prometo aquí como auditor seguir el Código del Auditor.

1. *Prometo no evaluar por el preclear ni decirle lo que debe pensar sobre su caso en sesión.*

2. *Prometo no invalidar el caso ni las ganancias del preclear dentro o fuera de sesión.*

3. *Prometo aplicar al preclear sólo la Tecnología Estándar de la manera estándar.*

4 *Prometo cumplir todas las citas de auditación una vez que hayan sido acordadas.*

5 *Prometo no procesar a un preclear que no haya tenido suficiente descanso y que esté físicamente cansado.*

6 *Prometo no procesar a un preclear que esté alimentado inadecuadamente o que tenga hambre.*

7 *Prometo no permitir un cambio frecuente de auditores.*

8 *Prometo no compadecerme del preclear, sino ser eficiente.*

9 *Prometo no permitir que el preclear termine la sesión por su propia determinación, sino terminar los ciclos que yo haya comenzado.*

10 *Prometo nunca dejar al preclear durante la sesión.*

11 *Prometo nunca enfadarme con un preclear en sesión.*

12 *Prometo recorrer cada acción mayor de caso hasta aguja flotante.*

13 *Prometo nunca recorrer ninguna acción más allá de su aguja flotante.*

14 *Prometo otorgar beingness al preclear en sesión.*

15 *Prometo no mezclar los procesos de Scientology con otras prácticas, excepto cuando el preclear esté físicamente enfermo y únicamente sirvan remedios médicos.*

16 *Prometo mantener comunicación con el preclear y no cortar su comunicación ni permitirle que sobrerrecorra en sesión.*

17 *Prometo no introducir en la sesión comentarios, expresiones o turbulencia que distraigan al preclear de su caso.*

18 *Prometo continuar dándole al preclear el proceso u orden de auditación cuando se necesite en la sesión.*

19 *Prometo no dejar que el preclear recorra una orden mal comprendida.*

20 *Prometo no explicar, justificar ni pedir disculpas en sesión por cualesquiera errores del auditor, ya sean reales o imaginarios.*

21 *Prometo estimar el estado actual del caso del preclear sólo mediante los datos de Supervisión de Caso Estándar y no desviarme a causa de alguna diferencia imaginada en el caso.*

22 *Prometo nunca usar los secretos revelados por un preclear en sesión para castigo o beneficio personal.*

23 *Prometo asegurarme de que cualquier donación recibida para procesamiento sea reembolsada, si el preclear está insatisfecho y lo exige en los tres meses posteriores al procesamiento, siendo la única condición que no puede procesarse ni entrenarse de nuevo.*

24 *Prometo no recomendar Scientology sólo para curar la enfermedad ni sólo para tratar al demente, sabiendo bien que se concibieron para el beneficio espiritual.*

25 *Prometo cooperar plenamente con las organizaciones legales de Dianética y Scientology según fueron desarrolladas por L. Ronald Hubbard para salvaguardar la práctica y el uso éticos de estos temas de acuerdo con los fundamentos de la Tecnología Estándar.*

____
Auditor

____
Fecha

____________________ ____________________
Testigo Lugar

EL CÓDIGO DEL AUDITOR

JUNIO DE 1980

(A lo largo de años continuos de aplicación, LRH refinó y expandió el Código del Auditor a su forma final como se presenta aquí. Película de Instrucción de TRs Nº 9, El Código del Auditor, HCO PL del 19 de junio de 1980, El Código del Auditor).

Por la presente prometo, como auditor, seguir el Código del Auditor.

1 *Prometo no evaluar por el preclear ni decirle lo que debería pensar sobre su caso en sesión.*

2 *Prometo no invalidar el caso o las ganancias del preclear dentro o fuera de sesión.*

3 *Prometo administrar al preclear sólo la Tecnología Estándar de la manera estándar.*

4 *Prometo cumplir todas las citas de auditación una vez que hayan sido acordadas.*

5 *Prometo no procesar a un preclear que no haya tenido suficiente descanso y que esté físicamente cansado.*

6 *Prometo no procesar a un preclear que esté alimentado inadecuadamente o que tenga hambre.*

7 *Prometo no permitir un cambio frecuente de auditores.*

8 *Prometo no compadecerme del preclear, sino ser eficiente.*

9 *Prometo no permitir que el preclear termine la sesión por su propia determinación, sino terminar los ciclos que yo haya comenzado.*

10 *Prometo nunca dejar al preclear durante la sesión.*

11 *Prometo nunca enfadarme con un preclear en sesión.*

12 *Prometo recorrer cada acción mayor de caso hasta aguja flotante.*

13 *Prometo nunca recorrer ninguna acción más allá de su aguja flotante.*

14 *Prometo otorgar beingness al preclear en sesión.*

15 *Prometo no mezclar los procesos de Scientology con otras prácticas, excepto cuando el preclear esté físicamente enfermo y únicamente sirvan remedios médicos.*

16 *Prometo mantener comunicación con el preclear y no cortar su comunicación ni permitirle que sobrerrecorra en sesión.*

17 *Prometo no introducir en la sesión comentarios, expresiones o turbulencia que distraigan al preclear de su caso.*

18 *Prometo continuar dándole al preclear el proceso u orden de auditación cuando se necesite en la sesión.*

19 *Prometo no dejar que el preclear recorra una orden mal comprendida.*

20 *Prometo no explicar, justificar ni pedir disculpas en sesión por cualesquiera errores del auditor, ya sean reales o imaginarios.*

21 *Prometo estimar el estado actual del caso del preclear sólo mediante los datos de Supervisión de Caso Estándar, y no desviarme a causa de alguna diferencia imaginada en el caso.*

22 *Prometo nunca utilizar los secretos revelados por un preclear en sesión para castigo o beneficio personal.*

23 *Prometo nunca falsificar las hojas de trabajo de las sesiones.*

24 *Prometo asegurarme de que cualquier donación recibida para procesamiento sea reembolsada, de acuerdo a las políticas de la Junta de Verificación de Reclamaciones, si el preclear está insatisfecho y lo exige en los tres meses posteriores al procesamiento, siendo la única condición que no puede procesarse ni entrenarse de nuevo.*

25 *Prometo no recomendar Dianética o Scientology sólo para curar la enfermedad ni sólo para tratar al demente, sabiendo bien que se concibieron para el beneficio espiritual.*

26 *Prometo cooperar plenamente con las organizaciones autorizadas de Dianética y Scientology para salvaguardar la práctica y el uso éticos de estos temas.*

27 *Prometo negarme a permitir que cualquier ser sea lesionado físicamente, operado, dañado violentamente ni asesinado en nombre del "tratamiento mental".*

28 *Prometo no permitir libertades sexuales con los pacientes ni su violación.*

29 *Prometo negarme a admitir entre los practicantes de esta actividad a cualquier ser que esté demente.*

____
Auditor

____
Fecha

____________________ ____________________
Testigo Lugar

EL CREDO DEL MIEMBRO DE UN GRUPO VERDADERO

ENERO DE 1951

(HCO PL del 9 de enero de 1951
Un Ensayo sobre Dirección)

1 *El participante exitoso en un grupo es aquel participante que en sus propias actividades se aproxima muy de cerca al ideal, a la ética y a la razón fundamental del grupo en general.*

2 *La responsabilidad del individuo por el grupo en su totalidad no debería ser menor que la responsabilidad del grupo por el individuo.*

3 *El miembro del grupo tiene, como parte de su responsabilidad, el buen funcionamiento de todo el grupo.*

4 *Un miembro del grupo tiene que ejercer sus derechos y prerrogativas e insistir en ellos como miembro del grupo e insistir en los derechos y prerrogativas del grupo como grupo, y no permitir que estos derechos disminuyan en modo ni grado alguno por ninguna excusa ni supuesta urgencia.*

5 *El miembro de un grupo verdadero tiene que ejercer y practicar su derecho a contribuir al grupo. Y tiene que insistir en el derecho del grupo a contribuirle a él. Debería reconocer que cuando se niega cualquiera de estas contribuciones como derecho, dará como resultado una miríada de fracasos del grupo. (Siendo un estado de beneficencia aquel estado a cuyos miembros no se les permite contribuir al estado, sino que tienen que aceptar la contribución del estado).*

6 *El miembro de un grupo tiene que rechazar y obstaculizar que se cree turbulencia en los asuntos del grupo por cambios súbitos de los planes no justificados por las circunstancias, el colapso de los conductos reconocidos o el cese de operaciones útiles en un grupo. Debería cuidarse de no enturbular a un directivo y así disminuir el ARC.*

7 *El miembro del grupo tiene que corregir, para bien de este, el fallar en planificar o fallar en reconocer las metas, llevando el asunto a una junta o actuando por propia iniciativa.*

8 *Un miembro del grupo tiene que coordinar su iniciativa con las metas y la razón fundamental de todo el grupo y con otros miembros considerados individualmente, y hacer públicas sus actividades e intenciones para que todos los conflictos puedan ponerse de manifiesto con anticipación.*

9 *Un miembro del grupo tiene que insistir en su derecho a tener iniciativa.*

10 *Un miembro del grupo tiene que estudiar, comprender y trabajar con las metas, la razón fundamental y las realizaciones del grupo.*

11 *Un miembro del grupo tiene que trabajar dentro del grupo para llegar a ser tan experto como sea posible en su tecnología y destreza especializadas, y tiene que ayudar a otros individuos del grupo a alcanzar una comprensión de esa tecnología y destreza y el lugar que estas tienen en las necesidades de organización del grupo.*

12 *Un miembro del grupo debería tener un conocimiento funcional de todas las tecnologías y destrezas del grupo, para entenderlas y entender el lugar que ocupan en las necesidades de organización del grupo.*

13 *La elevación del ARC del grupo depende del miembro del grupo. Tiene que exigir líneas de comunicación de alto nivel y claridad en la afinidad y realidad y saber la consecuencia de no tener tales condiciones.* Y tiene que trabajar continua y activamente para mantener elevado el ARC en la organización.

14 *Un miembro del grupo tiene el derecho a estar orgulloso de sus tareas, y un derecho de criterio y manejo de esas tareas.*

15 *Un miembro del grupo tiene que reconocer que él, él mismo, es un directivo de alguna sección del grupo y/o de sus tareas, y que él mismo tiene que tener tanto el conocimiento como el derecho a dirigir esa esfera de la que es responsable.*

16 *El miembro del grupo no debería permitir que se aprueben leyes que limiten o proscriban las actividades de todos los miembros del grupo debido al fallo de algunos miembros del grupo.*

17 *El miembro del grupo debería insistir en una planificación flexible y la ejecución infalible de los planes.*

18 *El miembro del grupo debería comprender que el desempeño óptimo del deber por cada miembro del grupo es la mayor salvaguarda de su propia supervivencia y la del grupo. Es de la incumbencia de cada miembro del grupo que cualquier otro miembro del grupo logre un desempeño óptimo, ya sea que la cadena de mando o la similitud de la esfera de actividad justifique tal supervisión o no.*

EL CREDO DE UN DIRECTIVO BUENO Y DIESTRO

ENERO DE 1951

(HCO PL del 9 de enero de 1951
Un Ensayo sobre Dirección)

Para ser eficiente y tener éxito, un directivo tiene que:

1. *Comprender tanto como sea posible las metas y fines del grupo que dirige. Tiene que ser capaz de ver y abarcar el logro ideal de la meta como fue contemplada por el creador de la meta. Tiene que ser capaz de tolerar y mejorar los logros y progresos* prácticos *de que su grupo y los miembros de este puedan ser capaces. Tiene que esforzarse, siempre, en reducir el abismo existente en todo momento entre lo* ideal *y lo* práctico.

2. *Tiene que darse cuenta de que una misión primaria es su propia interpretación completa y honesta del ideal y la ética y las metas y fines de estos para sus subordinados y para el grupo en sí. Tiene que dirigir a sus subordinados, al grupo en sí y a los individuos del grupo creativa y persuasivamente hacia estas metas.*

3. *Tiene que abarcar a la organización y actuar sólo para toda la organización, y nunca formar o favorecer camarillas. Su criterio sobre los individuos del grupo debería ser únicamente de acuerdo al valor que estos tengan para todo el grupo.*

4. *Nunca deberá vacilar en sacrificar a los individuos por el bien del grupo, tanto al planificar y ejecutar como al impartir justicia.*

5. *Tiene que proteger todas las líneas de comunicación establecidas y complementarlas cuando sea necesario.*

6. *Tiene que proteger toda afinidad bajo su cargo y tener él mismo afinidad por el grupo en sí.*

7 *Tiene que alcanzar siempre la realidad creativa más elevada.*

8 *Su planificación tiene que lograr, a la luz de las metas y fines, la actividad de todo el grupo. Nunca tiene que permitir que las organizaciones crezcan y se extiendan de forma desordenada, sino que, aprendiendo por experimentación, tiene que mantener la planificación organizativa espontánea y flexible.*

9 *Tiene que reconocer en sí mismo la razón fundamental del grupo y recibir y evaluar los datos con los que produce sus soluciones con la mayor atención a la verdad de esos datos.*

10 *Tiene que establecerse a sí mismo poniéndose a las órdenes de servicio del grupo.*

11 *Tiene que permitirse ser bien atendido en sus necesidades individuales, economizando sus propios esfuerzos y disfrutando de ciertas comodidades con el fin de mantener elevada su razón fundamental.*

12 *Debería exigir que sus subordinados transmitieran a sus propias esferas de dirección la totalidad e integridad de los verdaderos sentimientos del directivo y las razones de sus decisiones tan claramente como puedan transmitirse y que se amplíen e interpreten, sólo para la mayor comprensión de los individuos gobernados por esos subordinados.*

13 *Nunca tiene que permitirse a sí mismo desvirtuar o enmascarar ninguna parte del ideal y la ética con los que el grupo funciona ni tiene que permitir que el ideal y la ética envejezcan, se vuelvan anticuados o impracticables. Nunca tiene que permitir que los subordinados distorsionen o censuren su planificación. Nunca tiene que permitir que se deteriore el ideal y la ética de cada uno de los miembros del grupo, usando siempre la razón para interrumpir tal deterioro.*

14 *Tiene que tener fe en las metas, fe en sí mismo y fe en el grupo.*

15 *Tiene que dirigir demostrando siempre submetas creativas y constructivas. No deberá conducir mediante la amenaza y el miedo.*

16 *Tiene que darse cuenta de que cada individuo del grupo está comprometido en cierto grado en la dirección de otros hombres, vida y* MEST, *y que a cada subdirectivo se le debería permitir libertad para dirigir dentro de este código.*

Conduciéndose de este modo, un directivo puede ganar un imperio para su grupo, no importa cuál sea ese imperio.

EL CÓDIGO DE UN SCIENTOLOGIST

JULIO DE 1954

(La Creación de la Habilidad Humana)

Como scientologist, me comprometo con el Código de Scientology por el bien de todos.

1 *No prestar oídos a palabras de desdén ni decirlas a la prensa, al público ni a los preclears acerca de ninguno de mis compañeros scientologists, nuestra organización profesional ni aquellos cuyos nombres están íntimamente relacionados con esta ciencia.*

2 *Usar lo mejor que sé de Scientology, al máximo de mi capacidad, para mejorar a mis preclears, a los grupos y al mundo.*

3 *Negarme a aceptar para procesamiento y negarme a aceptar dinero de cualquier preclear o grupo al que considere que honestamente no puedo ayudar.*

4 *Impedir con todas mis fuerzas que alguien use mal o degrade Scientology con fines dañinos.*

5 *Impedir que Scientology se use para anunciar otros productos.*

6 *Desalentar el agravio de Scientology en la prensa.*

7 *Emplear Scientology para el mayor bien del mayor número de dinámicas.*

8 *Entregar buen procesamiento, entrenamiento competente y buena disciplina a aquellos estudiantes o personas que hayan sido confiados a mi cuidado.*

9 *Negarme a divulgar los secretos personales de mis preclears.*

10 *No entablar disputas impropias con gente desinformada en el tema de mi profesión.*

EL CÓDIGO DE UN SCIENTOLOGIST

FEBRERO DE 1969

(Escrito por primera vez en 1954 y después de años de aplicación por scientologists, Ronald refinó y expandió adicionalmente el Código de un Scientologist culminando con el código que se usa hoy como se publica en la HCO PL del 5 de febrero de 1969R, el Código de un Scientologist).

Como scientologist me comprometo con el Código de Scientology por el bien de todos.

1 *Mantener a los scientologists, al público y a la prensa informados con exactitud sobre Scientology, el mundo de la salud mental y la sociedad.*

2 *Usar lo mejor que sé de Scientology al máximo de mi capacidad para ayudar a mi familia, amigos, grupos y al mundo.*

3 *Negarme a aceptar para procesamiento y negarme a aceptar dinero de cualquier preclear o grupo que considere que no pueda ayudar honestamente.*

4 *Condenar y hacer todo lo que pueda para abolir todos y cada uno de los abusos contra la vida y la Humanidad.*

5 *Exponer y ayudar a abolir todas y cada una de las prácticas físicamente dañinas en el campo de la salud mental.*

6 *Ayudar a limpiar y mantener limpio el campo de la salud mental.*

7 *Producir una atmósfera de protección y seguridad en el campo de la salud mental, erradicando sus abusos y brutalidad.*

8 *Apoyar los esfuerzos verdaderamente humanitarios en los campos de los derechos humanos.*

9 *Adoptar la política de justicia equitativa para todos.*

10 *Trabajar por la libertad de expresión en el mundo.*

11 *Condenar activamente la supresión del conocimiento, sabiduría, filosofía o datos que ayudarían a la Humanidad.*

12 *Apoyar la libertad religiosa.*

13 *Ayudar a las organizaciones y grupos de Scientology para aliarse con grupos públicos.*

14 *Enseñar Scientology a un nivel que quienes la reciban puedan comprender y usar.*

15 *Hacer hincapié en la libertad para usar Scientology como una filosofía en todas sus aplicaciones y variaciones en las humanidades.*

16 *Insistir en Scientology estándar y sin variación como una actividad que se aplica en la ética, el procesamiento y la administración en las organizaciones de Scientology.*

17 *Asumir mi parte de responsabilidad por el impacto de Scientology en el mundo.*

18 *Aumentar las filas y el número de personas en Scientology en el mundo.*

19 *Dar ejemplo de la efectividad y sabiduría de Scientology.*

20 *Hacer de este mundo un lugar más cuerdo y mejor.*

EL CÓDIGO DE HONOR

NOVIEMBRE DE 1954

(Boletín del Auditor Profesional 40, 26 de noviembre de 1954, El Código de Honor)

1 *Nunca abandones a un compañero en necesidad, en peligro o en apuros.*

2 *Nunca retires tu lealtad una vez otorgada.*

3 *Nunca abandones a un grupo al que debas tu apoyo.*

4 *Nunca te menosprecies ni minimices tu fuerza o tu poder.*

5 *Nunca necesites elogio, aprobación o compasión.*

6 *Nunca comprometas tu propia realidad.*

7 *Nunca permitas que tu afinidad se desvirtúe.*

8 *No des ni recibas comunicación a menos que tú mismo lo desees.*

9 *Tu auto-determinismo y tu honor son más importantes que tu vida inmediata.*

10 *Tu integridad hacia ti mismo es más importante que tu cuerpo.*

11 *Nunca lamentes el ayer. La vida está en ti hoy y tú creas tu mañana.*

12 *Nunca temas dañar a otros por una causa justa.*

13 *No desees agradar ni ser admirado.*

14 *Sé tu propio consejero, sigue tus propios consejos y selecciona tus propias decisiones.*

15 *Sé fiel a tus propias metas.*

Scientology es en sí misma el microcosmos de una civilización. Contiene dos códigos morales: uno es el código moral de la práctica, que es el Código del Auditor de 1954; el otro es el Código de un Scientologist. También contiene un código ético, y se trata de su Código de Honor.

La diferencia entre la *ética* y la *moral* se conoce muy claramente en Scientology, aunque no se encuentre en un diccionario moderno. Esta amalgama de moral y ética ha ocurrido recientemente, y es sintomática de una decadencia general. Una ética se practica de forma enteramente auto-determinada. Un código ético no se puede imponer, no debe imponerse, sino que es un lujo de conducta. Una persona se conduce de acuerdo a un código de ética porque así lo desea o porque siente que es lo bastante digna, lo bastante decente, o lo bastante civilizada como para conducirse de esa forma. Un código ético, por supuesto, es un código de ciertas restricciones a las que la persona se permite el lujo de atenerse, con el fin de mejorar la forma de comportarse en la vida. Si un scientologist comenzara a castigar o reprender a algún otro scientologist, y exigiera una imposición del Código de Honor, alegando que este no se había tenido en cuenta, el acto punitivo en sí complicaría y violaría el Código de Honor. El Código de Honor es un Código de Honor en tanto no sea impuesto. Si una persona es lo bastante grande, lo bastante fuerte o lo bastante cuerda, entonces puede permitirse el lujo de atenerse libremente, y por decisión propia, al Código de Honor. Cuando un código ético de este tipo comienza a imponerse, se convierte entonces en un código moral.

Un código moral se puede imponer. Las normas morales son aquello que hace que una sociedad sea posible. Son los códigos de conducta de la sociedad, acordados y vigilados muy rigurosamente. Si un auditor violara de manera flagrante y continua el Código del Auditor o el Código de un Scientologist, entonces otros auditores tendrían todo el derecho del mundo a exigir la suspensión o revocación de diplomas o afiliaciones o ambos. Sin embargo, una acción así no es posible con el Código de Honor.

Una persona podría ignorar o desdeñar continua y flagrantemente con todo el descaro el Código de Honor y no experimentar más que tal vez un ligero desprecio o lástima por parte de sus compañeros.

El Código de Honor establece claramente las condiciones de compañerismo entre aquellos que luchan en el mismo bando contra algo que consideran que debería remediarse. Mientras que cualquiera que habitualmente actúe como "el único" cree que es posible tener una lucha o una contienda sólo en la medida en que continúe como "el único" y confronte toda la existencia como una sola identidad, no es muy funcional vivir sin amigos o compañeros de armas. Entre esos amigos y compañeros de armas, la aceptación y el valor de la persona se establece en buena medida por su observancia de algo como el Código de Honor. Cualquiera que practicara el Código de Honor tendría una buena opinión de sus semejantes; algo mucho más importante que el que sus semejantes tuvieran una buena opinión de él.

Si crees que la Humanidad era lo bastante digna como para que le otorgaras suficiente talla para permitirte ejercer con gusto el Código de Honor, puedo garantizarte que serías una persona feliz. Y si de vez en cuando encontraras a algún rufián apartándose de los mejores estándares que hubieras desarrollado, y aun así no rechazaras al resto de la Humanidad, y si te descubrieras traicionado por aquellos a quienes estabas intentando defender, y aun así no experimentaras entonces un cambio completo de opinión sobre todos tus semejantes… no habría espiral descendente para ti.

Un proceso que es bastante fácil de hacer y que tiene cierta funcionalidad revela lo anterior. Siéntate en un lugar público donde esté pasando mucha gente, y simplemente postula perfección hacia dentro de ellos, por encima de ellos, alrededor de ellos, sin importar lo que veas. Haz esto, persona tras persona, según vayan caminando cerca de ti o a tu alrededor, haciéndolo en silencio y para ti mismo. Podría ocurrir o no que produjeras cambios en sus vidas, pero sin duda ocurriría que producirías un cambio en ti mismo. Esto no es un proceso que se recomiende; es simplemente una demostración del hecho de que quien vive opinando mal de todos sus semejantes, vive, él mismo, en el Infierno. La única diferencia entre el Paraíso en la Tierra y el Infierno en la Tierra es si crees o no que tu prójimo merece recibir de ti la amistad y la fidelidad que este Código de Honor requiere.

EL CÓDIGO DEL INSTRUCTOR

1957

(Del Manual Preparatorio del ACC, 1957)

El Código del Instructor ha sido desarrollado durante muchos años de experiencia en el entrenamiento. Se ha descubierto que cada vez que un Instructor violaba una de las reglas, en cualquier medida, el curso y las actividades de entrenamiento dejaban de funcionar de forma adecuada.

Enseñar Scientology es un trabajo muy preciso. Y un Instructor tiene que mantener en todo momento esta precisión para prestar el servicio que debería a los estudiantes confiados a su cuidado.

Un Instructor no puede tener la esperanza de obtener el respeto ni la disposición del estudiante al que debe enseñar simplemente sentándose ahí, soltando palabras y siendo una "autoridad" en el tema. Tiene que conocer su tema y seguir al pie de la letra el Código del Instructor. No es un código difícil de seguir, y es muy práctico. Si crees que no puedes seguirlo honestamente y absolutamente, deberías recibir más entrenamiento y tal vez más procesamiento hasta que puedas hacer tuyo el código antes de intentar entrenar estudiantes en Scientology.

Hemos tenido durante mucho tiempo las reglas del juego de Scientology, y ahora tenemos las reglas del juego denominado entrenamiento. ¡Diviértete!

1. *El Instructor jamás debe descuidar una oportunidad de evaluar a un estudiante respecto a Scientology.*

2. *El Instructor debería invalidar implacablemente los errores de un estudiante, y usar buen ARC mientras lo hace.*

3. *El Instructor debería permanecer en todo momento en buen ARC con sus estudiantes mientras realizan actividades de entrenamiento.*

4 *El Instructor deberá tener en todo momento una elevada tolerancia en relación con la estupidez de sus estudiantes y tiene que estar dispuesto a repetir, tantas veces como sea necesario, cualquier dato que no se haya entendido, para que el estudiante lo entienda y adquiera realidad sobre el dato.*

5 *El Instructor no tiene "caso" en su relación con sus estudiantes, ni delibera ni habla con los estudiantes respecto a sus problemas personales.*

6 *El Instructor será, en todo momento, un punto fuente de buen control y dirección para sus estudiantes.*

7 *El Instructor será capaz de correlacionar cualquier parte de Scientology con cualquier otra parte de esta y con el livingness en las ocho dinámicas.*

8 *El Instructor debería ser capaz de responder a cualquier pregunta sobre Scientology que el estudiante pueda hacer. Si un Instructor no puede responder una pregunta específica, debería decirlo siempre, y el Instructor debería encontrar siempre la respuesta a la pregunta de una fuente fiable, y decirle al estudiante la respuesta.*

9 *El Instructor jamás debería mentir, engañar ni desorientar a un estudiante respecto a Scientology. Será honesto con el estudiante, en todo momento, respecto a ella.*

10 *El Instructor tiene que ser un auditor consumado.*

11 *El Instructor siempre debería dar buen ejemplo a sus estudiantes: como hacer buenas demostraciones, ser puntual y vestir con pulcritud.*

12 *El Instructor debería en todo momento estar perfectamente dispuesto y ser capaz de hacer cualquier cosa que le pida hacer a sus estudiantes.*

13 *El Instructor no deberá involucrarse emocionalmente con estudiantes de uno u otro sexo mientras los esté entrenando.*

14 *Cuando un Instructor comete cualquier error, tiene que informar al estudiante de que lo ha cometido y rectificarlo de inmediato. Este dato abarca todas las fases del entrenamiento, las demostraciones, las conferencias y el procesamiento, etc. Nunca debe ocultar el hecho de que ha cometido el error.*

15 *El Instructor nunca debería descuidar el felicitar a sus estudiantes cuando corresponda.*

16 *Hasta cierto punto, el Instructor debería ser pan-determinado acerca de la relación Instructor-estudiante.*

17 *Cuando un Instructor deja que un estudiante lo controle, le dé órdenes o lo maneje de cualquier forma, o para una demostración o cualquier otro propósito en el entrenamiento, el Instructor siempre debería volver a poner al estudiante bajo su control mediante el uso de procesos de control en el estudiante hasta que el Instructor esté totalmente satisfecho de que el estudiante esté de nuevo bajo control.*

18 *El Instructor observará en todo momento durante las sesiones el Código del Auditor, y el Código de un Scientologist en todo momento.*

19 *El Instructor jamás dará al estudiante opiniones respecto a Scientology sin designarlas plenamente como tales; por lo demás, sólo debe dar datos probados y comprobados respecto a Scientology.*

20 *El Instructor nunca usará a un estudiante para su propio beneficio personal.*

21 *El Instructor será un terminal estable, dará datos estables, tendrá certeza pero no será dogmático ni dictatorial hacia sus estudiantes.*

22 *El Instructor se mantendrá en todo momento informado de los datos y procedimientos más recientes de Scientology, y comunicará esta información a sus estudiantes.*

EL CÓDIGO DEL INSTRUCTOR

SEPTIEMBRE DE 1957

(Número 54 de Ability, septiembre de 1957, Más Confrontación)

En una sesión de *auditación* el auditor se rige por el Código del Auditor.

En una sesión de adiestramiento (en la cual se utilizan rutinas de entrenamiento como el Entrenamiento 0 [Confrontar] es el *adiestrador* quien dirige la sesión. El adiestrador no se rige por el Código del Auditor sino por el Código del Instructor, que es el siguiente:

1 *El Instructor nunca tiene que descuidar una oportunidad para evaluar por un estudiante con respecto a Scientology.*

2 *El Instructor debería invalidar los errores de un estudiante implacablemente.*

3 *El Instructor tiene que tener en todo momento una tolerancia elevada en relación con la estupidez de sus estudiantes.*

4 *El Instructor debería permanecer en comunicación con su clase durante periodos de clase.*

5 *El Instructor no tiene un "caso" delante de sus estudiantes.*

6 *El Instructor siempre debería ser un punto-fuente de buen 8-C para sus estudiantes.*

7 *El Instructor debería ser capaz de correlacionar cualquier parte de Scientology con cualquier otra parte de esta y con el livingness en las ocho dinámicas.*

8 *Un Instructor de curso tiene que ser un auditor consumado.*

9 *El Instructor no deberá involucrarse emocionalmente con estudiantes de uno u otro sexo mientras los esté entrenando.*

10 *El Instructor nunca debería descuidar el felicitar a sus estudiantes cuando corresponda.*

11 *Hasta cierto punto, el Instructor debería ser pan-determinado acerca de la relación Instructor-estudiante.*

EL CÓDIGO DEL SUPERVISOR

SEPTIEMBRE DE 1967

(HCO PL del 15 de septiembre de 1967, El Código del Supervisor)

1 *El Supervisor jamás tiene que descuidar una oportunidad de guiar al estudiante a la fuente verdadera de los datos de Scientology.*

2 *El Supervisor debería invalidar implacablemente el error de un estudiante, y usar buen ARC mientras lo hace.*

3 *El Supervisor debería permanecer en todo momento en buen ARC con sus estudiantes mientras realizan actividades de entrenamiento.*

4 *El Supervisor tiene que tener en todo momento una tolerancia elevada en relación con la estupidez de sus estudiantes y tiene que estar dispuesto a repetir, tantas veces como sea necesario, cualquier dato que no se haya entendido, para que el estudiante lo entienda y adquiera realidad sobre el dato.*

5 *El Supervisor no tiene "caso" en su relación con sus estudiantes, ni delibera ni habla con los estudiantes respecto a sus problemas personales.*

6 *El Supervisor será, en todo momento, un punto-fuente de buen control y dirección para sus estudiantes.*

7 *El Supervisor será capaz de correlacionar cualquier parte de Scientology con cualquier otra parte de esta y con el livingness en las ocho dinámicas.*

8 *El Supervisor debería ser capaz de responder a cualquier pregunta sobre Scientology guiando al estudiante a la fuente real de los datos. Si un Supervisor no puede responder una pregunta específica, debería decirlo siempre, y el Supervisor debería encontrar siempre la respuesta a la pregunta de la fuente, y decirle al estudiante dónde se encontrará la respuesta.*

9 *El Supervisor jamás debería mentir, engañar ni desorientar a un estudiante respecto a Scientology. Será honesto con el estudiante, en todo momento, respecto a ella.*

10 *El Supervisor tiene que ser un auditor consumado.*

11 *El Supervisor siempre debería dar buen ejemplo a sus estudiantes: como hacer buenas demostraciones, ser puntual y vestir con pulcritud.*

12 *El Supervisor debería en todo momento estar perfectamente dispuesto y ser capaz de hacer cualquier cosa que le pida hacer a sus estudiantes.*

13 *El Supervisor no deberá involucrarse emocionalmente con estudiantes de uno u otro sexo mientras los esté entrenando.*

14 *Cuando un Supervisor comete cualquier error, tiene que informar al estudiante de que lo ha cometido y rectificarlo de inmediato. Este dato abarca todas las fases en el entrenamiento, demostraciones, conferencias y procesamiento, etc. Nunca debe ocultar el hecho de que ha cometido el error.*

15 *El Supervisor nunca debería descuidar el felicitar a sus estudiantes cuando corresponda.*

16 *Hasta cierto punto, el Supervisor debería ser pan-determinado acerca de la relación Supervisor-estudiante.*

17 *Cuando un Supervisor deja que un estudiante lo controle, le dé órdenes o maneje al Supervisor de cualquier forma, para una demostración o cualquier otro propósito en el entrenamiento, el Supervisor debería volver a poner al estudiante bajo su control.*

18 *El Supervisor observará en todo momento durante las sesiones el Código del Auditor, y el Código de un Scientologist en todo momento.*

19 *El Supervisor jamás dará al estudiante opiniones respecto a Scientology sin designarlas plenamente como tales; por lo demás, sólo debe dirigirlos a datos probados y comprobados respecto a Scientology.*

20 *El Supervisor nunca utilizará a un estudiante para su propio beneficio personal.*

21 *El Supervisor será un terminal estable, indicará el camino a los datos estables, tendrá certeza pero no será dogmático ni dictatorial hacia los estudiantes.*

22 *El Supervisor se mantendrá en todo momento informado de los datos y procedimientos más recientes de Scientology, y comunicará esta información a sus estudiantes.*

EL CÓDIGO DE UN C/S

NOVIEMBRE DE 1971

(HCOB del 30 de noviembre de 1971, El Código de un C/S)

Este es el Código de un C/S en lo que respecta a los auditores y pcs para los que está haciendo C/S.

1 *Prometo conocer Dianética y Scientology a la absoluta perfección hasta el nivel en que esté haciendo C/S.*

2 *Prometo no buscar nunca ningún error imaginario en los datos técnicos, sino siempre buscar y encontrar el error real en la auditación, la programación o en la supervisión de caso.*

3 *Prometo no tratar nunca un caso como "diferente".*

4 *Prometo que si no puedo encontrar en el fólder la razón de que una sesión haya fracasado, sospecharé de un informe de auditación falso y haré que se le pregunte al pc acerca de la sesión y obtendré los datos de por qué fracasó esta.*

5 *Prometo no castigar nunca a un auditor por cuestionar una C/S.*

6 *Prometo abstenerme de hablar o mencionar socialmente datos de los fólders de pc.*

7 *Prometo corregir la aplicación de la tecnología de mis auditores positivamente, sin invalidación.*

8 *Prometo ordenar que el auditor vaya a Cramming o a reentrenamiento por cualquier sesión fallida.*

9 *Prometo no ordenar nunca una reparación innecesaria.*

10 *Prometo no usar nunca procesos de reparación para conseguir ganancia de caso cuando el pc necesite el grado siguiente.*

11 *Prometo no dar nunca instrucciones verbales de C/S, sino escribirlas siempre.*

12 *Prometo no hablarle nunca al auditor acerca del caso.*

13 *Prometo no hablarle nunca a un pc acerca de su caso.*

14 *Prometo enviar al pc al Examinador o al D of P para conseguir datos si no estoy seguro de por qué se me ha enviado el fólder para hacerle C/S.*

15 *Prometo no ser nunca razonable como C/S.*

16 *Prometo mantener suficiente presencia de ética como para hacer que se cumplan mis órdenes.*

17 *Prometo no dar nunca órdenes de reparación complicadas.*

18 *Prometo no seguir nunca los consejos de un pc relativos a cómo hacer C/S, pero que aceptaré los datos del pc.*

19 *Prometo que SIEMPRE leeré el fólder de pc por completo antes de hacer C/S de un caso.*

20 *Prometo que siempre haré que se revisen los fólders de los casos que estén en dificultades como casos, ética o médicamente, para encontrar la tecnología fuera.*

21 *Prometo no poner nunca a un pc en un grado para "resolver su caso".*

22 *Prometo ordenar siempre una reparación de un grado mal auditado hasta que se hayan alcanzado los Fenómenos Finales.*

23 *Prometo hacer avanzar al pc hacia arriba por la Tabla de Grados en la secuencia apropiada.*

24 *Prometo no ordenar nunca que se recorra un grado para el que el pc no esté preparado.*

25 *Prometo no entregarme nunca a la práctica de "hacer supervisión de caso esperanzada".*

26 *Prometo no hacer C/S de una sesión que no pueda leer, sino devolvérsela al auditor para clarificación.*

27 *Prometo esforzarme al máximo para encontrar y señalar un error real, y enviar al auditor a Cramming.*

28 *Prometo no invalidar ni agobiar nunca a un auditor por una acción correcta o cuando no haya ocurrido ningún error técnico.*

29 *Prometo reconocer y dar acuse de recibo a una sesión técnicamente perfecta.*

30 *Prometo asegurarme de que a un pc o pre-OT que sabe que ha logrado un EP se le envíe a Exámenes y a Diplomas y Premios para que testifique.*

31 *Prometo no enviar nunca a Declaración y atestación a un pc o pre-OT que no lo haya logrado.*

32 *Prometo asegurarme de que a los pcs y a los pre-OTs que no lo hayan logrado se les maneje hasta que hayan conseguido esa Declaración específica.*

33 *Prometo terminar ciclos-de-acción con el pc, y no comenzar nunca uno nuevo mientras uno antiguo esté todavía incompleto.*

34 *Prometo asegurarme de que los auditores para los que estoy haciendo C/S sigan mejorando en destreza y nivel de entrenamiento.*

35 *Prometo mantener un estándar de conducta profesional al más alto nivel.*

Capítulo Nueve

EL CREDO DE LA IGLESIA DE SCIENTOLOGY

EL CREDO DE LA IGLESIA DE SCIENTOLOGY

1954

OSOTROS LOS DE LA IGLESIA CREEMOS

Que todos los hombres, sea cual sea su raza, color o credo, fueron creados con los mismos derechos.

Que todos los hombres tienen derechos inalienables a sus propias prácticas religiosas y a la realización de estas.

Que todos los hombres tienen derechos inalienables a sus propias vidas.

Que todos los hombres tienen derechos inalienables a su cordura.

Que todos los hombres tienen derechos inalienables a su propia defensa.

Que todos los hombres tienen derechos inalienables a concebir, elegir, ayudar o apoyar a sus propias organizaciones, iglesias y gobiernos.

Que todos los hombres tienen derechos inalienables a pensar libremente, hablar libremente, escribir libremente sus propias opiniones, y a oponerse, pronunciarse o escribir sobre las opiniones de otros.

Que todos los hombres tienen derechos inalienables a la creación de su propia especie.

Que las almas de los hombres tienen los derechos de los hombres.

Que el estudio de la mente y la curación de las enfermedades causadas mentalmente no deberían enajenarse de la religión ni tolerarse en campos no religiosos.

Y que ningún agente por debajo de Dios tiene el poder para suspender o apartar estos derechos, abierta o encubiertamente.

Y NOSOTROS LOS DE LA IGLESIA CREEMOS

Que el Hombre es básicamente bueno.

Que está tratando de sobrevivir.

Que su supervivencia depende de sí mismo y de sus semejantes, y de su logro de la fraternidad con el universo.

Y NOSOTROS LOS DE LA IGLESIA CREEMOS QUE LAS LEYES DE DIOS PROHÍBEN AL HOMBRE

Destruir a su propia especie.

Destruir la cordura de otro.

Destruir o esclavizar el alma de otro.

Destruir o reducir la supervivencia de sus propios compañeros o de su propio grupo.

Y NOSOTROS LOS DE LA IGLESIA CREEMOS

Que el espíritu puede salvarse y

Que el espíritu por sí solo puede salvar o curar al cuerpo.

Capítulo Diez

SCIENTOLOGY Y EL PUENTE

TRES RUTAS A LA LIBERTAD

PROGRAMA DE CLASIFICACIÓN Y GRADACIÓN

ABRIL DE 1964

NOMENCLATURA

El nombre del programa es el PROGRAMA DE GRADACIÓN porque incluye todos los niveles de preclears, co-auditores y auditores profesionales y así es como se le llamará en un sentido amplio.

TRES RUTAS A LA LIBERTAD

SCIENTOLOGY es el nombre de un corpus de conocimiento descubierto por L. Ronald Hubbard. Significa *scio* (saber, en el sentido más amplio de la palabra), *logos* (estudio de). Dentro de él están las respuestas buscadas por el Hombre en los campos de la religión, el misticismo, el espiritismo, la filosofía, las artes mentales, la metafísica, la ciencia y los estudios relacionados. Su meta es el logro de la capacidad plena del individuo en todas las actividades. Tiene un registro extenso y claro de éxito incluso antes de que lograra su desarrollo pleno. Su precursora inicial fue Dianética *(dia,* a través, *nous,* mente o alma). Scientology contiene las respuestas a la vida y la muerte y entrega con orgullo exactamente lo que les promete a todos aquellos que desean seguir su camino como es debido. Scientology se da sólo a aquellos que personalmente la quieren. Scientology es sin duda el mejor y más exhaustivo corpus de conocimiento al alcance del Hombre. En sus niveles más elevados resuelve incluso a Scientology: una capacidad que nunca antes poseyó ningún otro estudio.

Un PRECLEAR es aquel que recibe procesamiento. El término original era "alguien que se está haciendo más Clear"; de ahí, *pre*clear. La palabra ha llegado a ser respetada por tradición y aún significa lo que significaba originalmente, aunque el estado de Clear ha sido elevado repetidamente hasta que ahora significa más o menos lo mismo que el estado más elevado. Hay una condición llamada "Clear Key-out" que se puede alcanzar en el

Nivel IV pero no es tan permanente como el que se alcanza en el Nivel VII, que está tan cerca de un absoluto como se puede lograr.

Un preclear *no* es un paciente ni un sujeto. Los preclears no son cuerdos o dementes, neuróticos o normales. Un preclear es sólo alguien que quiere ser mejor y hacer mejor las cosas y que está usando Scientology. No existe la idea de "no estar bien", al ser un preclear.

UN AUDITOR es un scientologist entrenado que administra Scientology a los preclears.

Un CO-AUDITOR es aquel que audita a otro co-auditor bajo supervisión y después de entrenarse en un Nivel dado.

AUDITACIÓN es la actividad de administrar Scientology a un individuo o a un grupo.

ENTRENAMIENTO es una actividad formal (que difiere de la lectura o el interés informal) que imparte la filosofía o tecnología de Scientology a un individuo o grupo y que culmina con la entrega de un Grado o Diploma.

El entrenamiento lo hace un scientologist diestro o inexperto, pero para culminar con un reconocimiento de Grado o Diploma tiene que ser guiado por un scientologist cualificado.

HCO significa HUBBARD COMMUNICATIONS OFFICE (Oficina de Comunicaciones Hubbard). Tiene su centro internacional en la HCO Internacional, y está representada continentalmente por la HCO Continental y localmente por la HCO del Área. Tiene autoridad plena en asuntos de diplomas, premios, ética, y actividades de auditor en general.

HUBBARD, es el apellido de L. Ronald Hubbard, el ser que descubrió Dianética y Scientology. Diversos grupos de auditores han elegido de vez en cuando tener para sí mismos, cuando se les han solicitado recomendaciones libremente, sólo aquellos diplomas cuyos títulos incluyan la palabra "Hubbard". De ahí que todos los diplomas lleven esta designación. Para ser válido, por una costumbre ya tradicional, un diploma tiene que incluir también la firma de L. Ronald Hubbard. Esto se estableció debido al hecho de que Scientology, como lo fue Dianética, es peculiarmente el descubrimiento de un solo ser. Los oficiales y secretarios de HCO mantienen sus posiciones como representantes personales y terminales de L. Ronald Hubbard en un área, un continente o internacionalmente.

Las ORGANIZACIONES CENTRALES son aquellas organizaciones de Scientology fundadas en áreas estratégicas en el mundo para llevar servicios de Scientology de primera categoría al público y para manejar las actividades de Scientology. A veces tienen Oficinas de Ciudad y Oficinas de Distrito.

Las ORGANIZACIONES CENTRALES DE SCIENTOLOGY son las únicas que dirigen Academias de Scientology para el Entrenamiento y Centros de Guía Hubbard para el procesamiento individual de preclears o profesionales. El entrenamiento en las academias es un requisito para la certificación en el Nivel IV y más arriba.

Un NIVEL es un segmento de información o desempeño técnicos de Scientology, ya sea filosófico o tecnológico para cualquier aplicación de Scientology. Hay niveles para el público en general que no tiene estudios en el tema (Nivel 0) hasta los Niveles I, II, III, IV, V, VI y VII. Los niveles se escriben en números romanos, de igual manera que todos los grados y clases. NIVEL significa "ese corpus de datos de Scientology para ese punto de progreso del individuo". A un ser se le lleva desde el Nivel 0 hasta el Nivel VII en una escala de gradiente de más y más información. La información de un nivel más elevado depende de haber obtenido y comprendido los datos o logros de caso de los niveles inferiores. Esto es verdad en cada nivel sucesivo. Uno no puede esperar que un ser abarque todos los datos del Nivel IV a menos que la persona ya haya comprendido y experimentado la verdad del Nivel III, etc.

EL PUENTE es un término que se origina en los días de Dianética para simbolizar un viaje desde el desconocimiento a la revelación. En sí mismo se basa en la alegoría mística del Abismo en donde se ve una sima amplia y profunda que separa un estado más bajo de existencia y una meseta más alta de perfección; muchos de los que intentan llegar a la meseta superior no lo logran, sino que caen en el abismo. Concebimos que Scientology es un puente entre el estado más bajo y el más elevado, algo que faltaba hasta ahora. Podría observarse que El Puente existe como diferentes tramos enlazados, cada uno de los cuales se llamaría un nivel. El nivel más bajo es la aproximación a El Puente desde el nivel más bajo de existencia, y niveles más altos, uno por uno, conducen a la meseta más elevada, con el VII como el extremo superior de El Puente y el punto de salida a la meseta. Esta alegoría se comunica con facilidad y es muy cierta. Al Hombre, entonces, le ha hecho falta un puente por el que cualquiera pudiera viajar. Scientology es el primer puente. Es completo, detallado y seguro.

Aún existe el peligro de intentar, digamos, comenzar a viajar por el Puente desde el Nivel IV. Al intentar comenzar desde el Nivel IV, uno omite reconocer estar en el Nivel 0 y viajar por los Niveles I, II y III. Esto deja caer a la persona en el abismo. Por lo tanto, el Programa de Gradación es el mapa del camino sobre el Puente y reduce el peligro de cruzar el abismo y hace que sortear con éxito el Puente sea algo comparativamente fácil. Al no proporcionar instrucciones explícitas y detalladas para viajar por él, el Puente pronto estaría perdido, y esfuerzos posteriores para sortearlo después de que nosotros hayamos tenido éxito fracasarían categóricamente. Los objetivos de todas las religiones, el misticismo, el espiritismo, la metafísica y todos los demás estudios, esperanzas y ambiciones que el Hombre ha tenido están resumidos y se pueden alcanzar de manera totalmente factible al cruzar este Puente.

Nos encontramos como los únicos guardianes del único puente entre los estados de existencia más bajos y más elevados: una declaración ambiciosa; pero que se vuelve real para el estudiante de esos esfuerzos mientras lleva a efecto él mismo su paso a través del Puente. Por lo tanto, el Programa de Gradación podría llamarse el "Mapa del Camino a Través del Puente" y si hemos de preservar el Puente, tenemos entonces que preservar el Programa de Gradación y desaprobar las infracciones de él, sabiendo que tales infracciones dejarán caer en el abismo a muchos más de los que se podría llevar rápidamente a través de él de manera aislada. No ignoremos apáticamente la responsabilidad por lograr las esperanzas del Hombre, sino mantengamos para él un puente por el que pueda viajar para alcanzar un estado de existencia más elevado y mucho más feliz, con similares mejoras resultantes en sus sociedades, alejándolo de esta manera del carácter inhumano y la brutalidad con que se le ha obligado, por falta de ilustración, a manejar sus asuntos. La destrucción completa del Hombre sin duda seguiría a nuestro olvido. De ahí el Programa de Gradación.

GRADO es la palabra que se usa para describir el logro de un nivel alcanzado por un preclear o co-auditor. GRADO es el punto personal de progreso en el Puente. Los Grados se designan con números romanos del 0 al VII. Siguen con exactitud la numeración y tecnología de los Niveles. Un preclear es un Grado 0, I, II, III, IV, V, VI ó VII dependiendo de la tecnología aplicada con éxito y la filosofía del nivel aprendido. Digamos, por ejemplo, que un preclear Grado II ha recibido con éxito los procesos y la filosofía del Nivel II, y ahora está siendo procesado en el Nivel III. Un co-auditor de Grado II tendría el diploma de Grado II y estaría terminando los procesos del Nivel II y empezando los estudios del Nivel III.

CLASE como palabra, y CLASIFICACIÓN, están *enteramente* reservadas para el *auditor profesional.* Clase sigue a Nivel como en el caso de un Grado. Un auditor profesional tiene su diploma y ha realizado y aprobado sus exámenes de clasificación y se le conoce como, digamos, HPA (Hubbard Professional Auditor [Auditor Profesional Hubbard]) Clase III.

PROCESO significa una actividad de procesamiento de un determinado nivel. Los procesos son técnicas de auditor que un auditor o co-auditor administra a un *preclear* para mejorar la capacidad del preclear en la vida y liberar al preclear de retardos mentales o físicos. Los procesos se numeran con letras y números arábigos para designar su nivel, como R (de rutina) 3 (de Nivel III) N (para diferenciarlo de otros R3).

EJERCICIO es una palabra que designa una actividad práctica hecha por auditores o co-auditores para capacitarlos después para usar una actividad de procesos similar en un preclear. No es procesamiento sino entrenamiento, aun cuando a veces logra ganancia de caso. Los EJERCICIOS se designan con TR (para entrenamiento) más un número arábigo, por ejemplo TR 2. Un ejercicio no necesariamente se refiere a algún nivel en particular, pues algunos se aplican a todos.

DIPLOMA significa un premio otorgado por la Oficina de Comunicaciones Hubbard a auditores para designar el estudio y la práctica desempañadas y la destreza adquirida. Los premios honorarios a veces también se llaman diplomas. Un diploma no es un grado ya que indica competencia, mientras que los grados normalmente simbolizan meramente el tiempo empleado en un estudio teórico y no transmiten ningún índice de destreza. Un auditor cualificado tiene su DIPLOMA exhibido de manera prominente. La CLASE del auditor se graba de manera prominente en un Sello Dorado de HCO en la esquina inferior izquierda del diploma o por medio de una carta firmada por el Secretario de la HCO antes de ser estampado. Todos los auditores tienen diplomas. Sólo los auditores profesionales tienen clasificación.

UNO: LA RUTA COMO PRECLEAR

A un Preclear se le da un *grado* de acuerdo con la Clase del proceso que ha recibido con éxito y la instrucción que su auditor o Supervisor de Co-auditación le ha dado.

Los Grados de Preclear son desde el 0 al VII. No se requiere que los Preclears asistan a las Academias de Scientology sino que sus auditores los entrenan en ciertos datos básicos.

DOS: LA RUTA COMO CO-AUDITOR

La segunda de las tres rutas disponibles para un ser es la Co-auditación.

Esta es la ruta más barata, aunque más difícil.

Un co-auditor es un scientologist bien entrenado quien con otro co-auditor o como miembro de un grupo de co-auditación procesa a otro y se le procesa a su vez hacia arriba por los grados.

Un co-auditor no puede aceptar donaciones por procesamiento de la manera en que puede hacerlo un auditor profesional. Su paga consiste en recibir procesamiento, u otras formas de pago como es un dominio mucho mejor del entorno.

Muchos hombres de negocios, amas de casa, gente de todos los ámbitos de la vida, estudian Scientology no para convertirse en auditores profesionales, sino para usar los datos en sus propios trabajos o sus vidas. Este uso de Scientology del que no es un profesional es habitual y se espera que se haga. Pero también se espera que se use de manera experta, de ahí la necesidad de periodos breves de entrenamiento de naturaleza cualificada.

La diferencia entre el co-auditor y el profesional es vagamente similar a estar en las reservas militares o en los regulares, aunque Scientology dista de ser una organización militar. Por ejemplo, un scientologist sin entrenamiento profesional era un vendedor de cierto renombre que procesaba a sus clientes que lo necesitaran devolviéndoles la salud y continuamente se le solicitaba por todos lados en los Estados Unidos. Sus sesiones consistían en ayudas gratuitas de media hora. Otro auditor no profesional bien entrenado construyó un negocio usando la pericia de Scientology. Otro salvó su matrimonio. Otro salvó la vida de su hija y sólo se le entrenó para hacer eso. Y así sucesivamente.

Los auditores profesionales también utilizan actividades de co-auditación en sus propios casos, en cuyo caso al grupo se le llama Co-auditación Profesional, que no se debe confundir con las actividades de los co-auditores.

TRES: LA RUTA COMO PROFESIONAL

La tercera y última ruta a través del Puente es la del auditor profesional.

Todos los auditores profesionales tienen que estar clasificados para el Nivel para el que procesan.

Auditor clasificado significa lo mismo que profesional. Una persona no tiene que ganarse la vida como auditor ni tener una oficina para ser un profesional.

La clasificación es la marca final de competencia. Se da por medio de un examen estricto y la otorga la HCO. Abre la puerta a una afiliación profesional en la división de auditores, trabajo como staff en las Organizaciones Centrales y oficinas de campo.

El profesional es la columna vertebral de la organización y los staffs de campo.

Él conoce las respuestas.

Probablemente de las tres rutas, la de auditor clasificado sea la más segura, aunque a veces dura.

Él o ella tienen la opción de escoger a su auditor cuando se le procesa, tienen acceso a todos los datos y atajos y ayuda inmediata en momentos de dificultad.

Al mismo tiempo, el profesional recibe los casos más duros y las obligaciones más arduas.

Pero indudablemente, en el recuento final, los profesionales tendrán un porcentaje de éxito mucho más alto que los preclears o los co-auditores.

El profesional no es más difícil de procesar, es menos propiciador y más exigente con los resultados. El profesional tiene además una actitud más persistente hacia sus propias flaquezas y trastornos que le hace sobreponerse a las dificultades con mayor facilidad.

A un auditor clasificado se le conoce por el número romano en el Sello Dorado de HCO en la esquina inferior izquierda de su diploma.

Esto significa que puede aceptar donaciones para procesamiento según tarifas establecidas, que es competente y que hará todo lo que pueda por un preclear.

Si ese sello dorado y ese número no están exhibidos, él o ella no pueden aceptar donaciones por auditación, entre otras cosas.

RESUMEN

Hay tres rutas que llevan hasta el final.

Estas son:

1. Preclear.

2. Co-auditor.

3. Profesional.

Todas estas rutas conducen al mismo destino: recuperación completa de las capacidades.

Todas son factibles.

Por medio de rutas y procesos comprobados, con toda la ayuda disponible para aquellos que viajan de esta manera establecida, la victoria completa para el individuo está asegurada.

La desviación de estas rutas, las infracciones de cualificaciones y procedimientos establecidos, la desatención a las políticas comprobadas, los atajos en los procesos, las desviaciones de la tecnología comprobada no importa lo aparentemente deseables o lo insignificantes que parezcan las señales que hemos colocado, inevitablemente resultarán en caos y desastre.

El Hombre ha estado intentando encontrar su camino hacia arriba y hacia fuera durante miles de años. El camino se ha encontrado, los accesos a El Puente y sus tramos están bien marcados. Si se sigue con precisión, el camino será transitable. Incluso estando tan bien marcado y aunque se siga correctamente, el camino tendrá bastantes baches. Pues no debes esperar un viaje en una nube cuando estás pasando de hecho a través del infierno acumulado de los eones. Pero puedes cruzar y con seguridad hasta la meseta.

Si violas las reglas del juego no pasarás en absoluto, sino que en su lugar llegarás al abismo, no porque queramos que llegues ahí, sino porque no caminarías por el camino. La auditación barata, el entrenamiento descuidado, recibir más auditación de la que das, simular comprender cuando no es así, comprar alguna marca extraña, experimentar con el peyote, listar "tus propias metas" por ti mismo, llegar tarde a las citas, demandar a alguien para causar problemas, apilar ocultaciones contra tu auditor: cualquiera de estas y otras desviaciones te retendrán o te pararán por completo. Lo sabemos. Hemos pasado por todo ello, una y otra vez.

No hay una forma más corta que esta. Somos afortunados de que por lo menos exista un camino. Nunca ha habido uno antes, ¿sabes?

Así que buena suerte, buen procesamiento, buena auditación y buenos triunfos. Te veremos al otro lado.

LOS ESTADOS DE EXISTENCIA

1965

(El Auditor Nº 10, 1965)

El Hombre es tan visiblemente HOMBRE que en la mayoría de sus filosofías y en *todas* sus ciencias ha pasado por alto que hay más de un estado de existencia que el Hombre puede alcanzar.

De hecho, hasta que aparecimos y les hicimos cambiar de idea, todos los psicólogos del siglo XIX *afirmaban* que el Hombre nunca podría cambiar. Y describían sólo un estado de existencia: hombre mortal.

Si lo piensas por un momento, verás que hay muchos estados de existencia incluso en el Hombre. Es rico o pobre; está sano o enfermo; es viejo o joven; está casado o soltero. Si el Hombre puede alterar su estado de existencia como hombre, ¿podría ser cualquier cosa distinta de un hombre? ¿O de una mujer, o de un chico o de una chica?

Hay dos o más estados de existencia inferiores (y detestables).

Al estado de ANIMAL desciende con mucha frecuencia el Hombre como condición crónica. No sólo en los hospitales mentales, sino también en la vida, se pueden encontrar tales cambios. De hecho, desde 1870 los psicólogos han dicho que el Hombre *era* un animal.

El Hombre también puede cambiar a un estado de materia. Esto también se ve en los hospitales mentales.

Pero esos son estados inferiores. ¿Hay estados superiores y más felices?

Estos son la totalidad del horizonte y el logro de Scientology. *No* aspiramos a hacer cuerdo al demente. Aspiramos a convertir a un hombre en un ser superior.

Hay *muchos* estados de existencia aparte del de Hombre. Esto lo han mencionado filosofías anteriores. Lo que es nuevo con respecto a Scientology es que un ser pueda alcanzar varios estados de existencia distintos en sólo una vida.

Este es un punto de vista tan original que no es de extrañar que algunas veces se malinterprete a los scientologists y se les tome por sanadores o psiquiatras.

De hecho, el Hombre en general nunca ha pensado en esto antes. Que él personalmente y en esta vida pudiera convertirse en algo muy superior y mejor que un hombre es algo completamente nuevo para él. Ha oído hablar de morir y de que su alma se vaya al cielo o al infierno, y ha considerado la perspectiva de distintas formas: buena, aburrida o aterradora.

Pero para el hombre de la calle, el oír que puede convertirse en un ser superior es algo nuevo.

Algunos sabios, en medio del Himalaya, han trabajado en esta dirección. Gautama Siddhartha (Buda) habló de ello. Quince o veinte años de duro trabajo se decía que daban como resultado una conclusión nebulosa.

Hay realmente nueve estados de existencia bien definidos superiores al *Homo sapiens.*

Un hombre enfermo pensaría que los mejores estados posibles serían un hombre sano o un hombre muerto. Y mientras que estos podrían ser (para él) estados deseables, siguen siendo HOMBRE.

COMUNICACIÓN

El primer estado por encima de HOMBRE es un ser que puede comunicarse.

Instintivamente veneramos al gran artista, pintor o músico, y la sociedad en su conjunto los considera como seres que no son del todo ordinarios.

Y no lo son. Son superiores al Hombre. Que nacieran así sin habérseles auditado no hace que sean seres menos superiores. Aquel que verdaderamente puede comunicarse con los demás es un ser superior que construye mundos nuevos.

La auditación puede lograr este estado superior de ser: aquel que puede comunicarse. Ese es un Liberado de Grado 0.

PROBLEMAS

Lo que distingue al Hombre civilizado como HOMBRE es que está envuelto en PROBLEMAS que simplemente empeoran más cuanto más los "resuelve".

El ser que puede reconocer la verdadera fuente de los problemas y así ver cómo se desvanecen es demasiado extraordinario como para que se le comprenda con facilidad. El Hombre *resuelve* los problemas. Un ser que está en un estado superior los mira y se desvanecen.

Hay fenómenos fantásticos aquí que antes de Scientology el HOMBRE nunca ha examinado.

Cuando un ser puede hacer esto (hacer que los problemas se desvanezcan echándoles un vistazo), sin duda ya no es HOMBRE. Y los problemas que tienen los artistas son legendarios.

A un ser se le puede auditar para que sea capaz de hacer esto. Es un Liberado de Grado I.

ALIVIO

El HOMBRE nunca ha sabido, excepto en alguno de los extraordinarios creadores de milagros a los que consideraba santos, cómo procurar alivio a diversos males.

El secreto era que uno se asocia con aquello que detesta.

Ser capaz de procurar alivio a uno mismo y a los demás con facilidad de las hostilidades y sufrimientos de la vida es una destreza que el HOMBRE sólo ha visto en los sanadores.

Ese alivio se consigue en Liberado de Grado II.

LIBERTAD

El HOMBRE está encadenado a los trastornos de su pasado.

Nunca ha comprendido por qué se sentía tan molesto e incomprendido acerca de su familia, la gente o las situaciones.

La mayoría de los hombres se concentran perpetuamente en las dificultades que han tenido. Llevan vidas tristes.

La libertad de los trastornos del pasado, con la capacidad de encarar el futuro, es casi una condición desconocida para el HOMBRE.

Se logra como Liberado de Grado III.

CAPACIDAD

Las capacidades del HOMBRE tienden a estar especializadas de manera individual. Está tan absorto en alguna acción que es torpe al realizar otras.

El salir de una condición fija y ser capaz de hacer otras cosas se logra como Liberado de Grado IV.

PODER

El HOMBRE rara vez puede manejar el PODER. Huye de él o abusa de él. Cuando lo tiene, a menudo lo aplica en la dirección incorrecta.

Tenerlo y manejarlo se consigue como Liberado de Grado V.

LIBERADO DE LA LÍNEA TEMPORAL COMPLETA

El HOMBRE ni siquiera es consciente de su "línea temporal". Esta es una grabación de los momentos consecutivos de su vida, que se remonta tan atrás como ha vivido.

Su pasado es su "línea temporal". Hay tres condiciones relativas a ella. Al principio un ser no es consciente de que tiene una, después está fascinado por lo que descubre acerca de su propio pasado, y después encuentra qué hizo que él y la línea temporal fueran como son.

Algo de esto aparece a menudo en la auditación inferior. Pero en este estado superior, uno llega a manejarlo.

En este grado, el estado es difícil de describir; está muy por encima de la experiencia común y falta por completo en toda la literatura del Hombre.

Es Liberado de Grado VI.

CLEAR

Este estado se ha descrito a menudo en Dianética y Scientology. Siempre se ha subestimado.

Durante años, el estado de Liberado se tomaba incorrectamente por Clear e incluso se le llamaba Clear. Pero el tiempo ha revelado que el estado de Clear estaba muy por encima de cualquier cosa que se hubiera soñado antes.

El Grado VII no es un Grado de Liberado. Es un Clear.

THETÁN OPERANTE

Este término, "Thetán Operante", tiene significado sobre todo para los scientologists veteranos.

Con "Operante" se quiere decir "capaz de actuar y manejar cosas", y con "Thetán" se quiere decir el ser espiritual que es el yo básico. "Theta" en griego quiere decir pensamiento, Vida o espíritu.

Un Thetán Operante, entonces, es alguien que puede manejar cosas sin tener que usar un cuerpo de medios físicos. "Poltergeist" es un término culto para uno solo de los fenómenos de este estado.

Básicamente, uno es uno mismo, puede manejar cosas y existir sin apoyo ni ayuda físicos.

Este estado realmente sólo es "OT" pero se le numera como Grado VIII por comodidad. No significa que uno se convierte en Dios. Significa que uno se convierte por completo en uno mismo.

EXTERIOR

Desde 1952 hemos sido capaces de hacer del Hombre un ser espiritual en unos cuantos segundos.

Era sorprendente. También era inestable. Un minuto, un día o semanas más tarde la persona se convertía de nuevo en HOMBRE y la experiencia se recordaba a menudo sólo vagamente.

Hace poco resolvimos por qué era esto así. Es fatal sobrerrecorrer los procesos de un Grado una vez que se ha obtenido ese Grado. Se le pueden auditar a alguien los procesos de un nuevo Grado al que no ha llegado. Pero no el mismo Grado que ya ha alcanzado.

La sobreauditación (auditación más allá de un Grado de Liberado que se ha alcanzado) trastorna mucho a una persona. A menudo no sabe realmente por qué se trastornó. Mejoró, después volvió a empeorar.

Lo mismo ocurría con los procesos de "Thetán Exterior". Hacíamos que una persona se exteriorizara y *después la sobreauditábamos* con unas cuantas órdenes más. O la persona trataba de auditarse a sí misma para conseguir más "exteriorización".

Este estado, sin embargo, no es un estado de existencia distinto. Ocurre en muchos de los Grados de Liberado superiores como condición natural. Y es, por supuesto, sólo un adelanto de Thetán Operante.

Así que hay nueve estados de existencia definidos por encima del de *Homo sapiens,* y hay algunos estados intermedios como el Grado VA de la tabla.

Es difícil para el Hombre captar siquiera que estos estados existen. Realmente no tiene ninguna literatura acerca de ellos ni ningún vocabulario para ellos.

Pero sí que existen.

Intenta alcanzarlos y verás.

Una vez que uno empieza a subir, no hay deseo de parar. El aroma de la libertad y de su realidad total después de todo este tiempo es demasiado fuerte.

Scientology se ocupa de los estados por encima de Hombre y abre el camino con un Puente seguro y firme hacia el futuro. El camino se ha soñado en épocas pasadas. Para el Hombre nunca existió hasta hoy.

Y hoy lo tenemos en Scientology.

LA NATURALEZA DE UN SER

JULIO DE 1980

(HCOB del 30 de julio de 1980
La Naturaleza de un Ser)

Cuando uno se está asociando con una persona o la está intentando guiar o manejar, es necesario saber algo sobre la naturaleza de un ser.

Si un ser fuera una unidad individual, separada de todos los demás seres, condiciones e influencias actuales, la tarea de comprenderlo sería relativamente simple y los filósofos lo habrían tenido todo solucionado mucho antes de Dianética y Scientology.

Un ser que es una unidad individual responde a las reglas y leyes más elementales y simples que encontrarás en Dianética y Scientology: afinidad, realidad, comunicación y comprensión; la línea temporal; los cuadros de imagen mental; que el incidente anterior mantiene al posterior en su lugar; respuestas a la materia, la energía, el espacio, el tiempo, la forma, así como la fuerza; y los Axiomas. De esto puedes estar seguro. Y uno incluso se podría preguntar por qué necesitamos todos los boletines y precauciones y estipulaciones y conferencias adicionales.

El hecho es que cuando uno se dirige a una persona, a un ser humano "en carne y hueso", uno *no* se está dirigiendo a un ser simple.

Posiblemente un ejemplo ilustrará esto: acababa de impartir un Congreso, y un miembro del staff me había concertado algunas citas, para ver a gente que quería hablarme. Y en una sala de conferencias, de pronto me hizo frente una mujer que estaba demostrable y activamente demente. Ella era incoherente; la estaban "persiguiendo"; estaba agitada en extremo. Bueno, entonces yo no estaba, ni lo he estado jamás, en la actividad de tratar al demente. Sin embargo aquí había una situación que tenía que ser manejada aunque sólo fuera para mantener la calma social. En aquellos días había muchas técnicas para exteriorizar a la gente, así es que usé una de ellas, poniéndola detrás de su cabeza. Se puso cuerda de inmediato, revisó con calma su problema con su marido, decidió con buen criterio lo que iba a hacer para resolver el asunto de forma adecuada, me dio las gracias y se fue. Durante un breve periodo de tiempo se había vuelto temporalmente un ser que era una unidad individual.

No he dado el ejemplo como una lección en cuanto a qué hacer en esos casos, porque las técnicas de exteriorización no son fiables, sino sólo para ilustrar la complejidad de la gente.

Lo que ves como un ser humano, una persona, no es un ser que es una unidad individual.

En primer lugar, está el asunto de la valencia. Una persona puede ser ella misma o puede creer completamente que es otra persona o cosa. Esto la aleja un paso de ser un ser simple.

Luego está el asunto de estar en un cuerpo. Un cuerpo es un artefacto muy complejo, realmente extraordinario, realmente complicado. Y también está bastante sujeto a sus propias distorsiones.

Están también las entidades (como se trata en *Dianética: La Ciencia Moderna de la Salud Mental,* Libro Dos, Capítulo 4, y también en *La Historia del Hombre,* Capítulos 2, 6 y 11). Estos siguen todas las reglas, leyes y fenómenos de los seres individuales.

Y luego está la cuestión de las influencias de otras personas que rodean a este ser humano.

Partiendo de un ser individual y simple, se va introduciendo una complicación progresiva conforme uno añade todos estos otros factores.

El ser individual y simple, sin más asociaciones adicionales, puede estar fuera de valencia incluso a kilómetros de distancia de otros contactos.

Es al conjunto de todos estos factores a los que te diriges cuando intentas guiar o manejar al ser humano común.

Esta es también la razón por la que los Procesos Objetivos son tan eficaces: ponen a muchos de estos factores yendo en la misma dirección, de una vez.

Nada de esto quiere decir que es imposible manejar todo esto. Ni mucho menos. Pero sí nos dice por qué todas las precauciones adicionales (como el no sobrerrecorrer, como los cuidadosos procedimientos de sesión) se encuentran en todos esos materiales.

Pero principalmente te dice que las recuperaciones plenas raramente ocurren rápido y que los casos requieren una tremenda cantidad de trabajo y a menudo durante un periodo de tiempo muy largo.

Y como la mujer del Congreso, algunas veces se obtiene un resultado repentino casi mágico. El problema con eso era que ella pronto volvió a su cabeza y otra vez se volvió una amalgama, aunque ahora tenía un plan de acción cuerdo que seguir.

Los resultados, si se siguen las reglas y leyes cuidadosamente y con buen corazón, pueden obtenerse. Y tú, sabiendo lo que haces, los puedes obtener.

Pero no te desanimes si todo no pasa rápido y si lleva mucho tiempo. Cuando estás manejando a un ser humano, estás manejando una amalgama.

Nosotros no construimos la mente humana ni el cuerpo humano. No pusimos al universo ahí para enredar, oprimir o complicar la vida. Estamos trabajando con el producto final de una tremenda cantidad de padecimientos y tribulaciones.

Si estuviéramos trabajando con seres individuales, sería muy fácil hacerlo. No lo estamos. Estamos trabajando con una complejidad y podemos hacer muchísimo, mucho más de lo que cualquiera podía hacer antes de nosotros. Y nuestro trabajo con la vida tiene efectos e influencias mucho más allá de nuestras mesas de auditación. Se necesitó una grandísima cantidad de años y eones para que la vida llegara a ser así de enredada y complicada. Alégrate de que no lleve ni siquiera una diminuta fracción de eso el desenterrarla y enderezarla con Dianética y Scientology.

DE CLEAR A LA ETERNIDAD

MAYO DE 1982

(Diario de Ronald 35, 9 de mayo de 1982, De Clear a la Eternidad)

A medida que continúo investigando, no dejo de asombrarme de la cantidad de ganancia que potencialmente hay al alcance de un individuo.

Hay seis divisiones generales de ganancia de caso.

1. De público verde a darse cuenta de que Scientology funciona y que se debería continuar.

2. Darse cuenta de que, con la auditación, uno ya no irá peor: un declive detenido.

3. Toda la banda de ganancias que llamamos los grados inferiores. Se afirma que la más pequeña de estas ganancias (y hay muchas), según el testimonio de los pcs, sobrepasa con mucho a cualquier progreso de ganancia personal que se haya logrado antes en cualquier práctica anterior conocida. (¡Sólo el volar rudimentos puede proporcionar más ganancias que diez años de psicoanálisis!)

4. La banda en la que, en un estallido final de gloria y libertad, se logra el estado de Clear.

5. Los niveles de pre-OT que conducen a la libertad espiritual personal. Estos suben por toda Dianética de la Nueva Era para OTs (NOTs), auditada y en Solo. Lo que sorprende aquí es que cada uno de estos niveles, según relatos entusiastas, tiene su propio nivel espectacular de ganancias.

6. Los verdaderos niveles de OT, que ahora empiezan con el Nuevo OT VIII y siguen hacia arriba.

Según los registros de la investigación espiritual y los informes de los pre-OTs y los OTs, en un estado aberrado la persona nunca concibe realmente la CANTIDAD de ganancias disponibles que existen potencialmente por encima de ella.

Para la gente que sigue sinceramente esta ruta, es una fuente inagotable de asombro que pueda haber disponible tal CANTIDAD de ganancia para un ser.

Por lo tanto, no es probable que en un estado aberrado la persona eleve su mirada muy alto y siga conservando realidad sobre ello.

En la era de la velocidad, la gente puede concebir que todo debería suceder en un minuto. O tal vez en un minuto y medio. O como resultado de una inyección que los hará libres para siempre.

Oh, por desgracia, este universo no está construido de esa forma.

Este universo está basado en la CANTIDAD. Hay un montón tremendo de ella.

El número de electrones en un átomo, el número de átomos en una molécula, el número de moléculas en una gota de agua, es de una aritmética impresionante.

El número de planetas de los sistemas solares, el número de soles de una galaxia, el número de galaxias, alcanzan cifras abrumadoras.

En este planeta efímero y ajetreado, difícilmente se llega a imaginar el TIEMPO en modo alguno. Los geólogos acaban de concluir hace muy poco que el Hombre podría llevar aquí un millón de años. ¡JA! ¡Si supieran!

La edad de este y de otros universos es muy, muy grande. No es la eternidad, pero casi.

Así que, sin entrar en preguntas sobre cuánto tiempo llevas por aquí (los muchachos de la teoría del cerebro podrían disentir, pues les ATERRAN los espíritus), hagamos esta pregunta:

Si un ser tuviera media eternidad para estropearse, ¿cuánto podría estropearse?

Exacto. Ponte al principio de la clase. ¡Muchísimo!

Y ahora puedes tener una idea de cuánta ganancia espiritual podría haber disponible. Y esto explicaría por qué, en cada uno de los seis niveles, hay tantas nuevas ganancias, según los testimonios reunidos.

Muy bien. ¿Entendido? Bien.

Pasemos ahora a la siguiente cuestión, dado que estamos todos tan inteligentes esta mañana:

Si a un ser le llevó media eternidad estropearse, ¿cuánto tiempo llevaría desestropearlo?

Ahora, antes de que las comisuras de tus labios se vengan para abajo y antes de que te hundas en la apatía al considerarlo, veamos el milagro de Dianética y Scientology que viene a continuación.

No lleva media eternidad. No llevaría milenios; aunque podría ser razonable esperarlo. No lleva siglos. Sólo lleva años.

Así es. Años.

Las seis divisiones generales anteriores de ganancias son una especie de escala que se expande.

La primera quizás podría llevar media hora, con una sesión introductoria o de ayuda, más algunas tardes leyendo libros.

El siguiente nivel (que consiste en auditación formal y Purificación) podría llevar posiblemente una o dos semanas.

El tercer nivel, que consiste en los grados inferiores y en más libros, podría llevarse un mes, debido a la programación y todo eso.

El cuarto nivel, dependiendo del caso, podría llevar un poco más. Pero puede resultar en *Clear.*

Ahora empieza a prolongarse realmente la quinta banda. Hacerse Auditor de Solo y subir por los niveles hasta OT III podría llevar meses. Y hacer OT III puede alargarse considerablemente. Y luego NOTs auditada y solo NOTs realmente le añaden tiempo. Las ganancias en cada punto de avance, según los informes de los pcs, pueden hacer que el avance del extremo inferior parezca de pulgada en pulgada. Sin embargo, la inferior de estas bandas está por encima de cualquier progreso que el Hombre haya hecho antes.

Ahora, al llegar a la banda seis, prepárate para un buen trayecto. No sucederá en un minuto.

Así que lo que estamos mirando aquí es tiempo proporcional a la ganancia de la que se informa.

Una vez que uno es Clear y llega a Solo, tiene que planificar su tiempo para tener todos los días su tiempo de auditación y seguir con ello.

Algunos se echan atrás después de algún tiempo. La vida parece demasiado interesante. O se atascan y están "demasiado ocupados" para recibir una reparación para ponerse de nuevo en marcha. Después de todo, se están moviendo personalmente a un ritmo mucho más rápido: sus intereses pueden haberse multiplicado.

Pero si perseveran y hacen los planes necesarios para poder hacerlo, según los relatos entusiastas, merece realmente la pena.

Así que, ¿qué es lo que está uno contemplando realmente? Cuanto más alto es el nivel, más se tarda, pues uno está ocupándose de una banda superior de ganancia potencial.

¿Y hacia dónde se está uno elevando, después de todo?

Uno se está elevando hacia la eternidad.

¿Crees que hay tiempo tras de ti?

Cambia de idea. Mira ADELANTE.

¡Hay eternidad!

Y tú estarás en ella.

Estarás en ella en un buen estado o en uno malo. De verdad que siento tener que decírtelo, no hay elección. Uno puede ser capaz de salir del planeta. Uno no va a salir de la vida.

En este momento y en este lugar (posiblemente sólo durante un corto tiempo), tenemos esta oportunidad. Liberarnos y lograrlo. Los planetas y las culturas son cosas frágiles. No perduran.

No puedo prometerte que lo lograrás. Sólo puedo darte el conocimiento y tu oportunidad.

El resto depende de ti.

Te aconsejo encarecidamente que te esfuerces en ello; no desperdicies este breve respiro en la eternidad.

Pues ese es tu futuro: la ETERNIDAD.

Será buena para ti o mala.

Y por ti, mi amigo más querido, he hecho lo que he podido para hacer que sea buena para ti.

APÉNDICE

ÍNDICE TEMÁTICO

A

B

D

E

F

G

H

I

J

N

O

P

Q

R

S

T

U

V

Z

ÍNDICE ALFABÉTICO

A

C

D

E

F

G

S

T

ÍNDICE CRONOLÓGICO

1952

1953

1954

1956

1957

1963

1964

1965

1967

1968

1969

1970

1971

1972

1978

1980

1981

1982

Guía de los Materiales

¡Estás en una Aventura! Aquí está el Mapa.

- Todos los libros
- Todas las conferencias
- Todos los libros de consulta

Todo ello puesto en secuencia cronológica con descripciones de lo que cada uno contiene.

Tu viaje a una comprensión completa de Dianética y Scientology es la aventura más grande de todas. Pero necesitas un mapa que te muestre dónde estás y adónde vas.

Ese mapa es la Guía de los Materiales. Muestra todos los libros y conferencias de Ronald con una descripción completa de su contenido y temas, de tal manera que puedas encontrar exactamente lo que *tú* estás buscando y lo que *tú* necesitas exactamente.

Como cada libro y conferencia aparece en secuencia cronológica, puedes ver *cómo* se desarrollaron los temas de Dianética y Scientology. ¡Y lo que eso significa es que simplemente estudiando esta guía te esperan una cognición tras otra!

Las nuevas ediciones de cada libro incluyen extensos glosarios con definiciones de todos los términos técnicos. Como resultado de un programa monumental de traducciones, cientos de conferencias de Ronald se están poniendo a tu alcance en disco compacto con transcripciones, glosarios, diagramas de conferencias, gráficas y publicaciones a los que se refiere en las conferencias. Como resultado, obtienes *todos* los datos y puedes aprenderlos con facilidad, consiguiendo una comprensión *conceptual* completa.

Y lo que eso supone es una nueva Edad de Oro del Conocimiento que todo dianeticista y scientologist ha soñado.

Para conseguir tu Guía de Materiales y Catálogo GRATIS, o para pedir los libros y conferencias de L. Ronald Hubbard, ponte en contacto con:

HEMISFERIO OCCIDENTAL:
Bridge Publications, Inc.
4751 Fountain Avenue
Los Angeles, CA 90029 USA
www.bridgepub.com
Teléfono: 1-800-722-1733
Fax: 1-323-953-3328

HEMISFERIO ORIENTAL:
New Era Publications International ApS
Store Kongensgade 53
1264 Copenhagen K, Denmark
www.newerapublications.com
Teléfono: (45) 33 73 66 66
Fax: (45) 33 73 66 33

Libros y conferencias también disponibles en las iglesias de Scientology.
Véase **Direcciones.**

DIRECCIONES

Scientology es la religión de más rápido crecimiento en el mundo hoy en día. Existen Iglesias y Misiones en ciudades de todo el mundo y se están formando nuevas continuamente.

Para obtener más información o localizar la Iglesia más cercana a ti, visita la página web de Scientology:

www.scientology.org
e-mail: info@scientology.org

También puedes escribir a cualquiera de las organizaciones continentales, que aparecen en la siguiente página, que te dirigirán directamente a una de las miles de Iglesias y Misiones que hay por todo el mundo.

Puedes conseguir los libros y conferencias de L. Ronald Hubbard desde cualquiera de estas direcciones o directamente desde las editoriales que aparecen en la página anterior.

ORGANIZACIONES CONTINENTALES DE LA IGLESIA:

LATINOAMÉRICA

Iglesia de Scientology
Oficina de Enlace Continental de Latinoamérica
Federación Mexicana de Dianética
Calle Puebla #31
Colonia Roma, México D.F.
C.P. 06700, México
info@scientology.org.mx

ESTADOS UNIDOS

Church of Scientology
Continental Liaison Office
Western United States
1308 L. Ron Hubbard Way
Los Angeles, California 90027 USA
info@wus.scientology.org

Church of Scientology
Continental Liaison Office
Eastern United States
349 W. 48th Street
New York, New York 10036 USA
info@eus.scientology.org

CANADÁ

Church of Scientology
Continental Liaison Office
Canada
696 Yonge Street, 2nd Floor
Toronto, Ontario
Canada M4Y 2A7
info@scientology.ca

REINO UNIDO

Church of Scientology
Continental Liaison Office
United Kingdom
Saint Hill Manor
East Grinstead, West Sussex
England, RH19 4JY
info@scientology.org.uk

ÁFRICA

Church of Scientology
Continental Liaison Office Africa
5 Cynthia Street
Kensington
Johannesburg 2094, South Africa
info@scientology.org.za

EUROPA

Church of Scientology
Continental Liaison Office Europe
Store Kongensgade 55
1264 Copenhagen K, Denmark
info@scientology.org.dk

Church of Scientology
Liaison Office of Commonwealth of Independent States
Management Center of Dianetics and Scientology Dissemination
Pervomajskaya Street, House 1A
Korpus Grazhdanskoy Oboroni
Losino-Petrovsky Town
141150 Moscow, Russia
info@scientology.ru

Church of Scientology
Liaison Office of Central Europe
1082 Leonardo da Vinci u. 8-14
Budapest, Hungary
info@scientology.hu

Iglesia de Scientology
Oficina de Enlace de Iberia
C/Miguel Menéndez Boneta, 18
28460; Los Molinos
Madrid, España
info@spain.scientology.org

Church of Scientology
Liaison Office of Italy
Via Cadorna, 61
20090 Vimodrone
Milano, Italy
info@scientology.it

AUSTRALIA, NUEVA ZELANDA Y OCEANÍA

Church of Scientology
Continental Liaison Office ANZO
16 Dorahy Street
Dundas, New South Wales 2117
Australia
info@scientology.org.au

Church of Scientology
Liaison Office of Taiwan
1st, No. 231, Cisian 2nd Road
Kaoshiung City
Taiwan, ROC
info@scientology.org.tw

Afíliate
a la Asociación Internacional de Scientologists

La Asociación Internacional de Scientologists es la organización de afiliación de todos los scientologists unidos en la cruzada de más importancia sobre la Tierra.

Se otorga una Afiliación Introductoria gratuita de Seis Meses a cualquiera que no haya tenido ninguna afiliación anterior de la Asociación.

Como miembro tienes derecho a descuentos en los materiales de Scientology que se ofrecen sólo a Miembros de la IAS. Además recibirás la revista de la Asociación llamada *IMPACT,* que se emite seis veces al año, llena de noticias de Scientology alrededor del mundo.

El propósito de la IAS es:

"Unir, hacer avanzar, apoyar y proteger a Scientology y a los scientologists de todas las partes del mundo para lograr las Metas de Scientology tal y como las originó L. Ronald Hubbard".

Únete a la mayor fuerza que se dirige a un cambio positivo en el planeta hoy día y contribuye a que la vida de millones de personas tengan acceso a la gran verdad contenida en Scientology.

Únete a la Asociación Internacional de Scientologists.

Para solicitar la afiliación,
escribe a la Asociación
Internacional de Scientologists
c/o Saint Hill Manor, East Grinstead
West Sussex, England, RH19 4JY

www.iasmembership.org

DE CLEAR A LA ETERNIDAD

En este tiempo y en este lugar; tal vez por sólo un tiempo, tenemos esta oportunidad. Hacernos libres y tener éxito. Los planetas y las culturas son cosas frágiles. No perduran.

No te puedo prometer que tendrás éxito. Solo puedo proporcionarte la tecnología y darte tu oportunidad.

El resto depende de ti.

Te sugiero encarecidamente que trabajes duro en ello; no desperdicies este breve respiro en la eternidad.

Pues ese es tu futuro: la ETERNIDAD.

Será bueno o malo para ti.

Y para ti, mi querido amigo, he hecho lo que he podido para hacerlo bueno para ti.

L. Ronald Hubbard